体适能教学与训练指导

[美] 美国国家运动与体育教育协会（National Association for Sport and Physical Education）主编
[美] 劳拉·L. 博尔斯多夫（Laura L. Borsdorf） 路易斯·A. 波因克（Lois A. Boeyink）编
唐芬 刘建进 谭廷信 译

小学阶段
（第3版）

人民邮电出版社
北京

图书在版编目（CIP）数据

体适能教学与训练指导. 小学阶段：第3版 ／ 美国
国家运动与体育教育协会主编；（美）劳拉·L.博尔斯多
夫（Laura L. Borsdorf），（美）路易斯·A. 波因克
（Lois A. Boeyink）编；唐芬，刘建进，谭廷信译. —
北京：人民邮电出版社，2020.7
ISBN 978-7-115-53006-6

Ⅰ. ①体… Ⅱ. ①美… ②劳… ③路… ④唐… ⑤刘
… ⑥谭… Ⅲ. ①体育课－教学研究－小学 Ⅳ.
①G623.82

中国版本图书馆CIP数据核字（2020）第010271号

版权声明

免责声明

本书内容旨在为大众提供有用的信息。所有材料（包括文本、图形和图像）仅供参考，不能用于对特定疾病或症状的
医疗诊断、建议或治疗。所有读者在针对任何一般性或特定的健康问题开始某项锻炼之前，均应向专业的医疗保健机
构或医生进行咨询。作者和出版商都已尽可能确保本书技术上的准确性以及合理性，且并不特别推崇任何治疗方法、
方案、建议或本书中的其他信息，并特别声明，不会承担由于使用本出版物中的材料而遭受的任何损伤所直接或间接
产生的与个人或团体相关的一切责任、损失或风险。

内 容 提 要

本书是由美国国家运动与体育教育协会主编，专为教授幼儿园至小学阶段学生的体育教育工作者提供的体适能教
学与训练指导。全书内容均由美国体育教育工作者研发，符合美国体育教育国家标准，旨在让体育教师用科学的方法
指导学生更好地获得知识、掌握技能、保持健康。书中提供了有氧体适能、肌肉力量和肌肉耐力、柔韧性等强化体能
的训练原则、方法和指导，帮助教学者设计体育课程方案，满足不同年级水平的教学要求，真正提升学生的身体素质
和运动技能，并使学生养成健康的生活方式。

◆ 主　　编　[美] 美国国家运动与体育教育协会
　　　　　　　（National Association for Sport and Physical Education）
　　编　　　　[美] 劳拉·L. 博尔斯多夫（Laura L. Borsdorf）
　　　　　　　　　路易斯·A. 波因克（Lois A. Boeyink）
　　译　　　　　唐　芬　刘建进　谭廷信
　　责任编辑　　寇佳音
　　责任印制　　周昇亮
◆ 人民邮电出版社出版发行　北京市丰台区成寿寺路 11 号
　　邮编　100164　　电子邮件　315@ptpress.com.cn
　　网址　https://www.ptpress.com.cn
　　涿州市般润文化传播有限公司印刷
◆ 开本：700×1000　1/16
　　印张：17.5　　　　　　　　2020 年 7 月第 1 版
　　字数：400 千字　　　　　　2025 年 9 月河北第 21 次印刷
　　　　　著作权合同登记号　图字：01-2016-6534 号

定价：98.00 元
读者服务热线：(010)81055296　印装质量热线：(010)81055316
反盗版热线：(010)81055315

目 录

训练和复用图应用文档

训练编号	训练名称	训练页码	概念	小学	中学	复用图
3.1	有氧运动	31	有氧体适能	•		有氧训练卡
3.2	轨道球	34	有氧体适能		•	轨道球表
3.3	动脉挑战者	36	体适能训练	•		动脉挑战者评估表
3.4	耐力竞赛	38	健康益处	•		有氧运动益处卡
						有氧运动益处拼图
						家用耐力时间表
3.5	财富岛	40	健康益处		•	健康财富支票
3.6	强力球追逐	42	热身运动和放松运动	•		移位运动卡
						号码卡
3.7	舞起来	45	热身运动和放松运动		•	舞步标识
						舞步描述
3.8	有氧运动图表	47	频率	•		有氧运动图表
3.9	剪子包袱锤	49	频率		•	有氧体适能训练日志
3.10	动物移位运动	51	强度	•		动物移位任务标识
3.11	疯狂跳绳	54	强度		•	疯狂跳绳指南卡
						心脏是否在锻炼表
3.12	绕走	57	时间		•	绕走训练时间表
						绕走家庭拓展任务表
						心脏是否在锻炼表
3.13	音乐运动顺序	60	时间	•		训练时间表
3.14	6分钟慢跑	63	时间		•	6分钟慢跑记录表
						有氧体适能：是或否？
3.15	有氧滑板	66	类型	•		滑板站点标识
						心脏是否在锻炼表
						有氧体适能：是或否？
3.16	有氧运动	69	类型		•	有氧运动站点标识
						儿童体育活动金字塔
3.17	有氧FITT日志	71	超负荷原则		•	FITT日志
						FITT日志计划表

训练编号	训练名称	训练页码	概念	小学	中学	复用图
4.1	快速卧倒	80	肌肉力量和肌肉耐力	•		快速卧倒训练卡
4.2	肌肉碰撞	82	肌肉力量和肌肉耐力		•	肌肉碰撞站点标识
						肌肉碰撞评分表
4.3	超级英雄肌肉	85	健康益处		•	肌肉力量和肌肉耐力益处表
						超级英雄肌肉拼图
						超级英雄卡
4.4	综合体育运动	88	健康益处		•	综合体育运动站点卡
						肌肉力量和肌肉耐力健康益处卡
						综合体育运动任务表
4.5	相对力	92	频率		•	跑步者训练图表
						坐姿活动者训练图表
4.6	肌肉力量和耐力训练日志	94	频率		•	肌肉力量和肌肉耐力训练日志
4.7	动物式追逐	96	强度	•		动物卡
						"你就是它!"卡
4.8	优胜劣汰教程	99	强度		•	优胜劣汰教程站点标识
						我的强度训练
4.9	健身时间	101	重复性和时间性原则	•		成套动作、重复性和时间性原则的学习表
						成套动作和重复性图
4.10	清洁沙滩	104	专门性原则	•		无
4.11	大洗牌	106	专门性原则	•		大洗牌花色海报
4.12	俯卧撑和仰卧起坐挑战	108	循序渐进原则		•	俯卧撑挑战海报
						仰卧起坐挑战海报
						俯卧撑和仰卧起坐挑战日志
4.13	稳中求进	111	循序渐进原则		•	稳中求进,用瑞士球做俯卧撑进阶训练
						稳中求进,用瑞士球做仰卧起坐进阶训练
						俯卧撑和仰卧起坐挑战手册
4.14	下肢挑战	114	专门性原则	•	•	下肢挑战:站点设定和应用的教师指南
						下肢挑战站点1标识
						下肢挑战站点2标识

续表

训练编号	训练名称	训练页码	概念	小学	中学	复用图
4.15	上肢挑战	117	专门性原则	•	•	上肢挑战：站点设定和应用的教师指南
						上肢挑战站点1标识
						上肢挑战站点2标识
4.16	肌肉力量和肌肉耐力FITT日志	121	循序渐进原则		•	FITT日志
						FITT日志计划表
5.1	你能弯曲	129	柔韧性		•	"你能弯曲"图
						"你能弯曲"家庭任务计划表
5.2	趣味柔韧性	132	柔韧性		•	定义卡
5.3	瑜伽入门姿势	135	健康益处	•		瑜伽入门姿势标识
						柔韧性健康益处海报
5.4	瑜伽中级姿势	137	健康益处		•	瑜伽中级姿势标识
						柔韧性健康益处海报
5.5	柔韧性瑞士球	139	热身运动	•		瑞士球训练图
5.6	拉伸与追逐	142	热身运动和放松运动		•	热身运动挂图
						热身站点标识
						静态拉伸训练标识
						放松运动挂图
5.7	柔韧性训练图表	146	频率	•		柔韧性训练图表
5.8	柔韧性毛巾拉伸训练	148	频率		•	柔韧性毛巾拉伸训练标识
						毛巾拉伸每日家庭任务
						柔韧性毛巾拉伸训练日志
5.9	毛毛虫式拉伸	151	强度	•		人体毛毛虫式拉伸图
5.10	至少10次豹猫式拉伸	154	时间	•		拉伸训练提醒图
						至少10只豹猫标识
						至少10次豹猫式拉伸标识
5.11	滚色子拉伸	156	专门性原则或类型	•	•	拉伸图标识（初级）
						拉伸图标识（中级）
						滚色子拉伸评价规则
5.12	拉伸训练站点标识	158	专门性原则或类型			拉伸训练站点标识挂图
						拉伸训练任务表
						拉伸训练评估表

训练编号	训练名称	训练页码	概念	小学	中学	复用图
5.13	柔韧性 FITT 日志	160	循序渐进原则		•	FITT 日志
						FITT 日志计划表
6.1	保持平衡	167	身体成分	•		身体成分益处标识
6.2	飞盘高尔夫和身体成分	169	身体成分		•	身体成分因素卡
6.3	训练时间	171	健康益处	•		时钟说明图
6.4	金字塔训练路线	173	健康益处		•	儿童体育活动金字塔
						金字塔训练卡
						金字塔训练对应卡
						金字塔训练检查表
6.5	棕色袋子餐	176	食物金字塔	•		食物金字塔海报
						食物图片
6.6	获取营养物质	179	营养物		•	营养物质挂图
						体适能补充家庭任务表
6.7	食物环	182	营养学		•	食物环图
						食物金字塔海报
						食物环卡
						装盘家庭任务表
6.8	蛋白质多样化	185	营养学		•	蛋白质食物图
						选择蛋白质食物家庭任务表
6.9	燃烧热量	187	新陈代谢	•		无
6.10	混合新陈代谢	190	新陈代谢		•	儿童体育活动金字塔
6.11	用保龄球击中食物	192	身体成分和营养学	•		食物纸卡
7.1	体适能追逐	197	体适能成分	•		体适能追逐训练海报
						健康体适能定义海报
7.2	正方形传球	200	专门性原则		•	体适能正方形传球运动卡
7.3	体适能和营养组合	203	营养学		•	体适能和营养组合拉伸训练标识
						营养物挂图
						体适能和营养组合家庭训练表
7.4	肌肉塑形	206	专门性原则		•	肌肉塑形标识
						肌肉塑形标识（标签）
						肌肉塑形站点标识
						肌肉塑形家庭拓展任务表

续表

训练编号	训练名称	训练页码	概念	小学	中学	复用图
7.5	全身训练	209	FITT 原则		•	全身挑战性拓展训练
7.6	滚动色子的体适能路线	213	平衡训练		•	滚动色子标识
						训练和游戏手册
7.7	迷你铁人三项	216	节奏		•	迷你铁人三项训练节奏记录表
						心脏是否在锻炼表
7.8	体适能游戏	219	综合体适能训练		•	体适能游戏卡
8.1	环球体适能	224	体适能开发区域		•	环球体适能站点标识
8.2	扫树叶	226	体适能益处	•		有氧体适能健康益处海报
8.3	趣味家庭之夜路线训练	229	训练益处和不训练的风险因素	•	•	给监护人的信
						趣味家庭之夜路线站点标识
						风险因素卡
						趣味家庭之夜路线调查问卷
8.4	与搭档的疯狂体适能	231	训练的专门性原则		•	与搭档的疯狂体适能标识
						与搭档的疯狂体适能任务表
8.5	过度训练的高风险因素	233	有氧体适能		•	心脏健康风险因素卡
						心脏是否在锻炼表
8.6	上下跳绳	237	有氧体适能和柔韧性	•	•	训练卡
8.7	心脏智能定向	239	有氧体适能和 FITT		•	趣味定向越野活动表
						心脏智能定向问题卡
						FITT 家庭体适能任务表
8.8	三月体适能	242	FITT 原则		•	三月体适能站点标识
						心脏是否在锻炼表
8.9	行使你的权利	245	全校练习	•	•	行使你的权利卡
						健康益处标识
						给监护人的行使权利书
8.10	激励锻炼	248	合作学习	•	•	激励锻炼规则
8.11	夏季强健肌肉	251	专门性原则		•	夏季强健肌肉站点标识
						肌肉示意图
8.12	冲向金钱	253	健康体适能成分	•	•	冲向金钱体适能站点标识
8.13	趣味夏季——夏季塑形挑战	256	FITT 原则	•	•	趣味夏季——夏季塑形挑战训练表

额外训练

章	页码	概念	复用图
2	13	综合体适能训练	构建体适能
2	14	训练原则	训练原则海报
2	16	FITT 原则	FITT 原则
2	20	目标	目标设定表
3	29	有氧体适能	培养属于自己的最佳体适能：有氧体适能简报
4	78	肌肉力量和肌肉耐力	培养属于自己的最佳体适能：肌肉力量和肌肉耐力简报
5	127	柔韧性	培养属于自己的最佳体适能：柔韧性简报
6	165	身体成分	培养属于自己的最佳体适能：身体成分简报
6	166	身体成分	儿童体育活动金字塔
6	166	身体成分	我的金字塔
8	222	构建健身模块	体适能训练 ABCs

序

本书的内容有助于从幼儿园到 5 年级（美国学制，相当于 3~11 岁儿童）的学生获得有关体适能训练的知识、技能、鉴赏力和自信心，也有助于他们积极参与训练，养成健康的生活方式。书中的相关教学训练由体育教育工作者研发，易于操作，并已成功运用在教学实践中。书中包含了不同竞技水平、不同要求标准以及不限完成时间的各项活动。

关于最佳体适能训练

"最佳体适能训练"是体育教育工作者为体育教学专门研发的一项综合性健康体适能课程。无论孩子们是否具有一定的运动天赋或体适能基础，"最佳体适能训练"都旨在培养和激励他们掌握一定的体适能训练知识和技能，帮助他们养成积极乐观、有益身心健康的人生态度。课程的目标是通过定期的、充满激励性及趣味性的体适能训练活动，培养学生独立自强的能力以及体适能和心理能力，从而为自身的健康负责。课程主要由有资质的训练机构和专业的体育教学发展协会通过实施并运用最佳体适能训练实现训练目的。"最佳体适能训练"是美国国家运动与体育教育协会（National Association for Sport and Physical Education, NASPE）的一项教学课程，该协会是一个非营利性组织，在体育教学领域的专业人员超过 15000 人。该协会是美国健康、体育、娱乐和舞蹈联盟（American Alliance for Health, Physical Education, Recreation and Dance, AAHPERD）下属的协会，它致力于强化专业人员和普通民众关于健康生活方式的基础知识。该协会在美国全国的学校和社区内致力于推动知识与实践相结合，对于提高学生的学习成绩，推动社会进步以及促进每个人养成健康的生活方式等方面发挥了至关重要的作用。

最佳体适能教育资源概述

各种训练活动的相关建议，是本书第 3 版新增的内容之一，这样有利于整合一些特殊的设备，例如心率监控器、瑞士球和弹力带等。此外，新增小节"综合训练"有助于开展综合性健身运动。

最重要的是，所有的训练都设计成既有教育意义又充满乐趣的活动项目。

本书还有两本系列学习读本。

▶ 《体适能训练教师指导（第 3 版）》是一本综合性指南，它把与健身相关的体适能与体适能训练结合在一起，并融入体育教学课程中。根据新的调研结果，该指导提供了理念框架，涵盖的主题包括行为动作、激发积极性和目标设定、健康体适能课程的编制与教学方法、健身活动的组成和原则以及体适能评价体系。经验丰富的体育教育工作者还为本书提供了很多实用知识和范例。这一版对许多章节进行了重组，使其更具合理性；增加了实用知识、术语、体育教育资源；新知识成果和参考文献也贯穿全书。

▶《体适能教学与训练指导：初中和高中阶段（第 3 版）》，其涵盖的内容范围与幼儿园至小学阶段相似，但面向的是 6~12 年级（美国学制，相当于 12~18 岁青少年）的学生。而且，初中和高中阶段的内容更为深入，以便我们对日常体适能训练的重要性有更深入、更丰富的理解。这本书的第 3 版增加了专注于个人健身运动计划的部分内容，向学生介绍健身技能，使他们从学校毕业以后也可以保持精力充沛、积极运动、身体健康。这一版的特色还包括每章增加了新的训练活动，以及活动章节包含的待续部分——"综合训练"里的内容结合了综合性健康体适能的内容。

相关资源

在一学年期间，很多教育工作者会使用多种教学方案和多样化的教学资源，然后在日常训练的基础上叠加不同的训练方法。通过这种方式，你会发现，尽管"最佳体适能训练"课程是专门为健康体适能教学设计的，但是以下资源也可以与最佳体适能训练计划结合在一起。《美国青少年体质健康测评系统 / 训练测评系统》《受益终身的健康训练》及 NASPE 列出的项目都是推荐资源，可作为本书的补充内容。

美国青少年体质健康测评系统 / 训练测评系统

《美国青少年体质健康测评系统 / 训练测评系统》［由库珀研究院（The Cooper Institute）研发］，是针对健康体适能及训练成果的综合性评价系统，也是一个智能报告系统。测评系统中所有测评项目的设计理念都在于辅助教师实现青少年健身计划的主要目标，帮助学生将体适能训练作为他们日常生活的一部分。

《美国青少年体质健康测评系统 / 训练测评系统》基于一种理念，即达到高水平的体适能。这一理念虽然令人钦佩，但是我们不必把实现目标与健康的身体状况和功能改进联系在一起。所有儿童都应有适应自身实际情况的训练与健身水平。测评系统旨在帮助所有儿童和青少年达到与个人健康、成长、能力相匹配的训练和健身强度。

受益终身的健康训练

《受益终身的健康训练》是由 12 个计划组成的综合性训练项目，旨在推进持续终身的健康生活方式、健康体适能、健身和其他对健康的益处。高中教科书《受益终身的健康训练（第 5 版）》是关于中等级别健身课程的一本教科书，获得了优秀教材奖。《受益终身的健康训练》的教学成果显示，到学生毕业时，按教材完成训练的同学，其身体运动能力均得到了有效提高。同样，《受益终身的健康训练：初中版》也获得了优秀教材奖，有助于中学生学习体适能训练、健身、营养和健康的理念。两本教科书都符合 NASPE 标准，且有内容丰富的辅助材料，使教学和学习简单有效。

《受益终身的健康训练：小学版》的设计目标为全面普及学校健康计划，以即插即用式视频播放训练程序为特色，可用于一般课堂和体适能教学课堂。针对教师、学校协调员的指南及体适能教育工作者的课堂计划范例，都包含在随赠的资源里。学生在学习重要的体适能训练、健身和营养理念时，积极活跃。

该书有超过 28 个训练项目和 160 个视频，包含了符合营养学标准的分年级适用训练，体适能训练内容也包含在小学计划里。

《受益终身的健康训练》和《最佳体适能训练指南》，这两本书都是基于 HELP（译者注：取自 Health for Everyone with a focus on Lifetime activity of a Personal nature 的首字母）理念，旨在提高每个人的健康水平，并以推动个性化终身训练为核心目标。两本书中的训练计划能有效互补，因为《最佳体适能训练指南》（所有级别）在《受益终身的健康训练》的训练计划实施的前期与后期，以及训练过程中都可以作为补充性训练。事实上，两本书中的训练计划可协调并存，《最佳体适能训练指南》可以为《受益终身的健康训练》课程的教师提供相应的教学指导。

最佳体适能认证

最佳体适能训练提供了准确的信息和训练活动，有助于当今的体适能教育工作者在他们的教学训练计划中建立一种理念明确、形式多样的健康体适能教学模式。

NASPE-AAHPERD 提供认证服务，可帮助体适能教师成为最佳体适能的教育专家。最佳体适能认证服务是为更新体适能教育工作者的知识而特别设立的，旨在帮助教师获得最有效的体适能教学策略，了解如何指导学生获得健康生活所需的知识和技能，并鼓励儿童和青少年积极参与体育活动。认证服务的核心在于应用，即如何通过发展性的以及与年龄相符的训练，来达到传授健康理念的目的。

为了获得 NASPE-AAPHPERD 的认证资格证书，成为最佳体适能教育专家，需要完成以下工作。

▶ 参加最佳体适能教育专家研究会。
▶ 阅读本书及《体适能训练教师指导（第 3 版）》和《美国青少年体质健康测评系统 / 训练测评系统之测试管理手册》。
▶ 使用之前提到的资源，完成在线考试。

致谢

在此感谢体适能教师们在百忙之中，以较高的专业水准对本书的编撰各尽所能。另外，衷心感谢最佳体适能训练指导委员会的宏观指导。NASPE 特别感谢两位编辑劳拉·L. 博尔斯多夫和路易斯·A. 波因克，感谢他们愿意接受挑战，以及在编写过程中的创意和坚持不懈的努力，使这本书得以完成；感谢萨拉·简·奎恩对本书目标方向上的持续指导，在意见与经验征集方面提供的支持；感谢 NASPE 高管苏珊·舍恩伯格提供的专业支持，感谢她为本书第 3 版提供了内部协调、协助、编辑和支持工作；感谢玛丽·艾伦·奥尔，她在 NASPE 图书出版的组织和协助工作中付出了大量的心力。

感谢以下人士对新增训练内容和其他重要内容的编写给予的宝贵建议。

第 2 版感谢人士

艾伦·阿巴德萨，亚利桑那州

布伦达·勃洛特，弗吉尼亚州

迈克尔·比肖夫，马里兰州

比尔·布雷迪，弗吉尼亚州

蕾妮·巴特勒，密苏里州

丹尼斯·切诺韦斯，马里兰州

苏珊·福曼，亚利桑那州

珍妮·吉尔伯特，伊利诺伊州

克里斯塔·吉列特，纽约市

琳达·哈契，亚拉巴马州

科琳·波特·赫恩，弗吉尼亚州

吉尔·胡曼，新泽西州

梅洛迪·凯勒，北卡罗来纳州

劳伦·利伯曼，纽约州

迈克尔·文梅森，马里兰州

卡洛琳·马斯特森，新泽西州

琼·莫里森，马里兰州

萨利·纳兹罗德，马里兰州

卡洛琳·纳尔逊，俄亥俄州

安琪·奥多姆，密苏里州

贾妮思·奥唐纳，新罕布什尔州

约翰·佩娜，马里兰州

安东尼·桑迪莲，亚利桑那州

金姆·斯科霍恩，俄亥俄州

黛安·滕内尔，华盛顿州

第 3 版感谢人士

狄博思·勃林格，宾夕法尼亚州

巴尔的摩国家公立学校，马里兰州

吉·伯特，华盛顿州

洛伊丝·波尔因，艾奥瓦州

劳拉·L. 博尔斯多夫，宾夕法尼亚州

玛丽·巴德梅尔，马里兰州

凯西·考德威尔，印第安纳州

查尔斯·科尔宾，亚利桑那州

哈尔·克雷默，马里兰州

沙琳·达斯特，亚利桑那州

保罗·达斯特，亚利桑那州

丝蒂芙尼·恩格尔，马里兰州

德尔·恩斯特，宾夕法尼亚州

洛丽·恩斯特龙，宾夕法尼亚州

乔安娜·法伯，路易斯安那州

鲍勃·菲茨帕特里克

凯瑟琳·高尔文–穆迪，纽约州

吉尔·高曼，新泽西州

琳达·霍洛韦，佛罗里达州

卡罗尔·欧文，田纳西州

康妮·汉德尔，密苏里州

帕特·琼斯，宾夕法尼亚州

简·凯丽，威斯康星州

利比·莱维特瑞，马里兰州

路易斯安娜，AAHPERD

丽萨·威兰德-福斯特，夏威夷州

珍宁·威特，纽约州

黛比·威尔金森，亚利桑那州

盖尔·迈雅，艾奥瓦州

萨利·纳兹罗德，马里兰州

凯文·奥布莱恩，俄亥俄州

约珥·佩斯利，宾夕法尼亚州

克里斯汀·佩斯利，宾夕法尼亚州

约翰·佩娜，宾夕法尼亚州

萨拉·简·奎因，马里兰州

彼得·拉提根，新泽西州

珍妮弗·里夫斯，亚利桑那州

凯丽·斯查特奥，马里兰州

玛利亚·玛卡勒，纽约州

贝斯·马尔基奥内，宾夕法尼亚州

雷·马丁内兹，威斯康星州

罗伯塔·西普，印第安纳州

艾伦·史密斯，佛罗里达州

艾瑞克·旺德·费尔登，艾奥瓦州

凯西·瓦格纳，堪萨斯州

加里·沃顿

苏珊·旺德，马里兰州

我们也要感谢为本书的出版付出过劳动的其他人士，感谢他们付出了宝贵的时间，提出了创造性的意见。

绪论

小学健康体适能教学

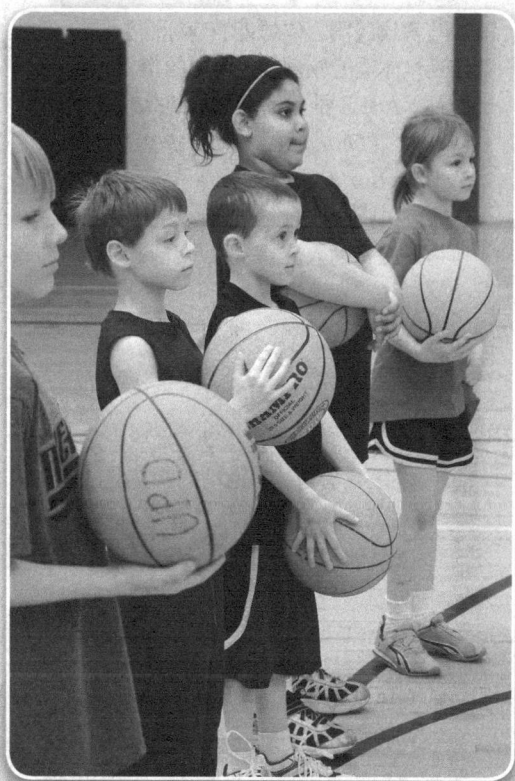

我们首先要了解相应的国家标准（美国），为健康体适能训练奠定教学基础。许多针对体育、健康和舞蹈教育的国家标准（美国），均可以应用于健康体适能训练教学。本章第一部分列出了这些相关领域的国家标准（美国），特别指出了健康体适能教学中最常用的标准。

本章结尾简要概括了如何把最佳体适能训练融入体适能教育课程，并详细介绍了最佳体适能训练的范例。本章阐述的内容有利于选择适合各个特定学生群体的正确的训练项目。这些范例还可以作为开展自主训练的指南。

美国《国家体适能教育标准》

美国《国家体适能教育标准》是基于接受过体适能教育的人所做的定义。此定义是 NASPE 推出的高质量的体育教学计划成果（*Outcomes of Quality Physical Education Programs*）（NASPE，1992）中规定的。根据此文件，接受过体适能教育的人应具备以下几点。

▶ 学习并掌握完成不同体育活动必备的技能。
▶ 身体健康。
▶ 定期参加体育活动。
▶ 了解参与体育活动的意义及益处。
▶ 重视体育活动及其对健康生活方式的贡献。

NASPE 认为，接受过体适能教育的人应同时具备以上 5 点要求，"不可只取其一来定义"（NASPE，1992）。NASPE 把此定义进一步细分为 20 项说明。该定义及其详细说明被当作美国体适能教育国家标准的设计基础。美国体

美国《国家体适能教育标准》

体适能训练的核心理念是养成并维持良好的健康状态。体适能教育的目标是帮助接受过体适能教育的个人，让他们拥有相应的知识、技能和信心，享受有益健康的体适能训练。接受过体适能教育的人应达到的标准。

- **标准 1**：能展示各种体适能训练项目，以证实自己掌握了相应的运动技能与方式。
- **标准 2**：证实自己了解各种运动项目的理念、规则、策略和战术，并能用于体适能训练的学习和展示过程。
- **标准 3**：定期参与体适能训练。
- **标准 4**：达到并维持一定的健康体适能水平。
- **标准 5**：展示有责任的个人行为和社会行为，在体适能训练过程中尊重自己，尊重他人。
- **标准 6**：重视体适能训练的健康、娱乐、挑战、自我表达和 / 或社会交往目的。

源自: *Moving into the future: National standards for physical education* (2004) from the National Association for Sport and Physical Education (NASPE), 1900 Association Drive, Reston, VA 20191–1599.

适能教育的国家标准最初在 1995 年由 NASPE 出版，2004 年改版（见上边栏美国《国家体适能教育标准》）。该标准明确定义了学生应了解的以及能做到的体适能标准，并以此作为优质体适能课程的教学成果。尽管所有教学标准要求个人在接受健康体适能训练的过程中要达到某种水平，但尤为强调以下两项标准。

▶ **标准 3**：定期参与体适能训练。

▶ 标准 4：达到并维持一定的健康体适能水平。

将这一标准融入体适能、健康和舞蹈教育，不仅可以让每个参与体适能训练的青少年拥有更加强健的体魄，还可以为一部分有志于从事专业体育运动的青少年以后的职业生涯奠定基础。很少有青少年只专注于一个目的，要么为了健康，要么为了提高运动成绩，要么为了健美，这些是同时存在、互相促进的。虽然有些青少年更喜欢其中的一个，或有更便捷的练习方式，但是所有青少年都将从这些标准的学习及应用中受益。对于这些跨学科的关联性的认识，使我们在为了实现健康、竞技和健美这三项根本目标的教与学的过程中，能以更多的热情投入其中。

美国《国家健康教育标准》

《实现健康文化》里颁布的美国《国

美国《国家健康教育标准》

- 标准 1：学生了解有关健康提升和疾病预防的理念。
- 标准 2：学生能够展示自己具有获取有效健康信息及获取增强健康的产品和服务的能力。
- 标准 3：学生能够展示自己具有实施促进健康行为、减少健康风险的能力。
- 标准 4：学生能够分析文化、媒体、科技及其他因素对健康的影响。
- 标准 5：学生能够展示自己运用人际交流技巧来提升健康的能力。
- 标准 6：学生能够展示自己运用目标设定和决策技巧提升健康的能力。

- 标准 7：学生能展示提倡个人、家庭和社区健康的能力。

源自：*Achieving health literacy: National health education standards* (1995) from the American Alliance for Health, Physical Education, Recreation and Dance (AAHPERD), 1900 Association Drive, Reston, VA 20191-1599.

家健康教育标准》（*Joint Committee on National Health Education Standards*，1995）和体适能教育标准相关联。健康教育是在各种条件与环境下，针对如何保持健康、预防疾病和减少对身体的危害因素，提供了特殊的专业性知识，这有助于人们有计划地做出更多有益于身体健康的行为。这些目标不仅与体适能训练活动有关，而且会对每个人的自身、家庭、社会生活等其他领域产生深远的影响。其中，标准 1、标准 3 和标准 6 与体适能教育密切相关。

▶ 标准 1：学生了解有关健康提升和疾病预防的理念。
▶ 标准 3：学生能够展示自己具有实施促进健康行为、减少健康风险的能力。
▶ 标准 6：学生能够展示自己运用目标设定和决策技巧提升健康的能力。

美国《国家舞蹈教育标准》

美国《国家舞蹈教育标准》也和体适能教育有着密切的关系。类似于水上运动、健身训练和室外娱乐活动等，舞蹈既是一项运动形式，也是一种提供健康和健身益处的体适能训练项目。但是，舞蹈与体适能训练相比，又是一种独特的艺术形式，为人提供了创造、交流意义的机会，能诠释不同历史时期的文化差异。标准6（了解舞蹈和健康生活方式的关系）在健康体适能教育中是最重要的一点。

美国《国家舞蹈教育标准》

关于舞蹈，每个美国青少年应该了解且能做到的如下。

- **标准1**：舞蹈表演中能识别并展示运动要素和技能。
- **标准2**：理解舞蹈艺术的原则、过程和结构。
- **标准3**：理解舞蹈是一种具有创造和交流意义的方式。
- **标准4**：在舞蹈中应用和展示批判性和创造性思维能力。
- **标准5**：展示并理解不同文化和不同历史时期的舞蹈。
- **标准6**：了解舞蹈和健康生活方式的关系。
- **标准7**：了解舞蹈和其他准则的关系。

源自: the National Standards for Arts Education and the National Dance Association (NDA), an association of the American Alliance for Health, Physical Education, Recreation and Dance. The source of the National Dance Standards (*National Standards for Dance Education: What Every Young American Should Know and Be Able to Do in Dance*) may be purchased from the National Dance Association, 1900 Association Drive, Reston, VA 20191-1599, or 703-476-3421.

融入最佳体适能训练的小学体适能教育课程

本书不仅是儿童参与体适能教育课程中小学阶段训练活动的合集，从事体适能教育的教师还可以通过本书帮助儿童进行体适能训练，让儿童了解健康和体适能训练的重要性。

本书中介绍的各项训练活动也诠释了体适能的理念。因此，它也是健康和体适能教育的小学阶段的教材。

最佳体适能的训练方式会随需要完成的时间不同而有所变化，更具体地说，还可能随班级人数、教室环境和其他因素而变化。训练时间会因强度不同而变化，可以把那些强度小的训练项目结合在一起，作为一节课的训练内容；强度大的项目单独训练，或者把训练强度大的项目融入其他课程计划中。在健康和体适能教育课程中，教师可以利用训练活动提供的建议和资源，安排家庭、课外训练和特色训练活动。文内附赠的复用图提供了训练的可视目标和拓展项目，可以帮助儿童更好地理解训练教学的理念。

每节里的示范及建议，是每个最佳体适能训练项目的重要内容。学生都想积极、踊跃地参与各种活动，但是对于很多教师来说，通常很难确定如何改编和调整，才可以让一节课的内容适合整个班级的学生。如何制订一个适合更多学生的全面的训练计划，这对教师的专业知识和能力提出了很高的要求，因为学生的基础水平可能高低不同。重要的是，如何通过语言沟通与肢体示范，让课程尽量满足所有学生的要求，确保每个学生都能够得到相同的训练效果。教师作为课程的专业导师，有责任让所有参与者都取得一定的进步。怎样激励不同能力水平的学生，促进其技能发展，让所有学生参与并维持相近的能力水平，是教师的共同目标。作为教师，要尽自己所能来调整设备、目标值、规则和指导，并帮助和支持行动不便的学生。教师们应该寻找简单快速的解决方案，来帮助

建议内容

- 回顾训练，确认学生的需求。
- 关注学生能做到的，而不是做不到的项目。
- 让游戏适合个人情况，而不是让个人适应游戏。
- 让学生在最低限度的帮助下自由活动。
- 根据学生能力调整设备。
  - 根据学生需求，使用大小、纹路和颜色不同的球。
  - 给球系上绳或其他物体，以便行动不便或协调性差的学生能自己找回这些物品。
  - 使用接触面较大、较显眼的设备。
  - 使用高度较低的目标、靶子和平台。
  - 使用较大的目标空间或目标。
  - 附加延伸魔术贴，让坐轮椅的学生能自己拿取地面上的物体。
  - 把球、卡等物体放置在合适的高度，以便弯腰困难（平衡性差）或者是坐轮椅的学生拿取。
  - 适合单人使用或三人使用的跳绳。行动不便的学生可以对半切割或折叠跳绳。
  - 滑板训练中，行动不便的学生可以使用长滑板，把滑板放置在他们的腹部。可以将两个滑板绑在一起制成滑板面较长的长滑板。需要坐姿完成训练的学生，也可以使用支撑身体的物体。
  - 降落伞训练中，在轮椅上加一条弹力绳连接降落伞，让坐轮椅的学生也能参加训练，还能自由移动。
  - 在轮椅上加一些行李架（放背包或袋子），让坐轮椅的学生能够用手自由地控制轮椅移动。
  - 呼啦圈对半切开，可以在训练中方便坐轮椅的学生和使用拐杖的学生进入呼啦圈。
- 界线
  - 标识区域界线，需要时在区域内通过减短距离或简化方式，做必要的调整。
  - 为有视觉障碍的学生提供一些类似蜂鸣器的东西，来标识界线，这样他们在训练过程中就能在区域内自由来往。
- 清除区域里的障碍。
- 修改规则，使游戏或训练既有挑战性，也能让学生有取得成功的机会。
  - 允许球保持静止。
  - 不设定时间限制。
  - 提供同伴协助。
  - 按需要调整距离。
  - 允许学生进入后续回合，以便完成任务。
- 提示
  - 在体育馆里使用图片交流符号（Picture Communication Symbds, PCS）来制订课堂训练计划。此方法有助于学生从一项训练过渡到另一项训练。
  - 避免过难的挑战任务或过多的言语，以免学生压力过大。
  - 使用 PCS 来辅助语言指令。
  - 一边口头指导，一边展示或示范训练动作。
  - 如有需要，同时使用视觉、语言或身体演示。
  - 可使用一个到两个步骤的指示，确保简洁明了！

多样化的学生群体，确保为他们提供良好的教学环境。同时创设符合实际的训练项目，以确保每个人在每个训练项目上获得成功。调整方面的信息可参考第7页上的建议内容。

最佳体适能训练教给儿童相关的训练原则和体育健身活动的重要性。学生通过训练来理解热身及放松、频率、强度、时间、类型、发展和超负荷方面的概念。更重要的是，训练活动不但有趣，还具有一定的挑战性。最佳体适能的训练活动强调个性，鼓励学生在训练过程中发挥最佳水平，同时强调一周中每一天或多数时间里定期参与常规体适能训练的重要性。在训练过程中，竞争性被最小化，通常只是在学生参与游戏活动时，将竞争因素作为一部分内在动机，以鼓励他们努力表现。

教师可以通过最佳体适能项目指导学生学习健康体适能、运动技能以及与健身有关的技能。学生可以使用不同的运动模式、不同难易程度和路线来调动他们的身体完成训练，并且通过运动提高他们的心率，练出更强健的肌肉。学生还可以练习操控性技能，如扔、抓、踢，同时练习一些与体育运动相关的拉伸训练和肌肉耐力训练。通过概念和体育技能的整合，学生会发现强壮和灵活的种种益处。

最后，定期和学生相处的教师，可以指导他们进行自我评估健康体适能的水平。学生通过参与体质测评和最佳体适能训练，能够自行判断健康体适能的水平，了解让自己变得更健康的方法。还有，如同本书每节训练课中家庭拓展任务中所提到的，最佳体适能计划可帮助学生参与校外的体适能训练。

最佳体适能训练示范

训练的同时还可以帮助学生掌握受益终身的健身方式，这是教学最为成功的一面。本书提供的丰富的训练项目，都是为帮助学生在训练的同时学习健身而专门设计的。

这些训练项目为研发优质的课堂教学内容提供了可能性。但是，如果想增加更多适合学生的训练项目，可参照以下详细的示范说明，逐步开发出自己独特的训练项目。

▶ 水平——仔细考虑学生的水平，专门为他们开发合适的训练项目。虽然本书中的所有训练是针对初级（幼儿园到2年级）或中级（3年级到5年级）水平的学生，但是很多训练可根据学生年龄和能力的不同进行改编。

▶ 理念——训练传授一个或多个理念，书面语言需要适合学生的水平，让学生能够理解。最佳体适能包含的训练有对健康体适能成分的定义及其相关的健康收益，热身运动和放松运动，FITT指导原则、进阶训练和超负荷训练（"身体成分"和"特色训练"两章的格式不同，但还是罗列了所教授的理念）。关于健康体适能成分、健身原则、FITT指导原则，以及和健康、技能相关的领域，其间如何相互关联的进一步阐述将在第2章中介绍。记住，理念方法清晰的教学方式，有利于学生学习了解各种影响自身体适能的因素，以及操控这些因素促进自身健康且受益终身。

▶ 教学目标——描述以学生为中心的目标以及学生要学习的内容。

▶ 与美国国家标准的关系——解释与训练相应的体适能教育、健康教育以及舞蹈教育的美国国家标准。

▶ 设备——列出完成训练所需的所

有物品。随时关注新型设备和技术，并应用到课堂和家庭拓展任务中，使训练独具新意。

▶ 复用图——列出训练中用到的东西，包括图表、符号标识、任务卡、学生表单、家庭拓展任务表单和其他资源。

▶ 活动流程——列出训练步骤，包括简介（通常称为设定介绍）、训练步骤和方向以及结束。

▶ 教学提示——提供调整方法、拓展任务、难度增减（例如强度、能力分组和挑战难度）、安全措施的提示以及其他有效教学训练的意见。

▶ 示范及建议——包含一个或多个提示，让训练适应不同能力和健康水平的学生的需求。注意，一个训练中的提示可能也适用于其他训练。制订课堂计划时，要考虑改变环境、设备、规则、界限和教学提示。参考第7页的建议内容，进行合理的改编。

▶ 多样化活动——提供其他方式来调整训练或设备，从而提高并改变参与挑战的程度，促进所教理念的学习效果。

▶ 家庭拓展任务——课堂训练的拓展任务，给学生提供信息，让他们可以在家庭或其他课外环境里继续训练。

▶ 评估——帮助教师或学生检验是否已掌握目标内容。如果教师能确保学生已理解所教的理念和训练的目的，那么评估方式应该可以检验这些目的和理念。效果评估包括教师讨论、学生反馈和复习以及布置家庭训练任务。训练可以简短，不必书写记录。

总结

实际运用最佳体适能训练时，教师可以通过符合学生年龄的、循序渐进的训练方式，依据合理的标准进行教学。采用训练模板可确保训练的教育意义，且易于实施和评估。选择适合课堂计划的训练项目，可以常年教导和强化重要的健身理念。最重要的是，体适能教育者研发的这些训练项目，经过长期实践应用的检验，证实了它们不仅教给学生相关理念，而且让学生在完成体适能训练时获得了乐趣。

健康体适能
理念

章节内容

本章主要介绍健康体适能的教育原则。健康体适能的各个组成部分，会在第二部分每章的开始进行介绍，以便教师指导训练时可在对应章节快速查询和参考。

健康体适能与技能体适能

健康体适能包括有氧体适能、柔韧性、肌肉力量、肌肉耐力和身体成分。由于这5个要素易于提升，而且与日常健康水平直接相关，有助于预防运动功能减退及其产生的不良影响，以及预防因缺乏体适能训练而导致的不良症状，因此健康体适能是最佳体适能的核心内容（Hoeger et al., 2011）。运动功能减退引发的疾病和不良症状包括肥胖、糖尿病和高血压。

技能体适能包括身体协调性、敏捷性、反应时间、速度、肌肉爆发力和平衡性。人们不仅需要这些技能来保持健康的身体状态，而且它们也是娱乐活动中必不可少的。很多技能体适能的成分在很大程度上取决于一种或多种健康体适能。例如速度、肌肉爆发力和平衡性都取决于诸如肌肉力量和肌肉耐力这些相应的健康体适能成分。此外，技能体适能成分通常很难取得明显的改善，对于大部分儿童来说，往往没有必要大幅度改善这些成分，除非他们需要参加指定的竞争激烈的高强度的比赛或娱乐活动。虽然参加技能运动有益于所有体适能，但是在全面强调卫生和健康的时候，需要牢记一点，体适能课程的主要内容在于健康体适能（Hoeger et al., 2011）。图2.1阐明了健康体适能成分和技能体适能成分之间的关系，以及可用于加强各种成分的不同运动。通过最佳体适能训练，学生会更深入地了解不同的健康体适能成分和技能体适能成分，并通过重点运用各项体适能训练原则的实际经历，来掌握增强这些体适能成分的方法。

体适能

在健康体适能的教学过程中，不能忽视体适能训练的重要性，要开发适合儿童的趣味性活动，以鼓励儿童积极参与体适能训练（Graham et al., 2010）。最佳体适能训练始终强调应把培养体适能作为持续终身的积极乐观的生活方式，而不仅是为了身体健康或定期练习的结果。教学的重点不只是培养身体健康的学生，还要教他们学习了解体适能训练的基本概念、技能和意义，使他们现在以及将来有能力参加各种体适能训练。

教师使用最佳体适能教材时，记住以下定义可有助于调动学生的积极性，让他们更加积极地参加体适能训练，从此踏上终身健康之路，受益于健康的身体。体适能可以定义为进行体育训练时，人们所具有或将要获得的与能力相关的一系列属性（美国卫生与公众服务部，USDHHS, 1996）。然而，体适能训练则定义为由肌肉收缩而产生的、加大能量消耗的所有身体运动（USDHHS, 1996；NASPE, 2004b）。体适能还可以定义为"人体所具备的，以充足的精力满足安全有效的日常生活需要，不感到过分疲劳，同时有余力享受休闲娱乐活动，适应突发状况的能力"（Hoeger et al., 2011, p.19）。参加体适能训练的动机并不只是源于了解和认同加强锻炼对身体的好处。学生应该明白，积极参加体适能训练，才能在游戏时不易感觉疲劳或力不从心，也能有更多的精力投

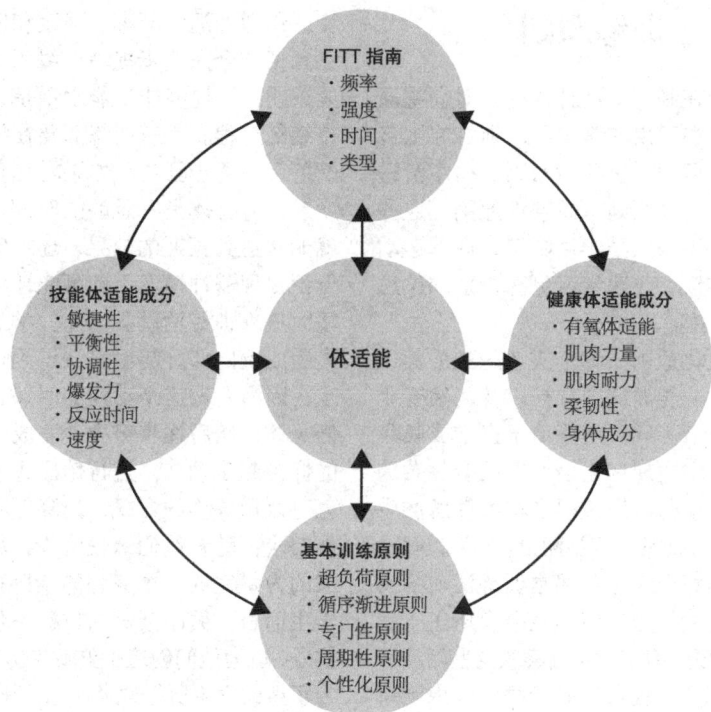

图 2.1　体适能各要素和原则之间的运作原理

入休闲活动里。作为教师，只有把这些关系向学生解释清楚，他们才会了解当中的健康效益。

参与体适能教育

教师应该考虑如何让所有学生一开始就参与到自己的教学计划和教学过程中，而不是后知后觉，这一点很重要。确保每位学生都参与体育活动和课程，促进健身需求，能够体现教师的创意和对学生的悉心关怀。对于许多行动不便的学生，需要采用结构化的体适能教学计划，以减少继生性不良症状。这样，行动不便的学生有机会独立参加休闲活动，减少不良环境对健康的影响，提升总体生活质量。虽然每个学生受益程度

不同，甚至不一定能参加每个活动，但是鼓励所有学生都积极加入健康体适能教学课程不仅是一个好的创意，更是需要遵守的原则。

研究表明，儿童参加休闲活动和体育运动有以下 3 个主要原因（Weiss，2000；Meredith et al.，2005）。

▶ 提升并展示身体运动能力（运动技能、健康、体形）。
▶ 获得来自朋友、搭档、他人的社会认同和支持。
▶ 参加有趣的体育活动，提升乐观积极的情感体验。

训练原则

　　教师在制订运动计划时，对训练原则的了解和运用非常重要。训练原则包括个性化原则、超负荷原则、循序渐进原则、专门性原则、周期性原则。这些原则可以用来指导学生制订合理的运动计划，安全有效地学习更高级别的体适能和运动技能。

　　个性化原则，每个人考虑到的健康水平、体适能训练的目标以及基因变化潜力都有所不同。尽管由于正常成长和成熟过程中生理变化会引发很多复杂的问题，孩子们对训练程度和条件所产生的生理反应通常不容易测量。作为教师，要意识到每个学生对课堂训练活动的反应是不同的。如有些学生会有所进步，有些则不会；有些学生会喜欢这些活动，有些则不会。教师的职责是，考虑到每个学生的初始健康水平和个人目标，在课堂上给他们提供大量的选择机会。

　　超负荷原则，指训练超出正常水平时，身体系统会做出反应，以便适应并提高生理机能和健康水平。教师可以通过提高训练活动的频率、强度、耐力（时间）来增加负荷。让学生亲身体验训练活动，就能理解超负荷原则。对于较年幼的学生，教师可以和他们沟通以确认活动时间的长短；对于大一点的学生，则可以记录他们能够承受的训练时间，或能够完成的重复动作次数。教师还可以利用装有书本或重物的双肩背包，分别对孩子们背着双肩背包和没有背包的两种情况进行心率监测。这些方法可以解释人体如何适应负荷，而且随着训练的不断进行，能够更轻松地完成同等负荷的训练项目的现象。

　　循序渐进原则，指训练过程中应该如何逐步增加负荷。循序渐进就是健身者通过增加运动频率、强度和时间，或三者相结合来逐步提高训练水平。学生应该明白，提高体适能水平是一个长期持续的过程。所有训练都要在保证安全的情况下逐步开展。如果增加负荷的速度过快，身体没有足够的时间去适应，就无法达到预期的效果，还可能受伤。无论出现哪种情况，都可能让学生因气馁而放弃训练活动。比如，学生可以通过完成反向仰卧起坐来认识到自己的进步，因为在做这个动作的时候，学生放低身体，然后逐步努力，完成一个标准的仰卧起坐动作。进行俯卧撑训练时，也可以用同样的方式，先降低学生的动作要求，随着他们慢慢进步，就会有足够的力量完成一个完整的俯卧撑。对于学生而言，循序渐进的目标不仅是一种挑战，也为他们创造了更多成功的机会。为了帮助学生更好地理解循序渐进原则，同时让他们看到自己在逐渐进步，可以让他们记录自己的成长与进步（比如坚持记日志或日记）。教师还可以通过对比学生训练前后的测试成绩来有效地帮助他们理解循序渐进的原则。

　　专门性原则，即训练类型，是指根据训练目标来选择适当的训练方式与方法，使身体的某个特定部位通过训练达到预期的效果。如果想提升有氧体适能，就必须进行有氧运动，以加强心肺系统功能。这个原则适用于健康体适能和技能体适能的所有领域，也适用于单一的健身领域。例如，进行肱二头肌弯曲运动有助于提高肱二头肌的力量，但是对于腿部肌肉就没有效果。

　　周期性原则的前提是一句谚语——"用进废退"。如果训练中途停止，所有通过体育活动获得的健康成果都会慢慢消失。但是每次运动之后，身体都需要一定的恢复时间。如果恢复时间太短，可能会导致身体出现受伤或过度训练的后果；如果恢复时间过长，则会中止训练，失去从体适能训练中获得的各种益处。训练恢复所需的时间应该随健康体适能的领域变化而变化。美国国家运动医学学会（ACSM，2000）建议，每周3天交替进行高强度的力量运动和耐力运动，而且坚持每天运动对提高柔韧性最为有益。想提高有氧运动能力至少需要每周训练3天，当然最好是每周训练5~7天。教师应注重训练的连贯性，而不是训练的内容和条件，当然，训练专业运动员时情况有所不同。另外请记住，针对儿童体育运动的建议，包括日常活动内容。

由美国卫生与公众服务部2008年发布的 *Physical Activity Guidelines for Americans* 为儿童和青少年提供了其他建议。该指南尽管也强调一周尽量每天进行体适能训练活动，但是在制订训练计划时，也可以使用特定的规则。

儿童和青少年体育活动指南

美国卫生与公众服务部2008年发布的 *Physical Activity Guidelines for Americans* 中提出了专门针对儿童和青少年体育活动的指导原则，具体如下。

► 儿童和青少年每天应至少进行60分钟的体育活动，主要注重3种运动形式：有氧运动、加强肌肉力量的运动和加强骨骼力量的运动，因为这些运动非常有利于身体健康。
• 有氧运动：每天60分钟以上的有氧运动，大部分应该是中等强度或高强度的有氧运动。最好每周至少进行3天高强度有氧运

动，例如跑步、单脚跳、跳跃、跳绳、跳舞、骑行、游泳，还有球类运动，如踢足球和打篮球等。
• 加强肌肉力量的运动：作为每次60分钟以上的日常体育活动的一部分，儿童和青少年每周至少3天进行加强肌肉力量的运动。在运动场的运动器材上活动、跳绳、拔河比赛属于较为自由的训练活动，而仰卧起坐、举重或用阻力带训练属于有组织的训练活动。
• 加强骨骼力量的运动：作为每次60分钟以上的日常体育活动的一部分，儿童和青少年每周至少3天进行加强骨骼力量的运动。根据政府健康部门的文件，加强骨骼力量的运动指的是那些在骨骼上施加外力，促进骨骼生长和增强骨骼力量的运动。这种外力通常是通过与地面的碰撞而产生的，例如跑步、跳绳、跳方格、体操、打篮球、打排球等，都属于加强骨骼力量的运动。
► 重要的是，鼓励学生积极参与适合他们年龄的体育运动，让他们一起感受运动的乐趣与多样性。

儿童体育活动金字塔里还有更多适合儿童的体适能训练活动（见图2.2）。

FITT（频率、强度、时间和类型）原则

最佳体适能训练运用了FITT原则以提高学生的健康水平，帮助他们学习

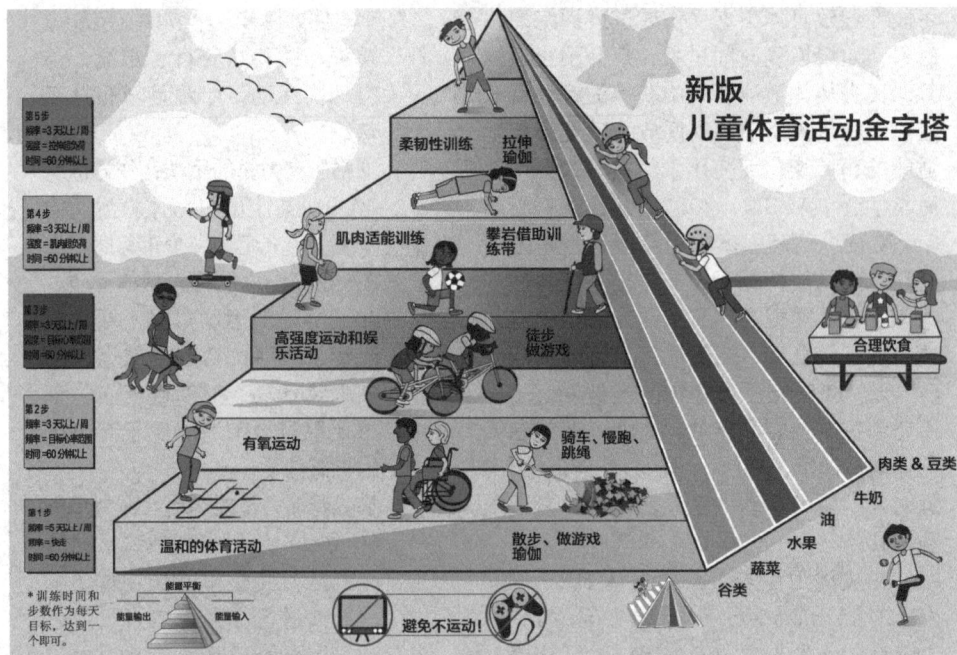

图 2.2　儿童体育活动金字塔

源自：D. Lambdin et al., 2010, Fitness for life: *Elementary school classroom guide kindergarten* (Champaign, IL: Human Kinetics), 11.

健身的指导原则，并受益终身。FITT 为首字母缩写，指为了改善和保持健康，需要坚持训练的频率（多经常）、强度（多努力）、时间（多久）和类型（哪种训练）。同时，FITT 原则也针对先前介绍的训练原则提出了具体方案。如果把这些原则运用到儿童身上，需记住他们不是小大人，成人的训练模式不能用在他们身上，除非他们已经达到中级水平。美国卫生与公众服务部还强调了采用与学生年龄相符的体育活动的重要性。儿童通常都会认真努力地完成训练，因此必须注意劳逸结合。即使是大龄青少年在交替参加中等强度和高强度的训练活动时，也会经常要求有短暂的休息时间。总之，所有类型的训练活动都需要根据每天 60 分钟这一标准进行计算确定。

训练交流会

不管是指导幼儿园的小朋友还是高年级学生，在训练课程开始之前，应先进行交流活动，分享这节课程的训练目的，告诉他们怎样训练以实现课程目标或个人目标。每项训练活动都应结合系统的教学方法，不仅可以确保安全性，也可以让身体做好准备接受严格的训练。主要的体适能训练项目应该具有发展性和合理性，能够让学生理解和感知体适能训练的重要性。训练过程中也要有相应的放松时间，以回顾和评估学习的效果。

以下几点建议有助于在训练交流会中融入这些理念。

体适能教学建议

▶ 了解学生能力的多样性。

▶ 告诉学生本节课程的训练目的和重点。

▶ 训练期间回顾重点。

▶ 确认学生已理解。给学生进行思考和反应的时间。每节训练课程都要有教学建议、技巧示范和效果评估，这样可以帮助教师确认学生对于这节课程训练内容的理解程度。

▶ 亲自完成实际动作，作为补充说明。

▶ 给学生一些具有挑战性的任务，鼓励他们定期参与训练。

▶ 把体适能理念与学生的实际生活经历联系在一起。每项训练里的家庭任务内容可提供一些建议。

源自: Reprinted, by permission, from C. Corbin and R. Pangrazi, 1997, *Teaching strategies for improving youth fitness*, 2nd ed. (Reston, VA: AAHPERD).

调动学生的积极性

　　最佳体适能训练的目标之一是激励年轻人长期坚持体适能训练。尽管大多数儿童喜爱运动，但是，当他们训练得越多、生活阅历越多时，通常越会远离体适能训练，形成越来越不爱运动的生活方式。由于体适能训练能够有效保证他们的健康状态，以及未来的健康生活品质，因此，年轻人必须认识体适能训练的重要性，重视并养成长期训练的健康习惯。

　　许多因素会影响孩子参与体适能训练的积极性。大部分因素都可以归属于以下 4 种类型里的一种：生物或生理因素、心理因素、社会因素和环境因素。生物或生理因素包括性别、年龄、体重、运动能力和环境（如安全的游戏区域或空间）。心理因素包括自我效能、内在的自控、基于经验的价值观、整体自尊、自我价值和满足感。社会因素包括监护人、兄弟姐妹、其他亲人、同龄人、教师、医生，以及生命中其他重要的人。环境因素包括每周训练天数、季节、背景、组织和竞争机会等。

　　库珀研究院为体育教育工作者提供了一些可以融入课程计划的建议，以提升孩子的体适能和健康水平。具体内容如下。

▶ 通过各种适当的体育活动，帮助孩子提高身体素质和运动技能水平。

▶ 为孩子们提供相关理由，让他们参加定期的体育活动（如有益健康、有乐趣）。

▶ 帮助学生确认日常体育活动的时间和地点。

▶ 帮助学生确定互助小组及使用方式。

▶ 让学生设定专门的目标，并约定参加规定的活动以实现目标。确保活动清单的内容清晰，确保学生了解活动的时间、地点和成功达成目标的其他细节。

▶ 鼓励学生通过记录日志或日历，跟踪他们参加体育活动的情况。

▶ 对学生努力运动的结果进行提问，以体现对学生体育活动的兴趣。

▶ 在运动过程中，讨论学生取得的进步以及遇到的问题，让学生明白坚持运动并不容易。学生可以互相交流坚持训练以及如何实现运动目标的方法。对于学生的努力，甚至取得的微小成就，都应该表扬，因为积极的反馈有利于增强学生的能力和内在动力。

▶ 建议主要进行低等到中等强度的活动项目，如步行或骑行。因为这类活动项目学生更容易坚持，而团队体育活动不易坚持。

▶ 做学生的榜样。积极参加体育活动，和学生分享坚持体育活动所得到的益处。

▶ 鼓励学生的监护人尽可能参与体育活动。

源自：The Cooper Institute, 2004, *Fitnessgram/Activitygram test administration manual*, 3rd ed. (Champaign, IL: Human Kinetics), 18–20.

鼓励学生积极参加体育活动的其他建议如下。

▶ 奖励参与运动过程，而不是奖励健身结果。

▶ 强调自我测试计划。不要在意体适能测评的成绩等级。

▶ 尽可能多地使用音乐。

记住上述的各种激励因素，以及如何最大限度地使用它们的相关建议，对于那些试图激励青年人开始并坚持运动的体育教育工作者来说，应该具有巨大的价值。

动机与最佳体适能相结合

最佳体适能课程强调了健康体适能训练的教学方式，帮助学生回答以下两个问题。这两个问题是韦尔克（Welk，1999）提出的，对于激励孩子参加训练非常重要，它们分别是"体适能训练是否值得参加？"和"我能做到吗？"最佳体适能训练资源具有发展性和合理性，以及特定的评价标准，强调通过训练体验来学习。最佳体适能计划注重每个孩子的个人喜好和能力，强调个人能力的提升，而不是让孩子们互相竞争和攀比，或用不切实际的标准来评价自己的表现（The Cooper Institute，2004）。

每个最佳体适能训练项目，都有助于教师通过使用标准的训练模式来激励孩子参加训练。第1章中针对标准训练模式有简要的定义。使用训练模式中各部分所提供的信息来指导训练，通过大家的努力，所有学生都有机会提高他们对体适能训练意义的理解力，缩短完成任务的时间，赢得健康并增强自信心。

设定目标

目标是前进的方向。正如教师经常使用标准和目标指导教学一样，学生也需要学会利用目标来指导自己的学习，规划自己的生活。最佳体适能训练的重点在于，通过有趣的训练强化重要的概念，引导学生朝着积极活跃、健康的生活方式前进，让学生享受有益终身的体适能教育。同时，帮助学生了解目标设定过程，为学生提供改进目标设定技能的机会，也是所有教师的职责所在。

目标设定的研究是广泛的，理论上，教师应该鼓励学生每节训练课中都设定目标。因为学生自己设定的目标构建了内在动机和自我决定，为学生提供了一种超越学习的归属感。反过来，归属感可以引导他们注意正在完成的任务，使训练对他们来说更具有个人意义，并且为他们提供了监督自己进步的机会。通过目标设定和自我心理管理，最佳体适能训练的同类型计划已被设计好。该同类型计划允许学生自我评估，了解自己的成绩，打印出来以回顾训练结果，将目前训练成绩跟之前记录的成绩相比较

（Ernst et al., 2006；Plowman et al., 2006）。但是，为了充分利用上述各环节，教师必须了解不同类型的目标，并给予学生相应的指导。

目标类型

只要了解设定目标的一般原则，任何训练项目都可以涵盖目标设定的内容。这些原则包括多种目标设定策略，其中有短期（今天的）目标、中期（如 2~6周）目标和长期（如每学期、每年、终身）目标，还有使用过程（与技术相关）目标、成绩（个人最佳）目标和结果（取得或赢得的成效）目标。教师应教导学生，如何通过设定短期目标和中期目标来最大限度地实现长期目标；注重实现过程和个人成绩的目标，通常也有利于实现团体目标和结果目标。

考克斯（Cox, 2007）对结果目标、成绩目标和过程目标的描述如下。

▶ 结果目标，即注重于训练结果，如赢得的奖励、胜过他人等，也包括个人之间的竞争（对比输赢、到达终点的次序、获奖情况）。
▶ 成绩目标，即指定最终要达到的结果，可由学生独立实现，或通过体适能教育课程来实现（例如达到健康体适能的某个等级、投手三振出局、守门员救球次数、球员射门命中率、罚球成功率、个人最佳时间等）。
▶ 过程目标，能完成规范的训练动作（保持低头、第一个拿到球、仰卧起坐的标准姿势、训练中所注意的技术要领等）。

确定目标设定的重点

作为教师，应该尽力让学生把每天参加中等强度到高强度训练的时间增加到 60 分钟以上。因此，目标设定的重点如下。

▶ 增加参加长期体适能训练所需的知识。
▶ 端正参加长期体适能训练的态度。
▶ 提高参加长期体适能训练所需的技能。
▶ 将参加体适能训练的时间在原有基础上增加 50%。
▶ 增加参加体适能训练的学生数量，并且让他们的训练时间达到每天活动时间的 50%。

教师利用这些重点可以进行更有效的教学，让学生一起参与其他个人目标的设定。

本书中所有训练都可以或应该被认为是目标设定训练。教师应积极传授训练理念，指导学生自我管理和设定个人目标。刚开始时，可采用训练日志来辅助完成目标设定。学生达到一定水平后，老师可以安排拓展训练任务，并把每项训练的目标作为一个新起点，树立学生自主学习的责任感。

明确的目标

帮助学生设定明确的目标并努力实现它，这是目标设定教学的最终方向。好的目标是具体的、可测量的、具有挑战性的（挑战难度适中），与学生需求和兴趣相关，且在特定时期内可以实现的。学生需要口头和书面的反馈作为设定明确目标的辅助方式。但是，通过学生自己设定的目标进行定期训练，并鼓励学生为自己的目标负责，有助于学生更快地适应训练。教师和学生应该一起重新回顾目标，才能让目标设定的过程成为体适能教育、终身健康和训练不可或缺的组成部分，并激励学生努力实现目标。一个明确的目标应该由学生自己设定，教师提供及时的反馈，学生和教师共同承诺，一起努力，随着训练时间逐渐增多，共同评估目标实现过程中取得的进步。

另外，有专用的目标设定表（见图2.3）供使用。

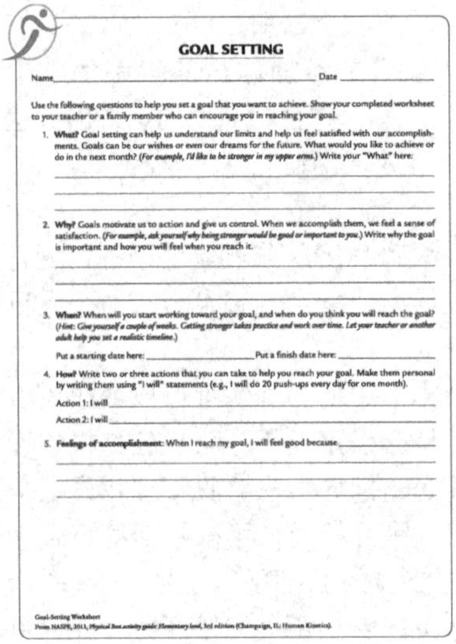

GOAL SETTING

Name__________ Date __________

Use the following questions to help you set a goal that you want to achieve. Show your completed worksheet to your teacher or a family member who can encourage you in reaching your goal.

1. **What?** Goal setting can help us understand our limits and help us feel satisfied with our accomplishments. Goals can be our wishes or even our dreams for the future. What would you like to achieve or do in the next month? (*For example, I'd like to be stronger in my upper arms.*) Write your "What" here:
2. **Why?** Goals motivate us to action and give us control. When we accomplish them, we feel a sense of satisfaction. (*For example, ask yourself why being stronger would be good or important to you.*) Write why the goal is important and how you will feel when you reach it.
3. **When?** When will you start working toward your goal, and when do you think you will reach the goal? (*Hint: Give yourself a couple of weeks. Getting stronger takes practice and work over time. Let your teacher or another adult help you set a realistic timeline.*)

   Put a starting date here: __________ Put a finish date here: __________
4. **How?** Write two or three actions that you can take to help you reach your goal. Make them personal by writing them using "I will" statements (e.g., I will do 20 push-ups every day for one month).

   Action 1: I will __________

   Action 2: I will __________
5. **Feelings of accomplishment**: When I reach my goal, I will feel good because __________

Goal-Setting Worksheet

From NASPE, 2011, *Physical Best activity guide: Elementary level*, 3rd edition (Champaign, IL: Human Kinetics).

图 2.3 目标设定表

以下是帮助学生设定明确目标的一些策略。

- ▶ 让学生参与定义和设定目标。
- ▶ 从小处着手，循序渐进。
- ▶ 与过去的表现相比较，注重学生取得的进步。
- ▶ 设定具体的、可测量的目标。
- ▶ 设定具有挑战性的、可实现的目标。
- ▶ 写下目标。
- ▶ 教师为学生提供实现目标的策略或方法；让其他学生也帮忙提供建议。
- ▶ 支持学生为实现目标而取得的进展，并提供反馈。
- ▶ 建立目标区间，逐步实现。
- ▶ 教师通过学生的自我评估来提供定期评估的机会。

目标设定

是什么？

目标设定是一种机制，帮助学生理解他们的极限，让他们对成绩感到满意……目标可以是我们的愿望……是我们对未来的梦想。

为什么？

- 目标是激励性的！
- 目标能激发自我控制感。
- 实现目标能提升自我满足感、自尊和自我效能感。
- 通过个人评估设定目标，确定了归属感和健身过程中的自豪感。

何时何地？

- 从现在开始。
- 一年。
- 每天。
- 校内和校外。

怎么办？

学习目标设定的策略。

- 学习设定适合个人的目标。
- 学习使用已有目标来设定其他目标。

源自：D. Ballinger, L. Borsdorf, and J. Bishop, 2008.

总结

对于青少年来说，训练的重点应放在提高体适能水平、发展技能、提供接触不同体育运动和训练的机会上。这些体育运动和训练可作为青春期期间和之后训练计划的入门基础。记住，健身是一个旅程，不是目的；目标是逐渐加强自我评估和健康体适能训练的自我传递。你和你的学生准备好迎接体适能训练带来的乐趣了吗？如果准备好了，请进入训练的环节。

训练

第 3 章

有氧体适能

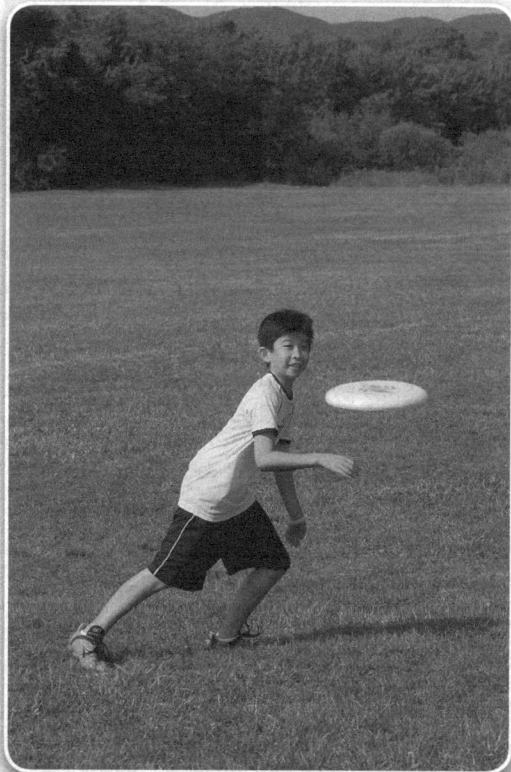

在研究儿童有氧体适能的概念时，我们应认识到这方面的研究非常有限，我们不能依据有氧体适能测评来评定儿童的耐力水平，也不能开发和成人运动方式相近的有氧训练计划用于儿童。尽管对于孩子们而言，体适能训练和有氧体适能之间并非关系密切，但是最佳体适能训练计划更注重于通过体适能教育提升每个孩子的生活品质和效率，让他们养成终身运动的习惯。

有氧体适能的定义

有氧体适能是指长期进行大块肌肉参与的、动态的、中等强度到高强度运动的能力（ACSM，2000，p.68）。对于孩子来说，这个定义可能是指在不感觉疲惫的情况下运动时间的长短。许多现场测试都可以用来评估有氧体适能。最佳体适能训练支持库珀研究院设计的体适能测评系统，由威尼克和夏特设计的布罗克波特测试则适用于行动不便的学生。

很多健康益处与体适能训练相关（Hoeger et al.，2011）。加利福尼亚州教育部（2002）的一项报告指出，较高级别的体适能水平与儿童标准化测试中的较高学业成绩有关。巴斯等人（2010）的一项研究也证实，青少年体适能水平和学业成绩相关。需要注意的是，当具体的学习者是儿童时，体适能对健康的益处对他们来说没有太大的意义。为帮助儿童理解体适能训练的意义，教师必须把健康益处和儿童的生活密切联系起来，并让他们获得及时的亲身体验。比如，"你能否不停地绕操场跑？"潜在的健康益处包括以下各个方面。

▶ 增强心脏功能（降低休息和工作时的心率，运动后能更快恢复）。
▶ 降低血压。
▶ 强健肌肉和骨骼。
▶ 增强体能（运动游戏时间更长）。
▶ 可轻松完成更多的工作（携带玩具不觉得疲惫或不需要帮助）。
▶ 减少压力感和紧张感（与他人相处得更好）。
▶ 改善形体和外貌，提升幸福感；提高生活品质。
▶ 改善学习能力（完成家庭作业速度更快）。
▶ 提高身体成分的健康水平。
▶ 加强自信心和自尊心（社交机遇更好）。
▶ 改善睡眠质量。
▶ 改善血脂[增加高密度脂蛋白（好胆固醇），降低甘油三酯]。
▶ 有助于控制体重。

健康和幸福指数的改善会始终贯穿我们的生活，包括儿童时期。大部分儿童对健康益处几乎没有兴趣，需要等到他们成人以后才会认识到这些益处。在体适能训练的小学阶段，教师应选择有助于培养和鼓励学生形成积极生活方式的训练项目，最终帮助学生改善他们的生活质量。用儿童能理解的语言来介绍上述健康益处，再在训练课程中重复说明。

有氧体适能教学指南

教师通过体适能训练来教导体适能的理念，尽可能减少学生表现不积极的训练项目。小学生应注重运动技能的训练，即个人空间运动、快慢运动、高低运动，学会团队合作，包括团队成员间的互动。路线或站点训练法可以提供绝佳的机会，挑战学生的独立性，提升运动技能和健康体适能水平。教师应组织小组训练，一个站点不超过 5 个人。3 年级到 5 年级学生的训练项目应包括空间里及空间之间物体的操控训练，逐步提高训练速度和准确性，并且融入合作式学习训练。重要的是，教师应强调训练节奏的重要性。心脏也是一种肌肉类型，和其他肌肉一样，也能从训练中受益。不建议小学生参加长期持续的有氧训练活动（Graham et al.，2010）。

选择和实施训练项目时，应遵守一定的训练原则。教师应注意为了实现一个特定的目标（如心率）而设计一节训练课程，对于小学生或中学生来说并不合适。教师可以通过监测呼吸速率和体温，或把手放在心脏处，来监督初级阶段小学生的训练强度等级，用慢（乌龟）或快（赛车）这样的词语来描述心率。中级阶段的学生（3~5 年级），可以测量颈动脉和桡动脉的脉搏，但是这个级别仍然不宜使用心率作为训练目标。我们不应期望大多数小学生来测算目标心率值，初中生和高中生才比较适合这样

的任务。无论如何，不要把设定心率指标当作体适能训练的目标。表 3.1 提供了小学生（5~12 岁）如何应用 FITT 原则的信息。

需要注意的是，高强度运动和休息恢复阶段应该交替循环，这是儿童游戏的节奏特征（Bailey et al.，1995；Corbin & Pangrazi，2002）。教师可以模拟儿童的自然游戏模式，设计多种训练活动，各项训练活动之间给孩子一定的休息时间，使训练过程多样化。为了调节训练强度，可以让孩子参加中高强度的训练项目，而不是使用心率作为训练目标。增加训练强度时，应给儿童提供足够的休息期。不要低估技能提升的重要性，特别是初级阶段。最佳体适能训练提供了很多机会，来证明有氧体适能训练过程中运动技能的重要性。

NASPE（2004a，p.5）提出了中等强度体适能训练的定义，即可以在相对较长的时期内，儿童不感觉疲惫的情况下进行训练。作者建议的中等强度体适能训练包括跳房子、正方形传球、低位置训练，例如守门员、垒球外场球员，

表 3.1　应用于有氧体适能训练的 FITT 原则：少儿（5~12 岁）

频率	·每天或一周几乎每天开展适当的训练 ·每天几组持续 15 分钟或更长时间的体适能训练
强度	·中等强度和高强度训练交替组合 ·中等强度训练 = 低强度游戏（跳房子、正方形传球）、低位置训练（守门员、垒球外场球员）、家务、庭院劳动 ·高强度训练 = 跑步、追逐、其他运动（体育活动金字塔中 2~3 级的项目）
时间	·训练时间累计至少 60 分钟，最多几个小时 ·累计训练时间中，至少有 50% 的时间用于多组 15 分钟或以上的持续训练
类型	·训练多样化 ·训练项目应从体育活动金字塔中选取 ·对于大多数孩子来说，他们不想参加持续性的训练项目

源自：*Physical Activity for Children: A Statement of Guidelines for Children Ages* 5–12, 2nd edition with permission from the National Association for Sport and Physical Education (NASPE), 1900 Association Drive, Reston, VA 20191.

还有快走、骑车和一些琐事及家务。NASPE 对高强度体适能训练的定义是，消耗能量更多，或比快走强度更高的运动。高强度训练的一些形式，例如跑步，可在相对较长的时间里完成。但是，另一些强度更高的训练，例如短跑，需要更加频繁的休息。

有氧体适能训练方法

培养和维持有氧体适能的 3 种主要训练方法为持续训练法、间断训练法和路线训练法。

▶ 持续训练法：是指在较长的一段时间里，完成同样的训练的方法。这种训练方法对于儿童相当少见。法特莱克（Fartlek）训练法，即根据持续训练法改编而成，主要是利用各种自然地形进行持续性训练，可以不定期地提升运动强度。这种训练方法可加以改编，以适用于不同级别的学生。法特莱克训练法特别适用于初级阶段的试验性训练，以及站点训练法或路线训练法。

▶ 间断训练法：是指短暂的高强度训练和休息阶段交替进行的方法。小学儿童自然易于适应这种训练方法。

▶ 路线训练法：包含多种训练项目，孩子在站点与站点之间转移时，可以采用不同的训练强度和训练项目。路线训练法提供多样化活动，能激发学生的训练热情，是一种效果极佳的训练方法。

安全性和有氧体适能

儿童对训练的反应不同于成人（Bar-Or, 1993, 1994; Zwiren, 1988; Rowland, 1996），因此，在训练期间，教师要注意学生的安全。运用 FITT 原则指导训练时，也要特别注意安全性，包括注意学生频繁休息的时间、自感用力度量表的利用率，以及对炎热潮湿天气的感知。身体过热时，很多小学生都不会意识到身体发出的一些信号，如"排汗少、虚弱无力、皮肤潮红、头昏脑涨、恶心呕吐、腹泻、四肢麻木、视力模糊、步态不稳、方向障碍和语无伦次"（Hoeger et al., 2011, p.300）。如果出现以上一个或多个症状，应该让他停止运动，找个阴凉的地方休息，补充水分（Hoeger et al., 2011）。

儿童会因为受伤或患病而变得不再活跃，所以随着学生在训练时活跃度的增加，教师要开始指导他们如何减少受伤或患病的风险。当学生结束体适能训练课程，在校外或社区继续训练时，这些预防风险的知识将会特别有用。以下是安全指南。

▶ 指导训练的过程中，密切监督训练计划的实施，尽量让训练符合个人情况。

▶ 讲解清楚训练制度，并要求孩子们必须遵守。

▶ 要求孩子们穿戴适合运动的防护服装和配套装备，这些装备包括：
  • 合适的运动鞋；
  • 骑行或其他运动需要的头盔；
  • 适合高温天气的便装。

▶ 了解既往病史。

▶ 尽量避免在阳光下暴晒，选择在阴凉处运动，或让学生涂防晒霜、戴遮阳帽。

▶ 了解清楚在炎热潮湿的日子或非常寒冷的日子里，训练或运动都可能会增加健康风险。在发热潮湿的天气情况下，学生的忍耐性很低（Bar-Or et al.，1995），原因包括：

- 体表面积大，容易晒伤；
- 排汗速度慢；
- 新陈代谢快；
- 要用较长的时间适应高温环境。

▶ 能辨别中暑或冻伤的症状和体征，并了解应对方法以减少健康风险：

- 准备充足的凉开水、遮阳物品，要有充足的休息时间，降低运动强度；
- 让学生穿戴夹层的外套，并限制他们暴露在寒冷天气中的时间；
- 必要时在室内训练，让学生尽量少暴露在有空气污染的环境里。

现在乃至将来，通过最佳体适能训练指南里的趣味性活动，教师和学生能掌握体适能训练所需的知识、技能、价值观和自信心。

有氧体适能简报

在提升和保持良好的有氧体适能水平之后，使用有氧体适能简报，可以介绍、强化、拓展一些新的信息和理念（见图3.1）。

以下是使用此简报工具的几种方式。

▶ 把简报寄到家里，作为监护人参与小型有氧体适能训练的工具。

▶ 利用简报，把有氧体适能当作"本月健康体适能的一部分"。

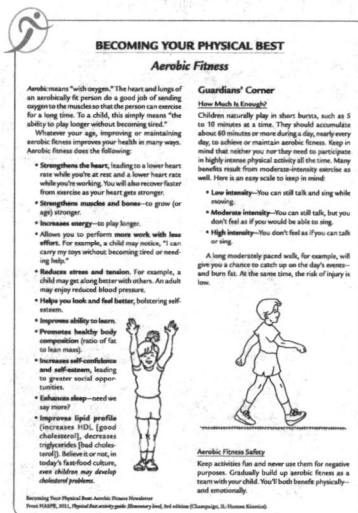

图 3.1　有氧体适能简报

▶ 把运动理念作为整个团体的目标。让学生选一项课外训练项目，在下周完成。学生要通过记录、日记、有监护人签名的简报或其他方式报告自己的进展。

▶ 检查和鼓励学生积极参与课外和学校安排的体适能训练。

▶ 通过课堂训练，在学生中发现既善于观察理解又能促进别人一起学习的学生。

▶ 用简报作为模板或起点，设计一份有特色的简报，并根据学生的需求进行调整。

可使用有氧体适能简报来满足学生和监护人的特定需求，更有效地完成教学。本章的运动项目列表，如表3.2所示。

表 3.2 第 3 章训练项目列表

训练编号	训练名称	训练页码	概念	初级	中级	复用图
3.1	有氧运动	31	有氧体适能	•		有氧训练卡
3.2	轨道球	34	有氧体适能		•	轨道球表
3.3	动脉挑战者	36	体适能训练	•		动脉挑战者评估表
3.4	耐力竞赛	38	健康益处	•		有氧运动益处卡
						有氧运动益处拼图
						家用耐力时间表
3.5	财富岛	40	健康益处		•	健康财富支票
3.6	强力球追逐	42	热身运动和放松运动	•		移位运动卡
						号码卡
3.7	舞起来	45	热身运动和放松运动		•	舞步标识卡
						舞步描述
3.8	有氧运动图表	47	频率	•		有氧运动图表
3.9	剪子包袱锤	49	频率		•	有氧体适能训练日志
3.10	动物移位运动	51	强度	•		动物移位任务标识
3.11	疯狂跳绳	54	强度		•	疯狂跳绳指南卡
						心脏是否在锻炼表
3.12	绕走	57	时间	•	•	绕走训练时间表
						绕走家庭拓展任务表
						心脏是否在锻炼表
3.13	音乐运动顺序	60	时间	•		训练时间表
3.14	6 分钟慢跑	63	时间		•	6 分钟慢跑记录表
						有氧体适能是或否表
3.15	有氧滑板	66	类型	•		滑板站点标识
						心脏是否在锻炼表
						有氧体适能是或否表
3.16	有氧运动	69	类型		•	有氧运动站点标识
						儿童体育活动金字塔
3.17	有氧 FITT 日志	71	超负荷原则		•	FITT 日志
						FITT 日志计划表

有氧运动

初级

有氧体适能：有氧意为"有氧代谢能力"。当心、肺、肌肉同时工作一段较长的时间，就会产生有氧体适能。经常参加体适能训练可以提高心肺功能，加强肌肉力量与耐力，全面提升身体素质。

教学目标

▶ 让学生长期坚持体适能训练，提高自身的心肺功能。
▶ 让学生了解什么是有氧体适能。
▶ 学生在做有氧运动时，可以陈述自身的变化。

与美国国家标准的关系

▶ 体适能教育标准 3：定期参与体适能训练。
▶ 健康教育标准 3：学生能够展示自己具有实施促进健康行为、减少健康风险的能力。

设备

▶ 欢快的音乐和音乐播放器。
▶ 如有需要，用计步器来统计步数。

活动流程

1. 把有氧训练卡正面朝上，放在训练室中间，确保学生得到 3 张卡片。3 张卡片的背面至少有一张卡片上有一颗星。
2. 学生围成圆形，音乐开始时，沿顺时针方向，围绕训练室慢跑或快走。提醒学生，慢跑或快走持续 1 分钟，并鼓励他们探索适合自己的节奏。即速度既不过快，也不过慢。
3. 站在某个位置监督学生，或沿着与学生运动相反的方向走，用积极肯定的眼神和学生进行交流。
4. 音乐停止时，每个学生都要走到圆形队列中间，拿 1 张有氧训练卡，观察卡片上面的图片。如果哪个学生拿到背面有星星的卡片，就让他向大家解说这张图片。

复用图

Activity 3.1 Aerobic Cards
From HAHPE, 2011, Physical best activity guide: Elementary level, 3rd edition (Champaign, IL: Human Kinetics).

FOLD HERE

Activity 3.1 Aerobic Cards
From HAHPE, 2011, Physical best activity guide: Elementary level, 3rd edition (Champaign, IL: Human Kinetics).

有氧训练卡，每位学生分一套卡片

5. 用不同的动作重复上述过程。音乐停止时，学生停止运动，拿起不同的卡片。然后活动继续进行，直到所有学生都拿到 3 张卡片。

6. 活动最后，让那些拿到星星卡片的学生，用卡片前面的图片解说有氧体适能的相关定义。

教学提示

▶ 回顾有氧体适能的定义。

▶ 让学生用动作表现有氧体适能的定义：当心脏（握拳并放在心脏位置上）、肺（把手放在肺部）、肌肉（用双臂做出肌肉的动作）共同工作一段较长的时间后，就会产生有氧体适能。

▶ 向学生说明，在训练过程中，身体的哪些部位会发生什么变化。例如心跳加快、呼吸加快、肌肉疲劳、出汗、脸色变红、口渴等。

▶ 用计步器统计学生的步数。学生可以知道他们每分钟迈出的步数，从而鼓励他们加快步伐，提高每分钟的步数。让他们提高步数时注意身体所发生的变化。

▶ 刚开始慢走，然后再加快速度。

示范及建议

围成一圈做运动时，速度比较慢的学生应该在队伍的外缘，这样可以让那些速度较快的学生在队伍内侧保持完好的队形。速度并不是最重要的，重要的是，要鼓励学生以他们最初的速度保持运动。

多样化活动

▶ 根据不同的训练等级，改变音乐播放的时间长短。

▶ 用红色纸打印卡片，代表有氧体适能训练。

▶ 沿一个方向做动作，一段时间后，教师可以说"以脚为轴心，向反方向做同样的动作"。教学生用轴心脚完成转体运动，是这个训练的关键所在。

▶ 让学生以分散形式，或以圆形队伍的形式在训练室内运动。

家庭拓展任务

让学生考虑，他们在家的时候，能否绕着街区运动，继续进行有氧训练。在下节课时，以举手回答的方式检查哪些学生完成了任务，并提问："完成训练后，身体发生了哪些变化？"

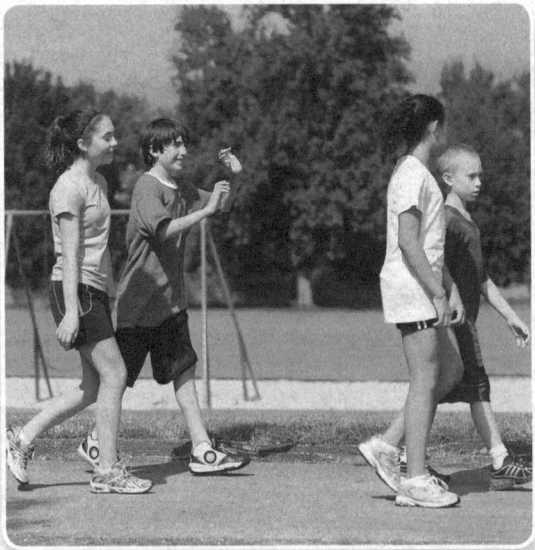

有氧运动能加强学生的心肺和肌肉功能，同时让学生明确了有氧体适能的定义。

评估

- ▶ 让学生用卡片陈述有氧体适能的定义。
- ▶ 学生在陈述定义的时候，要用手臂做动作演示。
- ▶ 倾听学生向搭档解说有氧体适能的定义。
- ▶ 用计步器统计学生运动的距离，检查他们在课堂上的努力程度。
- ▶ 组织课堂讨论，让学生描述做有氧运动时身体发生的变化：心跳加快，呼吸更困难，锻炼了很多肌肉，流汗等。

3.2 轨道球

中级

有氧体适能：有氧意为"有氧代谢能力"；有氧体适能是心、肺和肌肉在持续时间内完成运动的能力。心率代表心脏向身体供血（携带氧气）的速度。当心脏需要将更多的氧气输送给肌肉时，心脏跳动会更快，呼吸会更困难。

教学目标

▶ 学生评测体适能训练如何加快心率。

▶ 学生检查参加运动和训练对心率的影响效果。

与美国国家标准的关系

▶ 体适能教育标准 2：证实自己了解各种运动项目的理念、规则、策略和战术，并能用于体适能训练的学习和展示过程。

▶ 体适能教育标准 4：达到并维持一定的健康体适能水平。

设备

▶ 每组 5 个学生，3 个球；建议使用 15~20cm 的泡沫球。

▶ 节奏欢快的音乐和音乐播放器。

▶ 给学生配备心率监测器，确认不同训练项目中出现的各种心率变化。

活动流程

1. 学生静止站立时测量心率。向他们说明，心率慢是因为身体没有运动。

2. 学生 5 人一组，分组学习星形传球（见图 3.2），不能将球传给相邻的学生，而且要说出传球对象的姓名。每组至少配 3 个球。让学生停止并测量心率。

3. 学生在场地上自由移动并传球，保持速度，安全前进，看清楚要去的位置，并且按照指示方向进行训练。学生在训练中可以自由移动，但是停止时要保持成组，这样才能继续完成星形传球。训练过程中试着从训练室的一端移动到另一端。

复用图

FRANTIC BALL WORKSHEET

Name_____ Date_____

Write down three physical activities or sports that you did at home and describe your heartbeat and your breathing.

Example:
Activity: I played soccer with my friend. We were shooting goals.
My heartbeat: fast when I was dribbling to the goal to shoot.
I was breathing: OK and not very hard.

Activity: I walked the mall with my grandmother.
My heartbeat: good at first and then fast just before we stopped.
I was breathing: fast because she walked far and fast.

Activity 1: _____

My heartbeat:

I was breathing:

Activity 2: _____

My heartbeat:

I was breathing:

Activity 3: _____

My heartbeat:

I was breathing:

Activity 3.2 Frantic Ball Worksheet
From NASPE, 2011, *Physical Best activity guide: Elementary level*, 3rd edition (Champaign, IL: Human Kinetics).

轨道球表，每位学生一份

4. 音乐开始时，每组学生不停地绕着训练室运动。提醒他们注意，谁会传球给他们。他们要绕着训练室的任意方向移动，看清楚传球的对象。星形传球按学生移动方向继续。

5. 音乐停止时，学生停止运动，测量心率。

6. 将每分钟心跳数与休息时的心率、进行其他训练时的心率，以及不同运动时的心率进行对比。讨论运动是如何有助于定义有氧体适能的。

7. 讨论通过这项训练如何提高心率。

8. 重复训练，能否成功完成提高心率的目标任务，是否成功？为什么能成功？为什么没有成功？

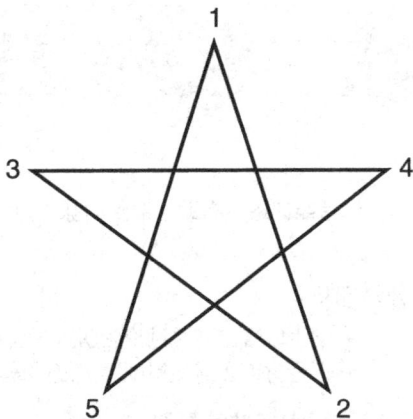

图 3.2　星形传球

教学提示

▶ 训练开始前定义有氧体适能。

▶ 向学生说明这项训练会帮助他们理解有氧体适能的含义。

▶ 测量心率，帮助学生认识到提升有氧体适能水平时运动所发挥的作用。

示范及建议

▶ 对于行动不便的学生，要求他们在传球后移动较短的距离。

▶ 使用较大的泡沫球。

多样化活动

▶ 让学生站着传球，传球之后，完成一个俯卧撑。

▶ 传球之前，让学生移动运球 5 次。和学生讨论，不同的运动会如何影响心率。

▶ 让学生完成测评问卷，并比较心率如何随着不同的运动而变化。

家庭拓展任务

让学生尝试在家完成 3 项体适能训练或 3 种运动，检测训练时的心率。提醒学生，体适能训练包括家务活，例如铺床、收拾房间、倒垃圾和扫树叶。用轨道球表来记录他们的发现。

评估

课堂讨论时提出以下问题。

▶ 当你进入教室时，站立之后进教室和运动之后进教室，注意心率是否有不同？

▶ 心率快对身体有什么影响？

▶ 心率快如何促进身体健康？

▶ 你是如何提高心率的？

3.3

动脉挑战者

初级

体适能训练：有助于清除动脉（血液流动的管道）中的脂肪，保持心脏健康。

教学目标
▶ 学生能够定义并讨论脂肪过多会堵住动脉。
▶ 学生讨论如何使用中等强度的体适能训练来维持心脏健康和血管通畅。

与美国国家标准的关系
▶ 体适能教育标准4：达到并维持一定的健康体适能水平
▶ 健康教育标准1：学生了解有关健康提升和疾病预防的理念。

设备
▶ 软球（脂肪）（比如纱布球、纸质球）。
▶ 呼啦圈（动脉）。
▶ 圆锥体。
▶ 飞盘（盾牌）。

活动流程
1. 说明血液如何在动脉（呼啦圈）里流动，在较长时期内，食物中过多的脂肪（纱布球）如何进入血液和动脉血管，最后引起动脉堵塞。提醒学生，训练可以减少动脉中的脂肪量。向学生解说，游戏中活动量越大，他们队的动脉（呼啦圈）中累积的脂肪（纱布球）就越少。
2. 将学生分为两组。
3. 把圆锥体放在中间排成线，将训练室分成两部分，告诉学生不要超过这条线。把呼啦圈（动脉）放在教室的后面，纱布球（脂肪）随意放在地面上（见图3.3）。
4. 学生一次扔一个纱布球到对方的呼啦圈里，试着用纱布球填满对方的呼啦圈。
5. 如果纱布球投进呼啦圈里，学生不能再将它们拿出来。如果纱布球没落在呼啦圈里，可以捡起来重新扔。

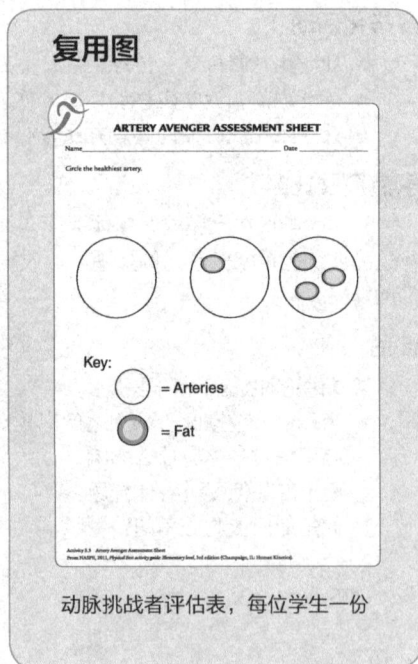

复用图

ARTERY AVENGER ASSESSMENT SHEET

Name _____ Date _____

Circle the healthiest artery.

Key:
○ = Arteries
● = Fat

Activity 3.3 Artery Avenger Assessment Sheet
from HASPE, 2011, Physical Best activity guide: Elementary level, 3rd edition (Champaign, IL: Human Kinetics).

动脉挑战者评估表，每位学生一份

6. 继续游戏，直到有合适的纱布球范例可以进行讨论。记住，要保留一些脂肪来保持健康！
7. 重新开始训练。
8. 第二轮，选择学生扮演动脉挑战者，3 个挑战者对 6 个呼啦圈。这个比例具有一定的挑战难度，而且学生有足够的安全移动的空间。动脉挑战者可以把飞盘当作盾牌，阻碍纱布球进入呼啦圈。向学生说明，盾牌代表体适能训练，可以阻止脂肪堵塞动脉。挑战者将未落在呼啦圈里的纱布球滚动传给自己的队友，然后队友再向呼啦圈扔球。

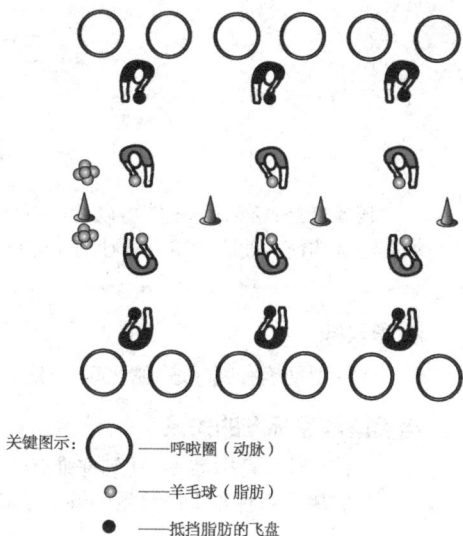

关键图示：
⭕——呼啦圈（动脉）
⚬——羊毛球（脂肪）
●——抵挡脂肪的飞盘

图 3.3　动脉挑战者设定

教学提示

▶ 学生应该了解一个事实，一定量的脂肪对健康的身体至关重要。

▶ 如果有彩色飞盘，可以对它们进行命名。比如，绿色飞盘代表蔬菜，蓝色飞盘代表水，红色飞盘代表从训练中提升了流动性的血液。这种方式不仅是为了让学生更快地适应体适能训练，也是让学生学习有益心脏健康的营养学知识。

▶ 通过在黑板上画图或使用投影仪，向学生展示动脉被脂肪堵塞的过程。

示范及建议

▶ 对于行动不便的学生，可以指定搭档做助手，帮忙捡球。

▶ 对于远距离扔球或抓握并操控物体有困难的学生，可以把呼啦圈放在室内中线的位置上。

多样化活动

▶ 用不同颜色的球代表不同的风险因素，并分别命名，如压力、糖尿病、饮食不良或吸烟。

▶ 在"教学提示"中使用盾牌，代表一些可以解决动脉堵塞的建议。

家庭拓展任务

让学生向家人演示这项训练，用一些圆形东西来放置相关物品，向家人解说动脉是如何被堵塞，以及是什么引起动脉堵塞的。他们也可以向家人讲解体适能训练为什么可以帮助动脉保持健康通畅。

评估

▶ 训练结束时，让学生站在最健康的动脉旁边（纱布球最少的呼啦圈），让学生了解纱布球过多的动脉（呼啦圈）是不健康的。

▶ 让学生填写动脉挑战者评估表，并圈出最健康的动脉，其中正确答案是无脂肪的动脉。

3.4 耐力竞赛

初级

健康益处：有氧体适能可以让你更好地学习、享受生活并感觉良好。体适能训练能增强心肺功能，使肌肉更加强壮，身体更加健康。

教学目标

学生要明确有氧体适能的健康益处。

与美国国家标准的关系

▶ 体适能教育标准4：达到并维持一定的健康体适能水平。
▶ 健康教育标准3：学生能够展示自己具有实施促进健康行为、减少健康风险的能力。

设备

▶ 32个圆拱或塑料片。
▶ 任选3位学生为一组，为各组学生准备不同颜色的运动衫。

活动流程

1. 用一些圆锥体沿着训练室摆成8条线，每条线上放4个圆拱。圆拱下是有氧运动益处拼图的分散图片。

复用图

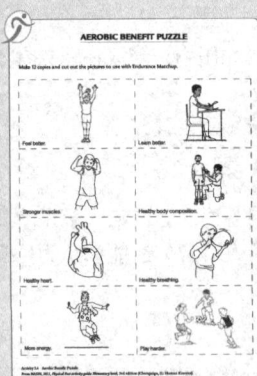

有氧运动益处卡，每组学生一份

有氧运动益处拼图。复制12份，每份剪成8张图片，随意放在圆拱下

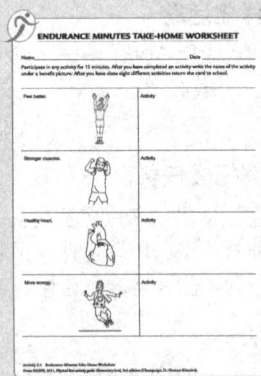

家用耐力时间表，每位学生一份

2. 将学生分成 4 组，每组分一张有氧运动益处卡。如果有必要，让每组学生穿上不同颜色的运动衫。对于一些学生来说，每组穿不同颜色的衣服，有利于他们迅速找到自己的主队，在训练中减少困惑。

3. 一名学生迅速跑到训练室另一端，碰触墙壁后，在任意一个圆拱下找出拼图图片带回。学生将带回的图片拼在有氧运动益处卡上。有些圆拱下面不止一张拼图图片。允许学生选择所需的那张带回，留下其余图片。

学生跑着去找藏起来的拼图图片，发现有氧体适能的健康益处。

4. 学生碰触墙壁后，下一位学生才可以出发。

5. 一组学生带回 8 张图片完成拼图后，训练结束。不能有多余的图片。组员必须根据图片说出有氧体适能的 8 个益处。让学生相互测试。

教学提示

▶ 让学生研究有氧运动益处卡，学习有氧体适能的重要性。

▶ 向学生说明学习其他有氧体适能训练方式时，也能强化心肺功能，且有益健康。

示范及建议

对于行动不便的学生，在带回拼图图片之前，只需沿着训练室走一半距离，不需要碰触墙壁，且什么时候准备好就可以开始。将拼图放在椅子上，方便他们拿取。

多样化活动

每组学生分发不同颜色的有氧运动益处卡，拼图图片的颜色和有氧运动益处卡的颜色相同。学生只需收集和他们组的有氧运动益处卡颜色相同的图片，这样对于年纪小的学生或者刚学习语言的学生来说就比较容易完成。

家庭拓展任务

使用家用耐力时间表这份复用图。让每个儿童和家人讨论这张表上的内容，由监护人填写表里的评论部分。这个任务可有助于教师和监护人进行交流。学生完成此表后，交回给教师。

评估

检查每组每位学生都是否能说出有氧体适能的健康益处。

3.5 财富岛

中级

健康益处：体适能训练可以保持身体健康。长期坚持训练可以给身体带来多种益处。

教学目标

学生能列出有氧体适能的益处。

与美国国家标准的关系

▶ 体适能教育标准3：定期参与体适能训练。

▶ 体适能教育标准4：达到并维持一定的健康体适能水平。

▶ 健康教育标准3：学生能够展示自己具有实施促进健康行为、减少健康风险的能力。

设备

▶ 教室中间放4个圆锥体，代表财富岛。

▶ 3个学生一组，每组一个呼啦圈。

▶ 快节奏的音乐和音乐播放器。

▶ 3件运动衫、袖标或其他能标识海盗的物品。

▶ 计步器（可选）来统计步数。

活动流程

1. 把财富支票放在室内中心位置，即为财富岛。每组有一个呼啦圈作为基地。学生收集支票再放入呼啦圈里。

2. 选3个学生为海盗，用运动衫、袖标或其他物品加以区分。其余学生也是3个一组，用呼啦圈在游戏区的边缘占位。

3. 发出信号，每组的第一位学生跑到财富岛，捡起一张支票，然后返回基地，而且不能被海盗捉住。

4. 如果成功返回，就可以把支票放到呼啦圈里。

5. 如果被海盗捉住，就要把支票（财富）交给海盗。前一位返回基地后，下一位出发。

6. 停止活动，计算每组获得不同健康益处的支票数量。

复用图

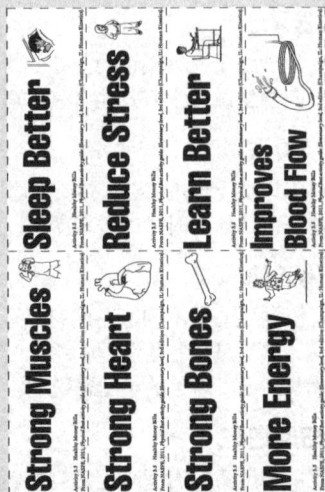

Sleep Better
Reduce Stress
Learn Better
Improves Blood Flow
Strong Muscles
Strong Heart
Strong Bones
More Energy

健康财富支票，上面写着各种健康益处，放在游戏区的中心位置。可以用红色纸打印支票，代表和健康益处相关的体适能训练。先打印15张整页，再剪开，一共120张健康财富支票

7. 1分钟后，交回支票，换其他同学做海盗。

教学提示

在开始训练前，回顾所有8个体适能训练的健康益处。有氧运动有很多益处，如强健肌肉、骨骼、心脏，增加能量，改善睡眠，缓解压力，更好地学习，以及促进血液循环。

示范及建议

行动不便的学生如果站着不动，海盗就不能抓他们。这些学生不需要按顺序出发，他们可以在任何时候出发。起跑线可以设置得更近一些，将支票放在一个箱子里，方便他们拿取。

财富岛训练为学习有氧体适能的健康益处带来了趣味性。学生要迅速跑动，才能收集更多的健康财富支票，并且避免被海盗捉住。

多样化活动

学生等待出发时，可以在原地跑跳或跳绳，来增加计步器上的步数，但是要确保轮到他们的时候提醒他们出发。等待时，他们也可以做柔韧性练习。

家庭拓展任务

让学生和家人讨论有氧体适能的诸多健康益处。他们可以邀请家人和朋友一起散步，也可以进行活跃的游戏活动。

评估

▶ 通过回忆或辨认图片，指导学生列出有氧体适能的健康益处。教师保管健康财富支票，让学生回答。

▶ 让学生尽可能多地写下所记住的健康益处。

3.6　强力球追逐

初级

热身运动：通过运动逐渐增加血液循环速度，提高身体温度，使心、肺、肌肉适应训练。热身运动有助于减少肌肉损伤。

放松运动：使身体体温逐渐下降到正常温度，血液循环恢复正常。

教学目标

▶ 学生能讲解训练前热身运动和训练后放松运动的重要性。
▶ 学生能明白训练前热身运动和训练后放松运动的作用。

与美国国家标准的关系

▶ 体适能教育标准 4：达到并维持一定的健康体适能水平。
▶ 健康教育标准 3：学生能够展示自己具有实施促进健康行为、减少健康风险的能力。

设备

无。

活动流程

1. 把编号的移位运动卡散放在训练室中间的地面上。
2. 学生进入训练室时，一人分发一张号码卡。
3. 发出信号，学生绕着训练室周边行走。走完一圈，在训练室中间找到并收集一张和自己号码卡上号码相同的运动卡，卡片背面会指定一种运动。学生一边完成该运动，一边绕教室周边走一圈。
4. 完成运动后，将移位运动卡正面朝下放回，寻找另一张和自己号码相同的运动卡，沿训练室周边完成运动。

复用图

Number	Number 1
	Number 2
	Number 3
Walk	Number 4
	Number 5
	Number 6
	Number 7
	Number 8

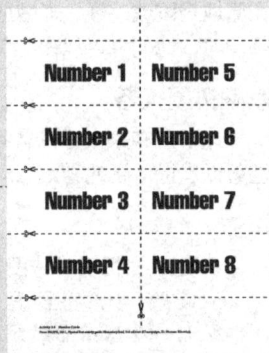

移位运动卡。准备卡片，每张卡片后面编号，从 1 号到 8 号。复印卡片多套，打乱号码，不同的运动就会有不同的号码。这种安排可确保学生找到并完成不同类型的运动，而不是同一种运动

8 张号码卡，每位学生一张一样的号码卡

教学提示

▶ 向学生说明逐渐热身的方法。热身运动通常是在肌肉运动之前，通过血液循环增加肌肉活力。慢慢放松身体，才不容易受伤。学生可以先从中等速度的步行、跳跃、移动开始热身。

▶ 让学生确认是跑步热身，还是慢走热身。

▶ 为什么熊式走路是一种不错的热身运动？（答案：熊式走路是指手脚并用在地面行走，慢慢运动肌肉，手和脚不需要承载很多重量。这种慢速运动非常适合热身。）

▶ 运动卡上的运动项目是否可以作为放松运动？为什么？（答案：慢慢移动可减缓心率。拉伸动作可以帮助肌肉恢复正常状态。）

示范及建议

▶ 学生可以轮流与坐轮椅的学生搭档，帮助他们捡卡。或者，把卡片放在箱子里，方便他们取卡。

▶ 可以根据运动需要做出必要的调整；允许学生在找卡片之前先走一小段距离。

多样化活动

▶ 训练室中间增加空白卡片，增大学生寻找卡片的难度。

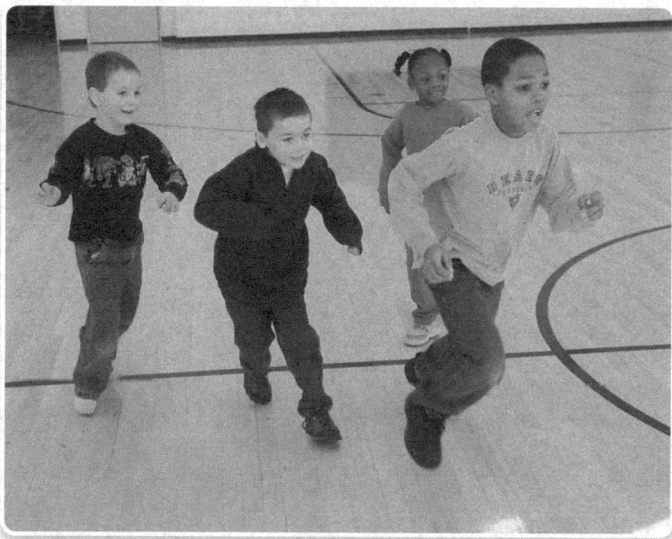

在强力球追逐中，学生完成不同的运动动作，同时了解热身运动和放松运动的重要性。

▶ 柔韧性训练也可以纳入这个活动。学生可以学习3种柔韧性运动。学生找到号码卡，在完成运动动作之前，先做一种柔韧性练习。比如，学生可以做以下拉伸动作：坐姿，胳膊拉伸碰触腿；胸前双臂拉伸；双手在头顶紧握，缓缓向后拉伸；跨步到适当位置。也可以使用以下拉伸动作：例如原地慢速高抬腿、慢速跳高或蚂蚱式动作（也叫登山者动作，学生在地面上用手脚支撑身体，双膝轮换顶到胸前）。

▶ 学生可以在训练室周边拍球或跳绳，来代替运动卡上的动作。

家庭拓展任务

回顾完成的运动动作，鼓励学生自己在家练习。提醒他们从最简单的动作开始，然后再做比较难的动作。下次课堂训练时，让他们报告自己练习了哪些运动动作。

评估

▶ 提问学生为什么训练前缓慢热身很重要，并检查答案。

▶ 提问学生为什么训练后缓慢放松很重要，并检查答案。

▶ 让学生进行团队作业，把8个运动动作按速度排序，动作从最慢到最快。

舞起来

中级

热身运动：通过运动逐渐增加血液循环速度，提高身体温度，使心、肺、肌肉适应训练。热身运动有助于减少肌肉损伤。

放松运动：放松运动使身体体温逐渐下降到正常温度，血液循环恢复正常。

教学目标

学生了解热身运动和放松运动在有氧运动中的重要性，以及如何正确地进行热身及放松运动。

与美国国家标准的关系

▶ 体适能教育标准 6：重视体适能训练的健康、娱乐、挑战、自我表达和 / 或社会交往目的。

▶ 舞蹈教育标准 6：了解舞蹈和健康生活方式的关系。

设备

适合各种舞蹈风格的音乐和音乐播放器。

活动流程

1. 回顾热身运动和放松运动的重要性及规则。向学生说明，舞蹈是提高心率的一种极佳方式，有益于心脏健康，也能对肌肉进行热身。

2. 把舞步标识卡分散放在活动区域的不同位置，向学生强调热身运动和放松运动的概念。在活动区域的一侧放置运动强度较低的舞步标识卡，另外一侧放置运动强度较高的舞步标识卡。热身运动是从运动强度较

复用图

舞步标识卡

舞步描述，每位教师一份

低的舞步开始，以强度较高的舞步结束。放松运动的舞步顺序则恰恰相反。

3. 活动开始时，让学生先听音乐，然后随音乐拍手，以抓住节拍。

4. 让学生以跳跃、慢跑或其他运动方式过渡到一个舞步动作。鼓励学生按照音乐的节拍完成动作。

5. 指导学生按照舞步标识卡完成动作，继续一段时间，然后按下一个舞步标识卡完成动作。

6. 最后，让学生分组以较简单的舞步进行放松。教师用舞步描述的方式向学生说明每一种舞步。

教学提示

确保学生已经掌握之前训练课程中所教的舞步，也可以在训练前给学生做些介绍（例如，在训练开始前，教一组新的舞步进行热身）。

舞蹈是提升心率和激活肌肉的极佳方式。

示范及建议

▶ 对于有听力障碍的学生，在训练中一定要为他们鼓掌。当他们从一种舞步标识卡移动到另一张卡时，大家可以继续鼓掌。这样可以鼓励他们，让他们更加有信心维持同样的速度，坚持时间更长。

▶ 有听力障碍的学生可以通过快速或慢速甩动舞蹈丝带来描述音乐的节奏。

▶ 可以让行动不便的学生完成慢速节拍的舞步。

多样化活动

如果不选用复用图里的舞步，也可以结合跨学科学习方式，自编一种舞步（例如配合社会性研究，综合各种民族舞的舞步），或者采用队列舞、双人舞、街舞等多种舞蹈形式。

家庭拓展任务

让学生在家和朋友一起听音乐，然后编出自己的热身舞步和放松舞步。

评估

▶ 让学生讲解热身运动和放松运动有益身心健康的原因。

▶ 讨论运动强度高低不同的舞步之间的区别。他们的心率有什么变化（更低还是更高）？肌肉又有什么感觉（僵硬还是柔软）？

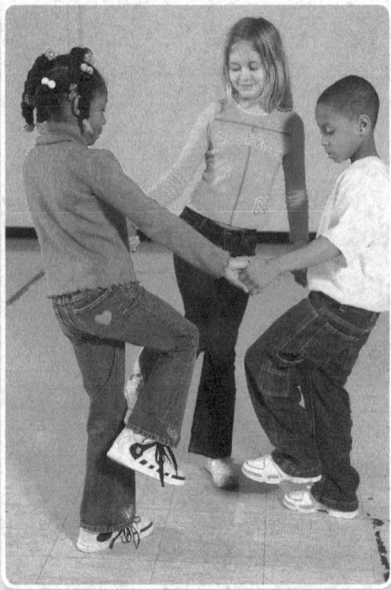

有氧运动图表

3.8

初级

频率：指每周参加有氧运动的天数。每周至少参加 3~4 天的有氧运动，最好是每天都能够积极参加某种形式的运动。

教学目标

通过实践体验，让学生明白每周应该进行多少天的有氧运动。

与美国国家标准的关系

▶ 体适能教育标准 3：定期参与体适能训练。
▶ 健康教育标准 3：学生能够展示自己具有实施促进健康行为、减少健康风险的能力。

设备

▶ 进行有氧运动所需的所有设备。
▶ 计步器，可用于统计步数。

活动流程

1. 学生参与训练课程，具有一定的有氧体适能水平之后，让他们明白想要拥有健康的心脏，就需要每天进行体适能运动。让学生们进行头脑风暴，集思广益，列出能提高心率的活动清单。鼓励他们使用与体适能教学课程中不同的活动项目。

2. 分发有氧运动图表，向学生讲解填写方法，可以让他们在家里和监护人一起填写，从第一周填写到第二周。

教学提示

▶ 鼓励学生找出不同的运动方式。给学生提供合适的在社区训练的机会和示例。
▶ 学生用手绘或剪贴图片做一个公告栏，展示他们发现并完成的各种不同的运动。
▶ 完成一份完整的图表作为示范，供学生参考。

复用图

有氧运动图表，每位学生一份

示范及建议

- ▶ 让学生讨论，他们在校外都会参加哪些体适能运动。
- ▶ 将此次训练作为多元化培训的机会。让行动不便的学生分享并展示他们在校外所参加的运动。

多样化活动

- ▶ 让学生和朋友、同学讨论他们最喜欢的有氧运动。
- ▶ 举办家庭开放日，让家庭成员和学生一起参加运动，使他们在家也能坚持锻炼。

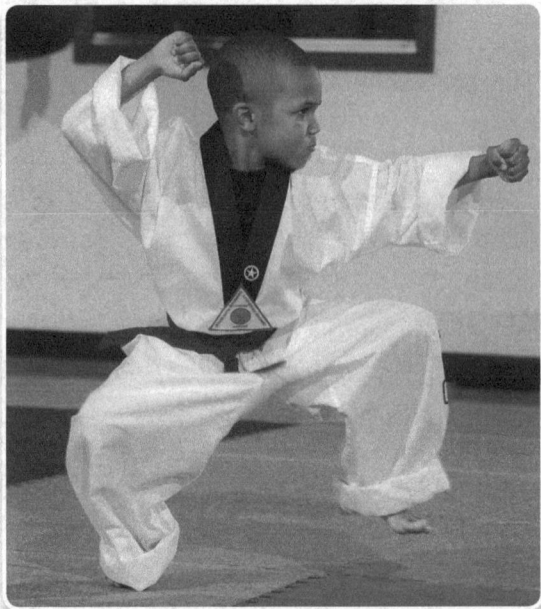

家庭拓展任务

为了鼓励学生能够积极参加训练，让他们填写一周的运动图表。

有氧运动图表能够帮助学生考量能够在课外完成的运动，例如，有益身心健康的武术。

评估

- ▶ 让学生说出每周应该运动多少天才能保持心、肺和肌肉的健康。
- ▶ 课堂上，让学生和搭档一起讨论他们最喜欢的有氧运动，以及是否一致同意这项运动是有氧运动。
- ▶ 收集家庭拓展任务表，针对表格里画圈及新增加的活动全体进行讨论。

剪子包袱锤

中级

频率：指学生每周应该进行多少天的有氧运动，以提高心率、呼吸率和改善肌肉功能。学生应该每天进行所喜欢的体适能训练，大部分训练都能长期改善心肺功能。

教学目标

学生能够明确并证明，他们每周应该进行多少天的有氧运动才能保持身体健康。

与美国国家标准的关系

► 体适能教育标准 4：达到并维持一定的健康体适能水平。
► 体适能教育标准 5：展示有责任的个人行为和社会行为，在体适能训练过程中尊重自己，尊重他人。
► 健康教育标准 3：学生能够展示自己具有实施促进健康行为、减少健康风险的能力。

设备

计步器或心率监测器（两个可选），用于记录训练期间学生的运动强度等级。

活动流程

1. 把全体学生分成 3 个小组。
2. 活动与石头剪刀布游戏相似，只是学生使用的词汇是剪子、包袱和锤。
3. 等学生说出这几个词后，每个学生都要伸出一根、两根或三根手指。
4. 学生增加伸出的手指数量，并用相应数字对着排成圆形的学生们数数。选一个学生开始数数；绕着圈圈走，每次都换一个人发口令。最后被数到的人要在游戏区里开始逃跑，另外两个人追逐这个逃跑者，直到他被抓住。当逃跑者被抓住后，游戏重新开始。注意：两个人追一个人，意味着很快就会抓到逃跑者，然后游戏重新开始。

教学提示

► 讨论身体在训练时的感觉。
► 讨论一周应该积极主动地运动的天数以及每天应该运动的时长。
► 提醒学生，每组有 3 个人，代表他

复用图

AEROBIC ACTIVITY FITNESS LOG

Name _____ Date _____

Date	Description of activity (what kind)	Time (how long)	Your initials

Activity 3.9　Aerobic Activity Fitness Log
From NASPE, 2011, *Physical Best activity guide: Elementary level, 3rd edition* (Champaign, IL: Human Kinetics).

有氧体适能训练日志，每位学生一份

们每周至少要进行 3 天的心跳加速运动，且每次 15 分钟以上。但是，最好是每天坚持运动。

▶ 讨论为什么高强度训练非常重要，以及如何把训练融入日常生活里。

▶ 讨论在休息时继续这个游戏。如果他们做到了继续游戏，要告诉你或者他们的任课老师。鼓励学生在休息时间进行追逐游戏或其他有氧运动。

▶ 尽量为学生安排能够独立完成的运动。他们学会追逐游戏后，可以在家或课间休息时间继续游戏活动。

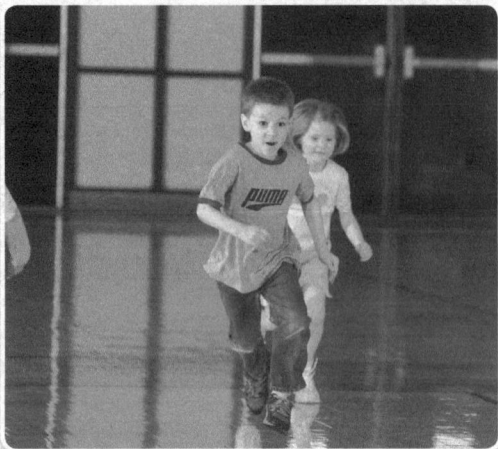

在游戏剪子包袱锤的追逐环节，学生有机会增加他们有氧运动的时间。

示范及建议

给学生提供泡沫棒，帮助他们抓住其他人。

多样化活动

▶ 让学生在跑动的同时运球。

▶ 组员每跑一次，该组就可以赢得一分。活动最后，合计本组所有跑动的次数。在游戏的追逐环节，学生可以把进行有氧运动的时间也计算进去。

家庭拓展任务

鼓励学生通过记录每周进行的有氧运动，获知他们的运动量和运动时间。可以使用有氧体适能训练日志，来记录学生的运动时间和运动类型。一周结束后提交记录日志。

评估

向学生提问，并让他们用拇指比手势来回答问题。大拇指朝上代表"是"，大拇指朝下代表"否"。问题如下。

▶ 频率指的是每周你应进行多少天的有氧运动，以提高心率、呼吸率和改善肌肉功能（大拇指朝上）。

▶ 每周至少 2 天要进行心跳加速运动，每次至少 15 分钟（大拇指朝下；正确的答案应该是每周 3 天）。

动物移位运动

3.10

初级

强度：指在体适能训练过程中，心脏努力工作的程度。训练越努力，肺部就越努力吸入更多的氧气，心脏跳动加快，驱动血液流经全身，给肌肉运输氧气和营养。血液循环加强时，身体会变热，可能会开始出汗。为了补充随汗水流失的水分，应在训练前、训练中和训练后大量喝水。

教学目标

▶ 学生能区分不同的有氧运动强度。

▶ 学生了解训练越努力，心脏跳动越快，呼吸也会越快，身体也会变得越来越热。

▶ 学生能理解提高有氧训练的强度有助于强化心肺功能，促进血液流经全身，供养肌肉和其他身体部位。

与美国国家标准的关系

▶ 体适能教育标准 4：达到并维持一定的健康体适能水平。

▶ 健康教育标准 1：学生了解有关健康提升和疾病预防的理念。

设备

▶ 手鼓或欢快的音乐，音乐播放器。

▶ 计步器，变化动作时使用。

活动流程

1. 向学生讲解强度的概念。告诉学生现在应该越来越努力地训练，检查他们的心率，让他们了解努力训练时心脏的工作情况。向学生提问，为什么提高训练强度很重要（能强化心肺功能，改善心肺健康和血液循环）。让学生把手放在胸部左侧，感受自己的心率。此方法为学生提供了心率的基准水平，可以与训练时的心率进行对比。教师提问，"身体努力运动时，还可能有什么变化？"

2. 指导学生按以下要求进行训练。

    • 安排学生来到训练区域的空旷位置，四处走动，同时注意附近的其他人。

复用图

Walk Like a Dog

Activity 3.10 Animal Locomotion Task Signs
From NASPE, 2011, *Physical Best activity guide: Elementary level, 3rd edition* (Champaign, IL: Human Kinetics).

动物移位任务标识

学生在完成不同强度的有氧运动时，也在模仿动作和模仿动物行为中享受到了乐趣。

- 让学生把一只手放在心脏位置上检查心率。学生可以在任何时候检查心率，同时用另一只手模拟心跳动作和速度。
- 抓住一号卡时（像狗一样行走），学生应该像狗一样走 30 秒，然后自己检查心率。

3. 举起每张让小朋友模仿动物动作的卡，持续 30 秒，在每次结束后，让同学监测自己的呼吸和心率。

教学提示

▶ 开始训练前，确保所有学生明白如何把手放在胸前左侧感受心率。

▶ 回顾努力训练时身体发出的信号：变热、开始流汗以及心跳加速。

▶ 确保学生知道如何安全地运动。

示范及建议

对于那些做动物移位运动要求有变化的学生，可以让他们在训练前看看各种标识，让他们思考如何在训练课程中以最佳表现完成任务。

多样化活动

▶ 训练 30 秒后，让学生把手放在胸前左侧感受心跳，同时将另一只手举到头顶，通过张开和握紧来展示心跳的动作和速度。

▶ 让学生思考他们在训练时还想模仿哪些动物的动作。

▶ 学生可以使用计步器，计量在模仿不同动物的动作时分别走了多少步，并加以对比。向学生提问，步数越多，是否意味着动物在行动过程中越用力（运动强度更大）。

家庭拓展任务

让学生观察各种动物，模仿它们的行走方式，思考动物运动的用力程度。让学生告诉朋友，他们所见过的动作强度最大的是哪种动物，看看朋友是否同意他们的观点。

评估

▶ 训练过程中，模仿每种动物行走动作后，让学生检查自己的心率和呼吸。如果心脏跳动很慢或不是很快时，让学生举起一根手指；如果心脏跳动非常快，让学生举起两根手指。

▶ 训练结束后，向学生提问他们认为哪种动物的行走方式最用力，并说明为什么。

▶ 是否有同学可以举例说明动物在运动时个体的运动强度是千差万别的。

▶ 让学生描述可以根据哪些身体信号判断出训练比平时更努力。

▶ 让学生报告哪种类型的训练能强化心脏功能，并说明为什么。

3.11 疯狂跳绳

中级

强度：指在体适能训练过程中，心脏工作的努力程度。训练越努力，肺部就越努力吸入更多的氧气，心脏跳动加快，驱动血液流动全身，给肌肉运输氧气和营养。血液循环加强时，身体会变热，可能会开始出汗。为了补充随汗水流失的水分，应在训练前、训练中和训练后大量喝水。

教学目标

- ▶ 学生能陈述有氧体适能的益处。
- ▶ 学生参与一系列运动强度不同的跳绳活动，来验证训练的强度。
- ▶ 学生了解如何检查心率，以监测各项训练的运动强度。

与美国国家标准的关系

体适能教育标准 4：达到并维持一定的健康体适能水平。

设备

- ▶ 一个站点容纳 3~4 名学生，准备足够的圆锥体标识站点。
- ▶ 欢快的音乐和音乐播放器。
- ▶ 每位学生一根跳绳。

活动流程

1. 用疯狂跳绳指南卡或自制卡设置站点。要有足够的站点，如果可能，每个站点最多可以容纳 4 名学生。

2. 留一个或两个站点作为休息或缓冲站点，放一张"心脏是否在锻炼表"，以便学生检查自己训练的努力程度。学生在这个站点可以做拉伸

复用图

Jump and spin in the air so that you face the opposite direction.

Jump with feet close together.

疯狂跳绳指南卡

AM I GIVING MY HEART A WORKOUT? CHART

Level 1	Too easy	• Not sweating • Heart beats at usual pace • Breathing normally
Level 2	Medium	• Begin to sweat lightly • Feel heart beating quickly • Hear yourself breathing
Level 3	Hard	• Sweating • Heart is beating fast • Breathing hard
Level 4	Very hard	• Sweating a lot • Heart is racing • Breathing very hard
Level 5	Too hard	• Sweating a great deal • Out of breath • Wobbly legs

贴在训练站点内的"心脏是否在锻炼表"，供学生参考

训练。

3. 提醒学生有氧体适能的定义，并定义与有氧运动相关的运动强度。
4. 让学生分组完成热身运动。
5. 将学生分为3组或4组。让每组从不同的站点开始，告诉他们按逆时针或顺时针方向进行训练。
6. 让学生在每个站点跳绳15秒，然后转移到下一个站点。
7. 教师口头评价时，学生在训练区域内行走放松。

教学提示

下一次训练课，让学生增加每个站点的跳绳时间，从15秒提高到20秒。进行这种变化时可提高运动强度，以巩固教学效果。

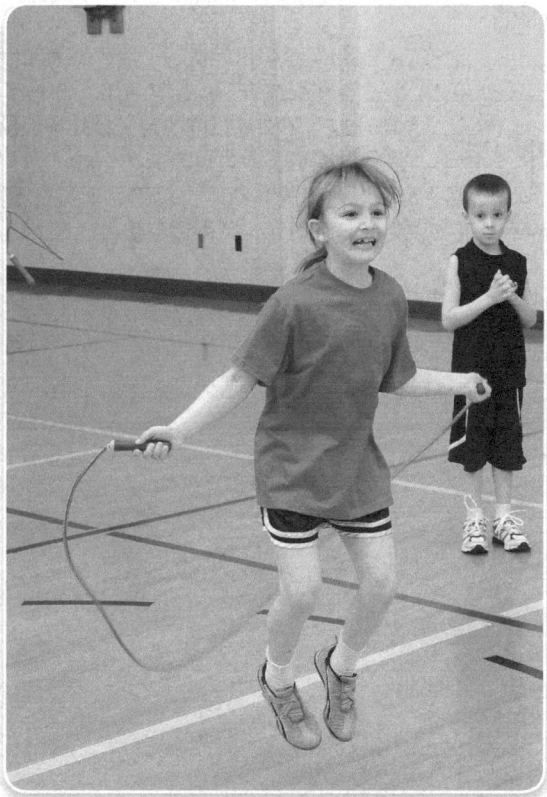
跳绳训练有助于学生探究不同强度等级的有氧体适能。

示范及建议

▶ 对于不便转身或不便跳绳的学生，允许他们把绳子放到一边，单纯跳跃。或者，把绳子断开，学生一只手握住一个手柄，双手摇绳接着跳。这样他们就不需要担心绳子了。
▶ 坐轮椅的学生可以沿一条线前后转动轮椅。

多样化活动

▶ 更改休息站点的放松训练或缓冲训练方式，这取决于每组学生的年龄、健康水平和完成训练的耐力。
▶ 使用花式跳绳、松紧带或其他跳绳，调整活动站点。
▶ 让一些小组的学生用其他移位运动方式设计一套不同的站点指南。让他们对每个站点的训练项目进行命名，并说明如何改变训练强度。

家庭拓展任务

▶ 看看学生在两周之内能设计出多少种新的跳动方式。
▶ 建议学生在家或休息时和他们的朋友练习跳绳。

评估

▶ 训练后，让每组学生用轻微、一般、努力和很努力来评估自己的努力程度，或使用"心脏是否在锻炼表"。让学生用 1~5 根手指来对应他们认为达到的等级。

▶ 让学生陈述或写下训练强度的定义，并举例说明如何改变训练强度（跳得更高或更低，跳得时间更长或更短等）。

▶ 是否有同学可以描述或画出示例，证实在不同运动的过程中强度是可以改变的（如跳得高与跳得低、跳得远与跳得近等）。

绕走

初级和中级

时间：指参与训练的时间有多久。青少年应每天或几乎每天累计进行至少 60 分钟的体适能训练，每天进行几轮持续 15 分钟以上的体适能训练。

教学目标

▶ 学生能够描述时间与有氧体适能的关系。

▶ 学生能展示自己如何通过长期参加与心血管健康有关的训练来锻炼身体。

与美国国家标准的关系

▶ 体适能教育标准 2：证实自己了解各种运动项目的理念、规则、策略和战术，并能用于体适能训练的学习和展示过程。

▶ 体适能教育标准 4：达到并维持一定的健康体适能水平。

设备

▶ 8~10 个圆锥体，标记训练室中间的人行道。

▶ 训练室角落用 4 个圆锥体，标记跑步路径或行走路径。

▶ 带软泡沫的 4 个横栏。

▶ 2 个矮圆锥体、4 个中等高度的圆锥体和 2 个高圆锥体，用来支撑横杆。

▶ 4 个底座或塑料片。

复用图

中级学生绕走训练时间表，每位学生一份

初级学生绕走家庭拓展任务表，每位学生一份

心脏是否在锻炼表，每位学生一份

▶ 记录步数的计步器（可选）。

▶ 心率监测器（可选），训练中用来观测不同的心率。

▶ 欢快的音乐和音乐播放器。

活动流程

1. 沿着训练室中间纵向放置圆锥体，标记出人行道，末端不封闭，学生可以通向左边或右边的路径。需要学生跳跃的横杆放在这条人行道上（见图3.4）。

2. 学生先绕走2分钟，停下来并讨论身体感觉有何不同。

3. 学生开始沿人行道前进，沿路慢跑2分钟。

4. 学生可以跳过或绕过横杆前进。

5. 训练总结时，学生要检查自己的心率和呼吸。他们要找出心跳加快、流汗、脸红以及呼吸加快等身体信号。

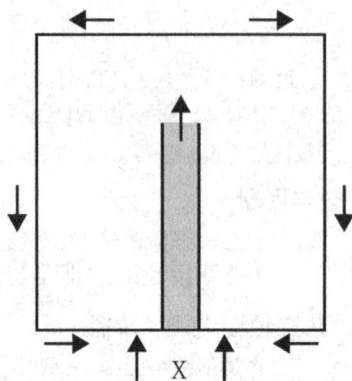

图3.4 绕走地面设置图

教学提示

▶ 向学生提问，让他们思考训练以及长时间训练后的感觉。

• 训练愈加努力且时间延长后，肺部发生什么变化？（答案：肺部更努力地工作，带来更多的氧气。）

• 为何心跳加快？（答案：促进血液全身循环，给肌肉传送更多氧气和营养。）

• 血液循环加快后，身体发生什么变化？（答案：变热，可能会开始流汗。为了补充流汗所丢失的水分，在训练前、训练中和训练后要大量喝水。）

▶ 让学生把一只手放在心脏处，另一只手用张开和握紧来演示心脏如何跳动。可以数出6秒内心脏跳动的次数，然后乘以10，即为每分钟心脏跳动的次数。对于学生来说，只要感受心跳是慢、快、非常快或狂跳，以及呼吸慢或困难就可以了。学生可以参考贴在训练站点的"心脏是否在锻炼表"来确认自己训练的努力程度。

▶ 向学生解说，为了使心脏获得良好的锻炼，学生必须坚持长期锻炼。最好是每次运动15分钟以上。长期锻炼有利于保持身体强壮，使人更加健康。

▶ 每位学生会呈现出不同形式的身体锻炼信号：脸变红、流汗、累、口渴、呼吸困难或心跳快速。

▶ 讨论如何将调整训练速度作为长期坚持训练的一种方式。

示范及建议

▶ 人行道要设计得足够宽，以便使用拐杖、助行架或轮椅的学生也能够参加训练。

▶ 对于只能运动较短距离的学生，可以在原来的正方形内再设置一个小正方形。

▶ 跳过障碍物是可选的。可以为坐轮椅的学生设置一些减速带，例如在地面上一定的位置处，粘贴小绳或厚纸板，或者设置更多需要绕过或穿过的障碍物。

▶ 沿着正方形行进时，学生可以在横杆下爬行或滚动。参考第1章中的"建议内容"。

多样化活动

▶ 使用不同的障碍物，让学生跳跃，增加训练的挑战性和趣味性。包括圆顶锥、跳绳、翻滚垫和动物沙包。

▶ 用计步器记录步数。学生可以确认自己 10 分钟内完成了多少步，并与每天需要完成的 10000 步进行对比。以后某天进行重复训练，让学生知道是否可以完成更多的步数。

▶ 几分钟后，让一组学生移动障碍物位置，保持训练的趣味性。

家庭拓展任务

▶ 让初级学生在监护人的帮助下完成绕走家庭表，课堂训练时交回。

▶ 让中级学生使用绕走训练时间表来评估校外训练的表现。

评估

提问以下问题，检查学生是否理解。

▶ 身体需要进行多长时间的有氧锻炼？

▶ 调整运动的节奏和速度是如何影响锻炼的时间的？

▶ 不同时期内如何调整速度？第一次是怎么做的？第二次呢？

3.13 音乐运动顺序

初级

时间：指参与训练的时间有多久。青少年应每天或几乎每天累计进行至少 60 分钟的体适能训练，每天进行几轮持续 15 分钟以上的体适能训练。

教学目标
▶ 学生能自己编排舞蹈动作，能跟随音乐表演系列舞蹈动作。
▶ 学生能列出课外完成的不同训练活动，且每次训练持续超过 15 分钟，或者每天累积 60 分钟的体适能训练。

与美国国家标准的关系
▶ 体适能教育标准 4：达到并维持一定的健康体适能水平
▶ 体适能教育标准 6：重视体适能训练的健康、娱乐、挑战、自我表达和 / 或社会交往目的。
▶ 健康教育标准 3：定期参与体适能训练。
▶ 舞蹈教育标准 3：理解舞蹈是一种具有创造和交流意义的方式。
▶ 舞蹈教育标准 6：了解舞蹈和健康生活方式的关系。

设备
▶ 著名运动员参加体育运动时的动作图片（从体育杂志、体育卡片、报纸体育专栏中选取），至少要有 5 张图片供每位学生选择。
▶ 计步器（可选）统计步数，对比哪条路线需要更多的步数。
▶ 欢快的音乐和音乐播放器。

活动流程
学生积极运动的时间长短对于保持体适能健康非常重要。向学生说明，如果每次训练 15 分钟，一天 4 次，就会实现一天训练 60 分钟的目标。学生观察与训练有关的各种体育活动图片，但这次并不是单纯地进行体育活动，而是要把各种运动动作编成一组舞蹈动作。舞蹈是一种有趣的体适能训练方式。把学生感兴趣的体育运动和舞蹈结合起来，有助于学生想出独特的训练方式，实现每天训练 60 分钟的目标。

复用图

训练时间表，每位学生一份

1. 让学生围成一个大圈。
2. 圈内散放体育动作图片。
3. 发出信号，给学生数分钟时间浏览图片，选择最喜欢的 4 张照片。
4. 学生收集图片后，返回个人站点，按自己喜欢的顺序把图片放在面前。
5. 给学生数分钟完成图片排序后，开始播放音乐，指导他们按图片顺序像图片里的运动员那样移动身体。音乐播放时，鼓励学生按同样的动作顺序重复数次进行训练。
6. 可让学生将图片自由排序，创造新的顺序。
7. 参加舞蹈顺序训练 5 分钟后，让学生将图片放回总站点，重新选取 4 张不同的图片进行排序。课堂训练时应自己编排 3 种不同的动作顺序，分别完成 15 分钟的运动。

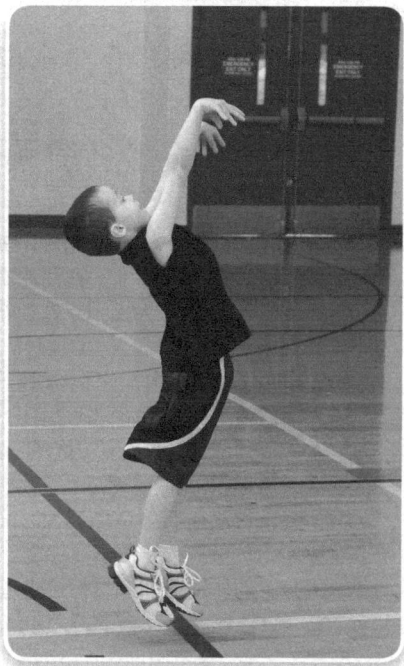

教学提示

▶ 从杂志、报纸和其他印刷品中收集著名运动员的图片。确保收集进行各种体育运动的男女运动员图片，每位学生至少能选择 4 张可用图片。当然，图片越多，创意会越好。

学生发挥创造力，将运动图片按照音乐排出舞蹈动作顺序。音乐有助于他们将时间概念运用于有氧体适能训练。

▶ 用学生的画制作图片库。
▶ 拍一些学生进行不同运动时的照片，重复训练时可以使用。在照片下面写出说明，学生就会了解这项训练。
▶ 可以收集与家务活相关的图片，如吸尘、除尘、清洗和扫树叶。
▶ 用时钟展示 60 分钟和 15 分钟是多久。开始和结束训练时，让学生观察时钟，让他们对于训练所花费的时间有更精确的概念。
▶ 对于那些犹豫是否参加舞蹈训练的学生来说，这个训练是一种很好的激励。而且，选用体育名人的近期图片，可以增强学生的训练动机。收集的图片中可以包括与文化决定论（教师可能需要讲解文化决定论是什么意思）有关的体育运动形式，也会增强训练积极性。
▶ 可让同事提供更多的图片，加快收集图片的工作。

示范及建议

图片可包含残疾运动员的图片。如果有行动不便的学生，可让体适能教育方面的专业人士提供资源，例如相关杂志，或各种残疾人运动协会所属的网站，都会有很多运动员的图片。

多样化活动

学生与搭档一起编排动作，完成训练或运动。

家庭拓展任务

分发训练时间表，让学生在家完成。学生在课堂进行讨论时，应将表带回。

评估

▶ 提问："是否注意到如何使用身体里的所有肌肉？"

▶ 提问："是否注意到在指定的时间内，如何保持身体运动？"

▶ 将学生分为几个小组，同学之间分享舞蹈动作顺序。让观察的同学报告，所演示的动作系列中有哪些运动项目。

▶ 让搭档说出在课外可以训练 15 分钟以上的 3 种活动或更多。检查他们的答案。

▶ 大拇指朝上和大拇指朝下。

- 将舞蹈或体适能训练相结合，放在舞蹈类别里，是否属于体适能训练？（答案：大拇指朝上。）

- 要求每天所有体适能训练时间为 60 分钟，可以一次完成吗？（答案：大拇指朝下。）

- 每天的体适能训练目标是否可以一次增加 15 分钟？（答案：大拇指朝上。）

6 分钟慢跑

3.14

中级

时间：指参与训练的时间有多久。青少年应每天或几乎每天累计进行至少 60 分钟的体适能训练，每天至少完成几组持续 15 分钟以上的体适能训练。

进行有氧训练时，了解怎样调整速度非常重要，没有合适的速度，就不可能长期坚持训练。

教学目标

学生能就有氧训练时调整速度和时间长短的重要性展开讨论。

与美国国家标准的关系

▶ 体适能教育标准 2：证实自己了解各种运动项目的理念、规则、策略和战术，并能用于体适能训练的学习和展示过程。

▶ 体适能教育标准 4：达到并维持一定的健康体适能水平。

设备

▶ 每位学生一支铅笔。

▶ 每位学生 6 根吸管，每次经过起点时递给他们一根（取决于班里学生数量和需要跑的圈数）。

▶ 10 个圆锥体，用来标识跑步区域。

▶ 计步器和心率监测器（两个可选），用来检查训练中的心率和跑的步数。

活动流程

1. 10 个圆锥体标识跑道，每隔 18 步放置一个，即每隔 10 米放一个，10 个圆锥体一共设定 100 米长的跑步路线。

2. 向学生讲解，速度对于长期坚持有氧运动的重要性。本测试时间为 6 分钟，距离为 100 米。6 分钟慢跑后，学生

复用图

6 分钟慢跑记录表，每位学生一份

有氧体适能是或否表，每位学生一份

会知道他们跑步的速度（每小时
多少千米）。

3. 学生沿着既定路线慢跑，从教师
或搭档手里收集吸管。停止的哨
声响起时，慢跑者数吸管的数量，
以及经过搭档之后所跑过的圆锥
体数量，计算每小时的千米数。
比如，5根吸管，经过搭档后跑过
3个圆锥体，就等于每小时5.3千
米。（在距离较短的100米路线，
同一个跑者如果收集了8根吸管，
并经过5个圆锥体，代表每小时8.5
千米）。

4. 学生在6分钟慢跑记录表中，记
录他们的成绩，评估他们的速度
和有氧体适能的等级。

5. 慢跑两次，这样学生可以调整速度，
并对比两次跑步的速度。

教学提示

▶ 讨论怎样发现一种6分钟内可以
始终维持不变的速度，以及身体对
于这个速度所感觉到的运动强度。
帮助学生记住并维持这种有利于心
脏健康的跑步速度。

▶ 讲解时间在训练中的重要性，以
及对学生年龄的要求。

▶ 让学生了解很多其他训练也属于体适能训练，如散步、骑自行车和跳绳，而且
同样需要速度技巧。

▶ 让学生知道今天至少完成了12分钟的有效有氧运动。

▶ 和学生讨论怎样可以弥补运动时间的不足。

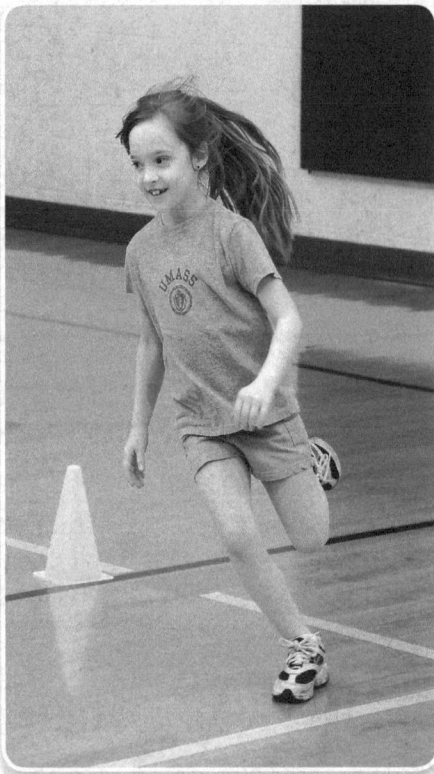

学生学习如何在6分钟慢跑里调整速度。

示范及建议

▶ 设定个人目标最为重要，每个人应该设定自己的目标。鼓励学生提出运动类的
问题，在运动中找到适合自己的速度，并且用这种速度跑得尽可能远。在第二轮
运动中使用同样的速度。

▶ 有视觉障碍的学生可以让搭档在运动时指引他们。

▶ 对于有听力障碍的学生，可以用手势告诉他们运动什么时候开始、什么时候结束。

多样化活动

测试两次，一次变速慢跑6分钟，一次固定速度慢跑6分钟，对比学生每次跑步速
度（每小时千米数）是否不同。第一次测试，6分钟内让学生交替进行短跑冲刺和走路；
第二次测试，让学生以固定的速度慢跑。然后让他们对比两次测试的结果。

家庭拓展任务

让学生在家完成"有氧体适能是或否表和家庭拓展任务表"，并跟朋友或家人讨论结果。

评估

向学生提问以下问题。注意，他们会在"有氧体适能是或否表和家庭拓展任务表"里回复这些问题。学生交回家庭拓展任务表时，对于问题和回复再做一次简短的讨论。

▶ 有氧运动时间的长短如何影响其效果？

▶ 在有氧运动上花费时间有哪些重要作用？

▶ 一天应花费多少分钟进行有氧运动？

3.15 有氧滑板

初级

类型：指某些特定的训练，需要消耗更多的氧气，导致呼吸加速和心跳加快。生活中需要有氧运动，它能强化心肺功能。

教学目标

学生能确定有益心脏健康的训练活动。

与美国国家标准的关系

▶ 体适能教育标准 4：达到并维持一定的健康体适能水平。

▶ 体适能教育标准 6：重视体适能训练的健康、娱乐、挑战、自我表达和 / 或社会交往目的。

▶ 健康教育标准 3：定期参与体适能训练。

设备

▶ 一人一个滑板。

▶ 4 个沙滩排球。

▶ 欢快的音乐和音乐播放器。

复用图

滑板站点标识

贴在训练站点的"心脏是否在锻炼表"

"有氧体适能是或否表"，每位学生一份

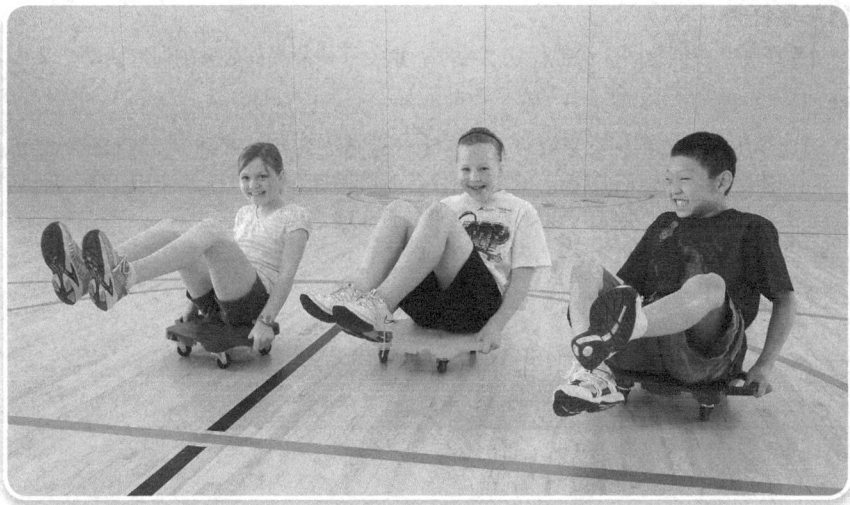

滑板训练是一种有趣的活动方式，能帮助所有学生体验新型的有氧运动。

活动流程

1. 借助设备在训练室四周放置滑板站点标识。
2. 向学生说明，各种类型的训练都可以提升有氧体适能水平。
3. 教师走过每个站点，向学生演示他们在该站点需要完成的训练动作。
4. 将学生分成 6 组。
5. 播放音乐，学生开始训练。接到指示后，学生转移到下一个站点。每位学生都要完成所有 6 个站点的训练动作。

教学提示

▶ 浏览体育活动金字塔，讲解金字塔的各个区域。

▶ 回顾有氧体适能的定义；心、肺、肌肉长期共同运作，能提升有氧体适能水平。

▶ 根据"心脏是否在锻炼表"，回顾心脏努力工作时身体会发出的信号，包括呼吸困难、心跳加快和开始流汗。其他信号还包括脸变红、肌肉酸痛疲劳。

示范及建议

▶ 把两个或多个滑板连在一起，滑动起来会更容易。

▶ 让学生轮流和一个搭档连接起滑板，一起移动。

▶ 行动不便的学生可以俯卧在滑板上，以便更有效地移动。

▶ 为了保持稳定性，在滑板上安装一些支撑物（例如，将牛奶箱的一侧去掉，装到滑板上，学生可以靠着坐，保持身体稳定）。

多样化活动

▶ 有些站点可以使用球。学生可以运、抛、接球或投篮。训练中运用运动技能，可以帮助学生将训练和娱乐相结合。

▶ 学生一边移动一边接球。

家庭拓展任务

学生在家完成训练时，让他们注意心率，重复那些能提高心率的训练活动。

评估

▶ 让学生报告哪些训练是有氧训练，为什么是或为什么不是。强调有氧体适能的身体信号，帮他们做决定（心跳更快、呼吸困难、脸变红、肌肉比平时工作时间更长且疲劳）。学生可以参考"心脏是否在锻炼表"。

▶ 让学生列出其他有氧运动，如游泳、跳绳、慢跑、踢球或其他运动中的跑步。

有氧运动 3.16

中级

类型：指特定的训练，需要更多的氧气，会让呼吸和心跳加快。必须学会选择能强化心脏功能的训练活动。

教学目标

学生能确定有益心脏健康的训练活动。

与美国国家标准的关系

▶ 体适能教育标准 4：达到并维持一定的健康体适能水平。

▶ 体适能教育标准 6：重视体适能训练的健康、娱乐、挑战、自我表达和 / 或社会交往目的。

▶ 健康教育标准 3：学生能够展示自己具有实施促进健康行为、减少健康风险的能力。

设备

▶ 每位学生一个篮球。

▶ 6 个圆锥体。

▶ 4 个篮球架，或以墙上的纸作为目标。

▶ 欢快的音乐和音乐播放器。

▶ 计步器（可选），用来统计训练中的步数。

▶ 心率监测器（可选），用来对比不同训练活动中的心率。

活动流程

1. 在训练室四周，用所需设备摆放有氧运动站点标识。

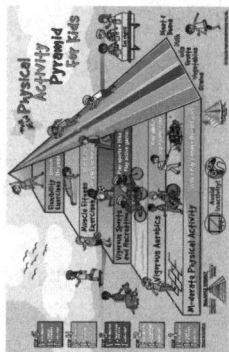

2. 向学生讲解，各种类型的训练都可以提高有氧体适能水平。

3. 教师走过每

复用图

Aerobic Sport Station 1

Shoot and Go

Stand and shoot two baskets and then dribble to the other end of the gym. Repeat.

有氧运动站点标识

儿童体育活动金字塔

个站点，向学生演示需要做的动作。

4. 将学生分成 6 个小组。

5. 播放音乐，学生开始训练。接到指示，学生转移到下个站点。每位学生都要通过所有 6 个站点。

教学提示

▶ 浏览儿童体育活动金字塔，讲解不同的区域。

▶ 回顾有氧体适能的定义。

▶ 根据"心脏是否在锻炼表"，回顾心脏努力工作时身体会发出的信号，包括呼吸困难、心跳加快和开始流汗。其他信号还包括脸变红、肌肉酸痛疲劳。

▶ 提醒学生今天用篮球完成的训练，有些是有氧训练，有些不是。训练结束后，让他们说出哪些站点的训练是有氧训练。

示范及建议

▶ 墙上设一个较低的篮球投篮目标（或用垃圾桶）。

▶ 每个站点都有同龄人帮忙接球和传球。

▶ 根据学生的能力水平，有些站点的动作可以以低姿态（坐着）或静止状态完成。

通过有氧训练，学生掌握适合课外完成的有氧训练类型。

多样化活动

使用橄榄球或其他体育训练站点。

家庭拓展任务

让学生列出已学过的有氧训练类型及其对身体的益处。他们可以和家人讨论，看家人是否同意自己的答案。如有需要，更改清单，交回给教师。

评估

▶ 让学生报告哪些训练是有氧训练，为什么是，或为什么不是。

▶ 让学生列出其他有氧训练活动，如游泳、跳绳、慢跑或其他运动中的跑步。

▶ 使用"有氧体适能是或否评估表"。

有氧 FITT 日志

中级

超负荷原则：指身体系统（心肺、肌肉、骨骼）必须在超出正常水平的情况下工作，这样才能适应并提升身体机能和体适能。

循序渐进原则：指个人应该如何增加超负荷。适当的循序渐进原则指逐步增加训练的级别，可以通过增加频率、强度、时间、类型，或其中两者以上的因素来控制训练等级的提升。

教学目标

学生完成 FITT 日志和 FITT 日志计划表，学习和应用有氧体适能的循序渐进和超负荷训练原则。

与美国国家标准的关系

▶ 体适能教育标准 3：定期参与体适能训练。

▶ 体适能教育标准 4：达到并维持一定的健康体适能水平。

▶ 健康教育标准 3：学生能够展示自己具有实施促进健康行为、减少健康风险的能力。

设备

一些铅笔。

活动流程

1. 简要回顾FITT各组成部分的含义——频率（多经常）、强度（多努力）、时间（多久）和类型（哪种训练）。

2. 让学生简单举例说明，在之前的健康体适能课程中，他们是如何把FITT原则运用到有氧体适能运动中的。

3. 分享循序渐进

复用图

FITT 日志，每位学生一份

FITT 日志计划表，每位学生一份

和超负荷原则的概念描述。

4. 给每位学生分发一份空白的 FITT 日志表。回顾每个类别，及其与 FITT 原则的关系。学生使用这份表格时，教师要告诉他们如何运用循序渐进和超负荷原则。

5. 让学生分享自己喜欢的有氧运动，然后选择一项写到日志里。

6. 让学生把姓名填写到日志里。

7. 让学生记录他们一周内在校外进行的有氧体适能训练活动。

8. 让学生填写第一周的 FITT 日志计划表。

9. 指导学生设定循序渐进和超负荷训练目标，并写在日志计划表上。在下一周，他们将继续设定并完成新的目标。

10. 每周最后一天集合学生，讨论他们的进度并设定新的目标。

教学提示

▶ 在每次训练会议上，询问学生日志的完成情况。

▶ 如果有必要的话，要求监护人签名，鼓励他们一起参与训练活动。

示范及建议

帮助那些有特殊困难的学生，设计一些可选运动，以适应他们的需求和能力。可以对本章节前面提及的训练活动进行改编。出于安全考虑或场地限制等原因，也可以给那些必须待在室内活动的学生提供建议，或以其他方式帮助他们，一起设计适合他们的活动理念。

多样化活动

▶ 请校外看护人士给儿童提供场地、时间和其他支持，让孩子们能添加他们日志的内容。

▶ 把青少年有氧体适能测评系统与此训练活动联系起来。

▶ 设定一周和一个月的训练计划，但可以根据特殊情况进行调整，包括从一天到两周，再到一个月甚至几个月的训练计划。选择一个特定的时期，让有特殊需要的学生能完成得更好。

家庭拓展任务

这是一项家庭拓展训练。

评估

▶ 提问学生 FITT 原则的具体含义。

▶ 一周后，和学生一起回顾日志，确认他们参与各项运动的安全

学生使用 FITT 日志，记录有氧体适能训练活动，并设定新的目标。

性。确保学生明白，他们现在进行的运动强度是他们所能维持的，并且这样的强度适用于一周的训练。

▶ 继续检查学生每周日志，确保学生通过合理利用 FITT 原则，知道如何维持并提升训练的安全水平。

▶ 进行一周或一个月的训练后，教师和学生一起回顾他们的日志，并通过提出以下问题让学生回答的形式，记录他们的运动经历。

　• 通过一个月的训练，你是否能安全地提高训练强度？是否能每周增加运动频率？是否能在每项运动上增加运动时间？如果回答是，你做了哪些改变？

　• 如果你可以做一些改变，这些改变会怎样影响你的有氧体适能水平？

　• 如果你现在不做任何改变，将来可能会有什么不同？

▶ 要意识到很多因素，比如儿童的初始体适能水平和出勤率（如果体适能水平及出勤率已经很高，那么他们的进步仍有可能不太明显），还有其他个人因素也会影响这些问题的回答。请记住，要重视效果评估，把它作为学习并强化循序渐进和超负荷原则概念的一种方式。

第4章

肌肉力量和
肌肉耐力

儿童能否从抗阻训练中获得和成人一样的健康益处，关于这一点，目前还没有相关文献给出定论。但是，如果儿童按照适当的训练指南进行训练，一定能够安全有效地增强肌肉力量和肌肉耐力。萨森、洛夫丁、萨斯金德、尤德尔和贝克尔（1999）的研究结果表明，长骨的迅速增长会降低关节的柔韧性，最终导致青春期之前的儿童增加受伤的风险。根据调查结果，他们认为增强肌肉力量和肌肉耐力可以减少急性运动损伤和过度运动损伤。本章内容包括一些有助于增强初学者肌肉力量和肌肉耐力的训练活动。

肌肉力量和肌肉耐力的定义

肌肉力量是指肌肉或肌肉群通过一系列运动，一次性克服或抵抗阻力时展现最大力量的能力。对于儿童来说，这种能力即为独立运动的能力，或者是在没有他人辅助的情况下，举起和携带物体的能力。肌肉耐力是指肌肉或肌肉群长时间反复施加中等力量的能力。许多训练是利用儿童自身的体重，完成多次重复的动作，因此通常情况下，用来增强肌肉力量的训练，也会在某些程度上提高肌肉耐力。在健康体适能里，肌肉力量和肌肉耐力通常很难区分。最佳体适能建议在小学阶段，最好将肌肉力量和肌肉耐力归为一个教学单元，或者归类为肌肉体适能。这样，肌肉力量训练动作就能纳入最新儿童体育活动金字塔（Corbin，2011）。在最新的儿童体育活动金字塔里，肌肉体适能训练被归为金字塔中的一个等级。

抗阻训练包括以下可能的益处。

- ▶ 增强肌肉力量（我可以推动或举起自行车）。
- ▶ 提高肌肉耐力（我可以玩耍很长一段时间，不会感到腿部酸痛疲劳）。
- ▶ 通过肌肉体适能循环训练，改善有氧体适能（我可以玩更长的时间，且不会感到身体疲惫）。
- ▶ 预防肌肉骨骼损伤（我不容易或不会经常受伤）。
- ▶ 提高体育运动水平（我可以成为一名更优秀的运动员，帮助所在的足球队取得更好的成绩）。
- ▶ 降低成年时期骨折的风险（练就更强健的骨骼）。
- ▶ 在骨骼生长期，通过锻炼增强骨骼力量，促进骨骼生长（练就更强健的骨骼）。

本章所推荐的训练向小学阶段的学生具体介绍了上述益处，并让他们熟悉这些益处。

肌肉力量和肌肉耐力教学指南

与健康体适能的各个领域相同，肌肉力量和肌肉耐力的训练原则（循序渐进原则、超负荷原则、专门性原则、周期性原则和个性化原则）需要融入训练活动中，并且根据儿童的年龄，灵活运用FITT原则。记住，儿童的实际年龄可能不符合实际的生理成熟度。需要注意的是，表4.1里的指南只是增强肌肉力量和肌肉耐力的指导性原则。克莱默和富莱克建议，进行抗阻训练时，推荐使用以下指南。

▶ 7 岁及 7 岁以下儿童——引导他们完成重力很小或没有重力的基础训练；让孩子们形成训练项目的概念；教给他们运动技巧；让他们在自重训练、健美操、团队训练和轻抗阻训练过程中逐渐进步；保持小运动量。

▶ 8~10 岁儿童——逐渐增加训练活动量；用举重实践训练技巧；逐步提升训练负荷；不断进行简单训练；逐渐增加运动量；细心监测他们对训练压力的耐受性。

▶ 11~13 岁儿童——教给他们各种基础训练技巧；继续循序渐进地增加各项训练的负荷；注重训练技巧；在开始更高等级的训练项目时，使用较少阻力，或不用阻力。

肌肉力量和肌肉耐力训练方法

没有任何抗阻训练经验的儿童，不管年龄多大，都应该从初级训练开始，待他们的训练耐受性、技能，以及对举重技巧的理解能力提高以后，再进入下一个等级的训练。

很多建议或观点都适用于抗阻训练和力量训练，内容详见《体适能训练教师指导（第 3 版）》，本书提供了开发儿童抗阻训练教程的教学指南（ACSM，2000；AAP，2001；Hass et al.，2001；NSCA，1985）。利用这些教学指南可以帮助你开发一套健康的、适合肌肉力量和肌肉耐力提升的训练教程。美国儿科学会（AAP）和美国国家运动医学学会（ACSM）都建议 6 岁儿童即可开始进行力量训练。

初学者，尤其是小学生，首先应运用他们自身的重量、同伴或轻质实心球进行循环训练。训练初期，运动强度应该非常低，运动量也应该较少（Bompa，2000；Graham et al.，2010）。对于孩子们来说，如果难以完成标准的仰卧起坐或俯卧撑，可以让他们尝试反向仰卧起坐或低标准的俯卧撑（保持在较低的位置）。中高年级的小学生可以开始参加同伴抗阻训练和阻力带训练。

通过肌肉力量和肌肉耐力训练提升运动技能

培养肌肉力量和肌肉耐力时，并非必须在健身房或训练室进行训练，这种方式不一定适合儿童。根据格雷厄姆等（2010）的观点，"负重训练并不适合小学生；肌肉和骨骼的超负荷训练可以通过体适能训练来完成"（p.52）。格雷厄姆等人（2010）鼓励体育教育工作者利用各种活动激励孩子们进行自重训练。小学生应参加各种培养运动技能的活动，以增强肌肉力量，提高肌肉耐力。例如，小学生在进行动物式追逐游戏时，可以利用跳跃或快速转移的运动技能来增强腿部肌肉的力量和耐力。大一点的学生，可能更喜欢团队活动，使手臂力量达到最佳状态。无论小学生的身体是否健全，体适能训练都是体育教育工作者培养他们运动技能的最理想的选择。

表 4.1 FITT 原则运用于肌肉体适能

年龄	9~11 岁 [a,b]	12~14 岁 [a,b]
频率	每周 2~3 次	每周 2~3 次
强度	非常轻的重物	轻重物
时间	至少 1 组（可以做 2 组）	至少 1 组（可以做 2 组）
	6~15 次，至少 20~30 分钟	6~15 次，至少 20~30 分钟
类型	主要肌肉群，每块肌肉或肌肉群进行一次训练	主要肌肉群，每块肌肉或肌肉群进行一次训练

注：[a] Modified from AAP 2001.
　　[b] Modified from Faigenbaum, et al. 1996.

人的成就各有高低，还有些人有身体缺陷或智力障碍。不管哪个层次哪种状态的人，体育教育工作者都应该为他们提供机会，帮助他们成功提高运动技能。如果学生有严重的身体缺陷，教师可能需要向专门研究特殊体适能教育的人寻求帮助，共同制订个性化的教学计划。最佳体适能训练中的很多活动项目结合了一系列的运动技能，教师也可以自己设计开发或改编训练活动，满足学生运动发展的需求。

肌肉力量和肌肉耐力简报

在有效提升并维持一定的肌肉力量和肌肉耐力之后，肌肉力量和肌肉耐力简报特别介绍、巩固和拓展了一些新的理念。你可以通过以下几种方式来使用该简报。

▶ 把简报寄送到学生家里，作为监护人参与简单的肌肉力量和肌肉耐力训练的工具。
▶ 利用简报，把增强肌肉力量和肌肉耐力当作"本月健康体适能成分"。
▶ 推荐一个运动理念作为整个团体的目标。让学生们选一项课外运动，在下周完成。学生要通过日志、日记、有监护人签名的简报或其他方式，报告自己的进展。
▶ 检查和鼓励学生积极参加课外训练和学校安排的体适能训练。
▶ 通过课堂训练，在学生中发现善于观察理解，又能促进他人一起学习的学生。
▶ 用简报作为模板或起点，自己设计一份有特色的简报，并根据学生的需求进行调整。
▶ 使用肌肉力量和肌肉耐力简报（见图 4.1），有助于教师针对有特殊需要的学生和监护人实施更有效的教学。

图 4.1 培养属于自己的最佳体适能：肌肉力量和肌肉耐力简报

表 4.2 第 4 章训练项目列表

训练编号	训练名称	训练页码	概念	初级	中级	复用图
4.1	快速卧倒	80	肌肉力量和肌肉耐力	·		快速卧倒训练卡
4.2	肌肉碰撞	82	肌肉力量和肌肉耐力		·	肌肉碰撞站点标识
						肌肉碰撞评分表
4.3	超级英雄肌肉	85	健康益处		·	肌肉力量和肌肉耐力益处表
						超级英雄肌肉拼图
						超级英雄卡
4.4	综合体育运动	88	健康益处		·	综合体育运动站点卡
						肌肉力量和肌肉耐力健康益处卡
						综合体育运动任务表
4.5	相对力	92	频率	·		跑步者训练图表
						坐姿活动者训练图表
4.6	肌肉力量和肌肉耐力训练日志	94	频率	·		肌肉力量和肌肉耐力训练日志
4.7	动物式追逐	96	强度	·		动物卡
						"你就是它！"卡
4.8	优胜劣汰课程	99	强度		·	优胜劣汰课程站点标识
						我的强度训练
4.9	健身时间	101	重复性和时间性原则	·		成套动作、重复性和时间性原则学习表
						成套动作和重复性图
4.10	清洁沙滩	104	专门性原则	·		无
4.11	大洗牌	106	专门性原则		·	大洗牌花色海报
4.12	俯卧撑和仰卧起坐挑战	108	循序渐进原则		·	俯卧撑挑战海报
						仰卧起坐挑战海报
						俯卧撑和仰卧起坐挑战日志
4.13	稳中求进	111	循序渐进原则		·	稳中求进，用瑞士球做俯卧撑进阶训练
						稳中求进，用瑞士球做仰卧起坐进阶训练
						俯卧撑和仰卧起坐挑战手册
4.14	下肢挑战	114	专门性原则	·	·	下肢挑战：站点设定和应用的教师指南
						下肢挑战 1 级站点标识
						下肢挑战 2 级站点标识
4.15	上肢挑战	117	专门性原则	·	·	上肢挑战：站点设定和应用的教师指南
						上肢挑战 1 级站点标识
						上肢挑战 2 级站点标识
4.16	肌肉力量和肌肉耐力 FITT 日志	121	循序渐进原则		·	FITT 日志
						FITT 日志计划表

4.1 快速卧倒

初级

肌肉力量和肌肉耐力：肌肉力量是指肌肉群在完成任务时产生的最强力量，肌肉耐力是指反复移动身体或物体而不感到疲惫的能力。大多数训练会同时用到肌肉力量和肌肉耐力。

教学目标

学生能确认并完成着重于肌肉力量和肌肉耐力的健康体适能训练。

与美国国家标准的关系

▶ 体适能教育标准 2：证实自己了解各种运动项目的理念、规则、策略和战术，并能用于体适能训练的学习和展示过程。

▶ 体适能教育标准 4：达到并维持一定的健康体适能水平。

设备

▶ 欢快的音乐和音乐播放器。

▶ 地垫。

活动流程

1. 提问学生关于肌肉的重要性，让他们指定某块肌肉并阐述此肌肉是如何帮助他们的。答案是肌肉可以帮助我们完成各种运动，强壮的肌肉可以让我们更轻松地把事情做得更好。

2. 回顾肌肉力量和肌肉耐力的定义，向学生解说有些训练里的运动主要使用肌肉耐力，有些运动则主要使用肌肉力量。

3. 观察训练卡。认真观察每一项训练，并简单讨论哪些训练着重于肌肉耐力，哪些训练着重于肌肉力量。

4. 教师说"开始"，学生应该分散开。教师播放音乐，学生按运动动作的要求在训练室内移动。

5. 音乐停止，学生快速卧倒，腹部朝下，认真听教师说接下来要完成的动作。音乐再次响起时，学生起身继续按要求完成动作。这个过程非常有趣，当孩子们趴在地面上某个特定位置时，他们会听得更清楚。

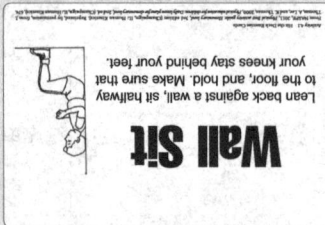

复用图

Lean back against a wall, sit halfway to the floor, and hold. Make sure that your knees stay behind your feet.

Wall Sit

—FOLD HERE—

Muscular Endurance

快速卧倒训练卡

当音乐开始时，他们重新开始运动。

6. 重复训练，直到用完所有的快速卧倒训练卡。

教学提示

▶ 巩固他们在每一项训练中使用的肌肉能力。

▶ 使用折叠卡来实施循环训练。

示范及建议

▶ 音乐停止时，有身体障碍无法趴到地面的学生可以站在原地不动，并准备做合适的动作。

▶ 训练时，可以用轻便的重物或沙袋取代身体负重。

▶ 有特殊需求的学生，可以提前观察训练卡，以便更好地完成任务。如果有其他可选训练动作，可以在训练完成后，和全班同学一起分享，这样他们也能够学会这些训练动作。

学生通过快速卧倒训练里的不同动作，学习肌肉力量和肌肉耐力的不同。

多样化活动

▶ 每一次都变换运动动作，不仅能达到培养运动技能的目的，还能保持学生的运动兴趣。学生通过完成快速卧倒训练卡里的各种动作，能学会区分肌肉力量和肌肉耐力的不同之处。

▶ 为附加训练归类。学生完成新的训练动作后，帮助他们判定这些训练是肌肉力量训练还是肌肉耐力训练，或是其他类型的训练，例如可能是柔韧性训练或有氧训练。

▶ 让学生们分组确认，全班完成的训练是肌肉力量训练还是肌肉耐力训练。在训练期间，可以和同学一起分享看法，和班上其余同学讨论是否同意这样的分类。

家庭拓展任务

▶ 鼓励学生向家人讲述两种类型的肌肉能力：力量和耐力，并说明肌肉力量和肌肉耐力为什么重要。学生可以和家人一起完成这类训练。

▶ 让学生通过电视观看各种体育运动，并判断在该运动中，肌肉力量或肌肉耐力哪个更重要。可以和别人分享自己的想法，看看他人是否同意自己的观点。

评估

▶ 让学生举例说明他们做过的肌肉力量训练和肌肉耐力训练。

▶ 让学生说出他们做过的需要大量肌肉力量的训练。

▶ 询问学生，在某项运动中他们是如何利用肌肉力量和肌肉耐力的。例如，在踢足球时，他们需要有耐力才能跑个不停，需要有力气才能守住球门或者把球踢得更远。

4.2　肌肉碰撞

中级

肌肉力量和肌肉耐力：肌肉力量是指肌肉群在完成任务时产生的最强力量，肌肉耐力是指反复移动身体或物体而不感到疲惫的能力。大多数训练会同时用到肌肉力量和肌肉耐力。如果不经常使用肌肉，肌肉就会失去力量和耐力。

教学目标

学生通过参与一些能够提升或展示肌肉力量的循环训练，理解肌肉力量和肌肉耐力的定义。

与美国国家标准的关系

体适能教育标准 4：达到并维持一定的健康体适能水平。

设备

▶ 站点所需的设备：篮球、轻排球、足球、圆锥体、轻实心球、沙包、垫子、胶带（为目标做一个方盒），以及箱子。

▶ 快节奏的分段音乐和音乐播放器（可选）。

▶ 计步器（可选）。

活动流程

1. 定义肌肉力量和肌肉耐力。与学生分享或让学生分享各种运动的一些范例。向学生说明，今天将参与的为提升肌肉力量和肌肉耐力而设计的循环训练，这些训练也会提高体适能和运动技能水平。向学生描述站点训练动作。见第 84 页示范站点。

2. 将学生分为几个小组，每组一个站点。每位学生一份评分表和一支铅笔。

3. 用手势示意学生开始，完成肌肉碰撞站点标识上的训练动作，每次持续 30 秒，记录总训练时间或重复次数。可让学生单独训练或分组训练，并记录肌肉力量和肌肉耐力。

4. 让学生从一个站点

复用图

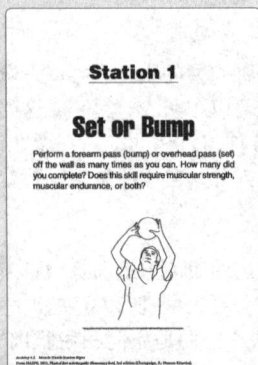

肌肉碰撞站点标识

肌肉碰撞评分表，每位学生一份

　　　转移到另一个站点。

5. 按要求继续训练。

教学提示

▶ 所扔物体种类和大小都不同。

▶ 如有需要，将目标做大些，距离更近些。

示范及建议

▶ 站点 1

　• 对于有视觉障碍的学生，更改球的颜色，或使用听觉信号。

　• 更改球的大小。

▶ 站点 3——学生可通过投球和接球进行空中传球。

▶ 站点 4——学生可以前后传送较轻的球。

▶ 站点 5

　• 把目标做大一些，或更改与目标的距离。

　• 把所扔的物体改成沙包或纱布球。

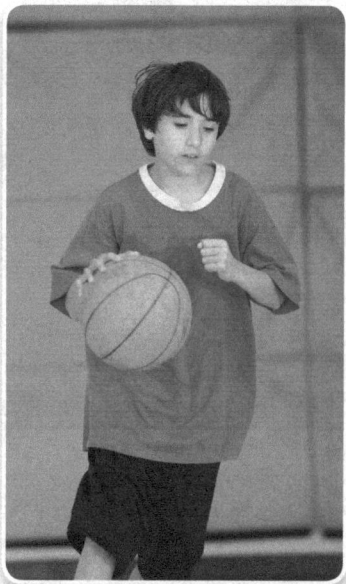

肌肉碰撞中的循环训练有助于同时提升肌肉力量和肌肉耐力。

多样化活动

▶ 让学生带一些运动员做运动锻炼肌肉力量和肌肉耐力的图片，在循环训练各站点中完成这些体育运动的动作。

▶ 使用计步器来确认所有训练中所达到的步数。

家庭拓展任务

　　让学生选择一项肌肉力量或肌肉耐力训练，并持续训练一周。提问：你是否认为自己做出了正确的决定？为什么是，或为什么不是？

评估

▶ 让学生参考肌肉碰撞评分表，并让他们确认所完成的训练属于肌肉力量还是肌肉耐力训练，或者两者都是，以及为什么。

▶ 让学生写下肌肉力量和肌肉耐力的简短定义，举出两个需要肌肉力量和肌肉耐力的体适能训练或运动范例。

▶ 给学生提供体适能训练清单，让他们确认需要肌肉力量和肌肉耐力的技能。例如：

　• 训练——棒球和垒球。

　• 肌肉力量——从中心区域扔球。

　• 肌肉耐力——投球一局。

肌肉碰撞示范站点

原地投篮或颠球

30 秒内，学生在站点里对准墙壁，尽可能多地前臂传球（颠球）或头顶传球（原地投篮）。计算颠球或原地投篮的总数。

靠墙俯卧撑

学生靠墙站立，双脚分开与肩同宽，肘部自然伸直但不锁死。30 秒内，尽可能在站点里多次完成靠墙俯卧撑。

篮球运球

学生持续练习运球。30 秒内，统计在站点里成功运球的数量。

仰卧起坐传球

学生以仰卧起坐的姿势平躺，和搭档脚尖对脚尖，其中一个人腹部放一个实心球或比较重的球，如足球。两人一起完成仰卧起坐运动，每次坐起时互相传球。看看 30 秒内，可以成功传球多少次？

足球比分

学生尝试用脚内侧踢球，撞击圆锥体得分。30 秒内，计算踢球击中目标的数量。可以从不同距离处踢球击中圆锥体。

靠墙坐

学生背靠墙壁，呈坐姿，尽可能维持这个姿势 30 秒。

目标扔球

学生尽可能快地扔球，但是要尽量控制扔球方向，击中目标得分。30 秒内，计算他们在站点里成功击中目标的扔球数量。

俯卧撑捡沙包

学生以俯卧撑的姿势捡起沙包并放到箱子里。30 秒内，计算他们在此站点放入箱子的沙包数量。

超级英雄肌肉

中级

　　健康益处：强壮的肌肉可让我们参与各种活动，包括做家务、工作和娱乐。适当的肌肉耐力可以让我们长期安全地娱乐和工作。强壮的肌肉力量和肌肉耐力有很多益处，例如良好的体态、强壮的骨骼和肌肉。

教学目标

　　学生可以列出并讨论有关肌肉力量和肌肉耐力的益处。

与美国国家标准的关系

▶ 体适能教育标准 4：达到并维持一定的健康体适能水平。
▶ 健康教育标准 3：学生能够展示自己具有实施促进健康行为、减少健康风险的能力

设备

▶ 圆拱或塑料点，每组 8 个。
▶ 运球用的球。
▶ 有氧训练的台阶和凳子。
▶ 跳绳。
▶ 沙包。

复用图

肌肉力量和肌肉耐力益处表，每组一张，或者让他们带回家，每位学生一张

超级英雄肌肉拼图，每组两套

超级英雄卡

▶ 用来放超级英雄卡的桶。

▶ 用来做仰卧起坐和俯卧撑的垫子。

活动流程

1. 训练室设置成集中游戏室。圆拱或塑料点沿着训练室摆放成8条线,每条线5个。圆拱下放肌肉力量和肌肉耐力拼图图片。

2. 学生4人一组。

3. 告诉学生肌肉力量和肌肉耐力的益处及重要性。让他们把这些益处和卡通节目或电视节目里看到的超级英雄的能力进行比较。

4. 学生学习肌肉的重要性,告诉他们今天训练肌肉的力量,他们将用不同的方式走到室内另一端。回顾这些动作要领及其相应的益处和意义。

5. 每组分发一张肌肉力量和肌肉耐力益处表,复习这些益处。

6. 每组中的一位学生挑选一张超级英雄卡,观察卡上要求完成的运动动作,把卡片放回桶里,一边做动作,一边沿着训练室移动到另一端,碰触墙壁。

7. 碰触墙壁后,学生完成5个仰卧起坐或5个俯卧撑,再在圆拱下找到拼图图片并带回。学生用同样的运动方式返回,队员会将拼图拼在肌肉力量和肌肉耐力益处表上。

使用熟悉的人物角色,如孩子在卡通节目里看到的超级英雄,帮助他们理解肌肉力量和肌肉耐力的健康益处。超级英雄卡上的运动动作,可以让学生有机会学习如何像超级英雄那样变强壮。

8. 学生碰触墙壁后，下一位学生查看超级英雄卡上的运动动作，然后一边做动作一边移动到另一端的墙壁，完成仰卧起坐或俯卧撑，找到另一张拼图图片，返回队里。

9. 当一组收集到 8 张拼图图片时，训练完成。完成的组必须说出肌肉力量和肌肉耐力的 8 种益处。让学生互相测试。

教学提示

▶ 前面一位学生碰触墙壁后，鼓励该出发的学生准备好，尽快跑起来去取拼图卡片。

▶ 鼓励团队合作；学生可以轮流观察拼图图片，试着帮搭档找到漏掉的图片。

示范及建议

▶ 行动不便的学生，可以在找到拼图图片前，只需沿着训练室走一半距离。他们不需要碰触墙壁，但是他们在返回前要做 5 次自己能做的特色训练动作（如在轮椅扶手上做手臂支撑）。如有需要，指派一个同伴，让同伴帮忙找拼图图片并带回。

▶ 对于平衡能力不好的学生，拼图图片可以放在椅子或凳子上。

多样化活动

▶ 把肌肉力量和肌肉耐力益处表和拼图图片做成不同的颜色。

▶ 学生需要完成相同颜色的拼图。

▶ 学生需要在每个运动区域完成不同颜色的拼图。

家庭拓展任务

让学生回家完成 15 分钟以上的肌肉体适能训练。可以让每位学生把肌肉力量和肌肉耐力益处表带回家。学生完成训练后，在每个益处的图片旁边写下训练的名称。列出 6 种不同的训练，学生将表交回学校。家庭拓展任务表有一处需要监护人签名并对训练做出评价，以便促进教师和监护人之间的双向沟通。

评估

▶ 检查每组学生，看看是否每个学生都能说出训练中运用肌肉力量和肌肉耐力的益处。

▶ 询问学生哪些类型的训练可以提升肌肉力量和肌肉耐力。

4.4 综合体育运动

中级

健康益处： 强壮的肌肉可以让我们参与各种活动，包括做家务、工作和娱乐。肌肉耐力好除了可以让我们可以更长时间地运动和工作之外，良好的肌肉力量和肌肉耐力还有很多其他益处，例如让我们保持良好的体态、强壮的骨骼和肌肉，以及减少受伤风险。

教学目标

▶ 学生了解与肌肉力量和肌肉耐力相关的健康益处。
▶ 学生能选择特定训练项目和肌肉体适能的练习。
▶ 学生参与特定的体适能训练，有助于提升肌肉体适能。

与美国国家标准的关系

▶ 体适能教育标准 4：达到并维持一定的健康体适能水平。
▶ 健康教育标准 1：学生了解有关健康提升和疾病预防的理念。
▶ 健康教育标准 3：学生能够展示自己具有实施促进健康行为、减少健康风险的能力。

复用图

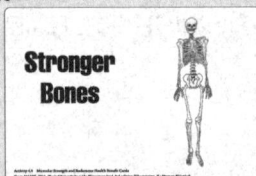

综合体育运动站点卡

肌肉力量和肌肉耐力健康益处卡

综合体育运动任务表，每组一张

设备

▶ 充满活力、欢快的音乐和音乐播放器。
▶ 纸夹板和铅笔（每组一套）。

▶ 跳绳，每个站点每位学生一根。

▶ 5 个低栏或小圆锥体（如有需要，在地上画线代替）。

▶ 练习任意运动达到目标得分所需要的球、棍子、冰球等，应足够每个站点的所有学生使用。

▶ 纸板，每个站点每位学生 2 个。

▶ 秒表。

▶ 地垫。

综合体育运动示范站点

趣味跳绳

学生用各种方式和多种动作跳绳，增强腿部肌肉力量和肌肉耐力。健康益处为拥有更强壮的心脏。

跨栏

学生跨越地面上一系列较低的障碍物，如低栏或小圆锥体，增强腿部力量。健康益处为拥有更强壮的骨骼。

投篮得分

学生排队（各种运动）完成数次投篮。健康益处为动作完成得更好。

拳击

学生完成不同的拳打脚踢动作，提升上肢和下肢的力量与耐力。健康益处为拥有更强壮的肌肉。

投掷

学生练习各种投掷动作。健康益处为防止受伤。

核心运动

学生排成 V 字形坐下，拍手然后碰触地面，重复该动作。然后提高骨盆位置，左右脚交替抬起。健康益处为拥有良好的体态。

滑冰

学生在圆锥体中间绕行，模拟滑冰动作。腿部降低，以便锻炼腿部肌肉。脚底放置纸板，帮助他们更好地滑动。健康益处为运动和娱乐的时间更久。

线性舞蹈

让学生完成基本的队列舞蹈动作或其他舞蹈动作（如在有氧体适能章节里，跳起训练中用到的舞蹈动作）。健康益处为增强体能。

活动流程

1. 用综合体育运动站点卡和健康益处卡在训练区域设定站点。在每个站点相邻位置放置站点训练和相应的健康益处卡。教师可以自己创设站点，安排学生完成感兴趣的各种运动和生活中的各种活动。
2. 和全体学生一起简要回顾肌肉力量和肌肉耐力的定义，讨论与良好的肌肉力量和肌肉耐力有关的健康益处。
3. 将学生分成 4~6 组。每组指定一个站点。
4. 音乐响起，学生在站点里开始训练。音乐停止，学生停止训练，并填写该站点的综合体育运动任务表。他们应写下与训练相对应的健康益处，简要说明训练动作与健康益处的关系（例如，跳绳不仅锻炼腿部肌肉，而且提高心率，锻炼并强化心脏功能）。
5. 放音乐，提示学生向下一个站点前进。学生可以沿路前行进入下一个站点，或停在事先确定好的位置上。
6. 分组讨论任务表。

教学提示

确保学生每个站点的训练时间相同。使用秒表、分段或片断音乐，确保时间一致。

示范及建议

▶ 每项训练的变化方式如下。
  • 趣味跳绳，可让学生跳过线、固定的呼啦圈，或者用短绳连续地跳。

综合体育运动介绍了多种趣味性训练，如队列舞蹈，它们都可以用于学习肌肉力量和肌肉耐力的健康益处。

- 跨栏，可更改跨栏高度。
- 投篮得分，可更改冰球的大小，使用带手柄的曲棍球棒，给目标增加颜色。
- 拳击，可让学生在轮椅上完成坐姿仰卧起坐；如有需要，用实心球加重。
- 投掷，可更改球的大小和重量；使用纱布球或沙包。
- 滑冰，可以让坐轮椅的学生在圆锥体之间或沿着圆锥体移动。

▶ 对于有听觉障碍的学生，更换站点时，使用视觉线索，如红旗和绿旗。

多样化活动

为提升年长学生的批判思维能力，可以把健康益处卡散放在训练区域的中心。站点训练后，学生阅读健康益处，选择对应他们训练项目的卡片，在任务卡上填写，并解释他们的选择。

家庭拓展任务

让学生考虑，能否坚持同类训练一个星期，以提高肌肉力量。

评估

▶ 先让学生确认哪个健康益处对他们最重要，然后收集任务表。学生要把答案写在任务表上。

▶ 让各组创建自己的站点，以增强肌肉力量和肌肉耐力。学生要说明为什么选择这项训练，它与提升肌肉力量和肌肉耐力的特定运动或训练有怎样的关系，以及相关的健康益处有哪些。

4.5 相对力

初级

频率：即每周进行肌肉力量和肌肉耐力的训练天数。每周应该有 2~3 次（或更多）参与肌肉力量和耐力训练。日常家务和任务也会用到肌肉力量和肌肉耐力。

教学目标

▶ 学生能识别需用到肌肉力量的日常活动。
▶ 学生能明确所建议的肌肉力量和肌肉耐力训练的频率是一周 3 次。

与美国国家标准的关系

▶ 体适能教育标准 2：证实自己了解各种运动项目的理念、规则、策略和战术，并能用于体适能训练的学习和展示过程。
▶ 体适能教育标准 3：定期参与体适能训练。
▶ 体适能教育标准 4：达到并维持一定的健康体适能水平。

设备

根据一个班级两人一组的组数来确定数量。每组应有以下设备。

▶ 用曲棍球棒拾起数量相当的落叶。
▶ 学生背包，里面放 1~2 本书（从训练室带过来）。
▶ 篮球。
▶ 装有球衣的牛奶盒，代表洗衣篮。
▶ 滑板，手里要拿的毛巾，代表洗地板。
▶ 塞有纸的废纸篓或罐子，代表垃圾桶。
▶ 地垫。

复用图

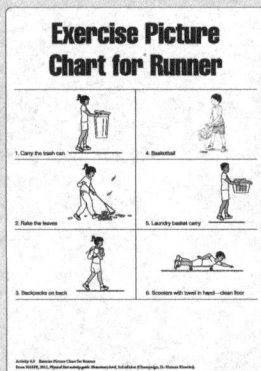

Exercise Picture Chart for Runner

跑者训练图表，每位跑者一份

Exercise Picture Chart for Sitter

坐姿活动者训练图表，每位坐姿活动者一份

活动流程

1. 学生两人一组。一人面向墙壁坐下；另一人站立，一只手扶着同一面墙壁。
2. 开始信号发出，站着的学生跑向距离较远的另外一面墙壁，然后完成自己训练清单上的第一项训练，直到你指示他们返回。在此期间，坐着的学生完成自己清单上的训练，直到同组的学生返回。
3. 跑步学生返回时，双方快速交换位置和训练清单，按指示继续跑并完成各自的任务。
4. 每项训练应持续 1~2 分钟。

教学提示

▶ 回顾肌肉力量和肌肉耐力的定义。
▶ 指导学生每天如何使用他们的肌肉。
▶ 告诉学生，为了强化肌肉，有时他们必须训练到疲累的程度。
▶ 此训练会向学生展示日常活动中如何使用肌肉，以及学生如何通过训练来强化肌肉力量和肌肉耐力。
▶ 学生和同伴一起训练，这样他们可以互相提醒，至少每周参加两次训练。

示范及建议

根据学生的行动能力，改变短跑的距离。根据学生的需求，更改对墙运动的方式。

多样化活动

▶ 更改力量训练动作来锻炼不同的肌肉群。
▶ 更改在对立墙壁之间来回跑步时的动作。
▶ 按照学生的能力和年龄，更改他们的训练时间。

家庭拓展任务

鼓励学生每周至少 3 次，在家完成一项或多项课堂上示范的训练。应让家人和他们一起完成训练，和家人讨论日常活动和规定训练两者的益处。

评估

▶ 让学生说出日常需要使用肌肉的一些训练活动。
▶ 询问学生每周应有几天进行力量训练。
▶ 让学生说出一些力量训练项目。
▶ 在训练过程中和学生交谈，看看他们能否说出一周需有几天完成肌肉力量和肌肉耐力训练。

4.6 肌肉力量和肌肉耐力训练日志

中级

频率：指一定时间内参加与健康相关的体适能训练的次数。虽然日常活动如搬运杂货、背包或扫树叶，也能提升肌肉力量和肌肉耐力，但肌肉力量和肌肉耐力训练课程，频率还是应为每周 2~3 次。

教学目标

学生了解和落实每周应该参加肌肉力量和肌肉耐力训练的天数。

与美国国家标准的关系

▶ 体适能教育标准 3：定期参与体适能训练。

▶ 健康教育标准 3：学生能够展示自己具有实施促进健康行为、减少健康风险的能力。

设备

站点训练所需的日常物品在后面动作变化环节里会出现。

活动流程

1. 回顾或复习频率的定义。让学生集思广益，想出日常生活中可以进行肌肉力量和肌肉耐力训练的一些方式（比如，搬东西会锻炼肌肉力量和肌肉耐力，扫树叶会锻炼手臂的肌肉力量，骑自行车会锻炼腿部的肌肉力量）。鼓励学生采用体适能教育课堂里的体适能训练示例。

2. 分发肌肉力量和肌肉耐力训练日志，让学生在家里和监护人一起训练，填写后续一周或两周的训练情况。

教学提示

▶ 让学生有效利用课程时间，在放松训练或拉伸训练中集思广益。

▶ 用学生的画作，或学生找到的不同训练项目的杂志图片，做一个布告栏。

示范及建议

▶ 提供一份清单给监护人和学生，为行动不便的学生列出可以提供训练

复用图

肌肉力量和肌肉耐力训练日志，每位学生一份

学生用肌肉力量和肌肉耐力训练日志来探索发现课外完成肌肉力量和肌肉耐力训练的频率。

　　计划的校外服务机构（公园娱乐部门，有益健康或有益治疗的娱乐机构）。
▶ 对于发育明显迟缓的学生，用图片代替肌肉力量和肌肉耐力训练日志，这样学生可以圈出自己所完成的或想记下的训练选择。

多样化活动
▶ 用日常物品建立站点，向学生展示在家如何使用这些物品进行训练（比如，将罐装食品放到架子上，将垃圾扫进簸箕，爬台阶或反复爬台阶来模拟爬楼梯）。
▶ 体适能教育计划中指定一天作为家庭开放日，家庭成员和学生一起参加训练。以后在家里也一起完成训练，并形成习惯。

家庭拓展任务
　　这一周中，和学生确认，确保他们完成肌肉力量和肌肉耐力的训练日志。让他们在表上记录其他家庭成员参加训练的情况。鼓励学生继续记录，之后再交回学校。

评估
▶ 让学生说出或写出频率的定义，把他们的日志记录和每周规定应参与肌肉力量和肌肉耐力训练的天数进行对比。
▶ 收集家庭拓展任务表，针对学生参加最多的训练活动开展课堂讨论。

4.7 动物式追逐

初级

强度： 在训练中锻炼肌肉的努力程度。比平常更努力地锻炼肌肉，会让肌肉更强壮、运动时间更长。专门性原则是指特定的运动有助于增强特定的肌肉。

教学目标

▶ 学生能评估运动强度的等级，并就强度等级是否能帮助他们获得肌肉力量和肌肉耐力展开讨论。

▶ 学生能确认哪些肌肉得到训练，并因此获得肌肉力量。

与美国国家标准的关系

▶ 体适能教育标准 2：证实自己了解各种运动项目的理念、规则、策略和战术，并能用于体适能训练的学习和展示过程。

▶ 体适能教育标准 4：达到并维持一定的健康体适能水平。

设备

▶ 用来装所用动物卡的桶，或指定放卡片的区域。

▶ 如果可以，使用动物式沙包。

▶ 计步器（可选），记录步数。

活动流程

选 3~4 个学生当追逐者，其他学生当跑步者。

1. 发给追逐者 3 张动物卡和 1 张"你就是它！"卡。

2. 追逐者抓到跑步者后，给跑步者 1 张动物卡。跑步者必须完成该动物的动作 20 次。跑步者完成动作后，把卡片带到卡片区，然后重返训练活动。

3. 追逐者继续追

复用图

动物卡，每个追逐者 3 张

"你就是它"！卡，每个追逐者 1 张

逐，直到把所有 3 张动物卡都发给其他学生。最后，追逐者把"你就是它！"卡给抓到的跑步者，这个跑步者就变成了新的追逐者。新追逐者必须从卡片区选 3 张动物卡，然后返回去抓其他人。

教学提示

▶ 告诉学生，使用肌肉会让他们变得更强壮。

▶ 很多动物每天使用肌肉，所以肌肉强壮，这也是我们需要学习的地方。

▶ 为增强肌肉，学生必须用比平时更努力的方式来锻炼肌肉——青蛙跳必须跳得更远或更快，熊式走也必须走得更远或更快。

▶ 回顾动物追逐，告诉学生在这项训练中会使用不同的肌肉。课程最后，学生讨论使用了哪些肌肉，以及每种动物行走动作让自己疲劳的程度。

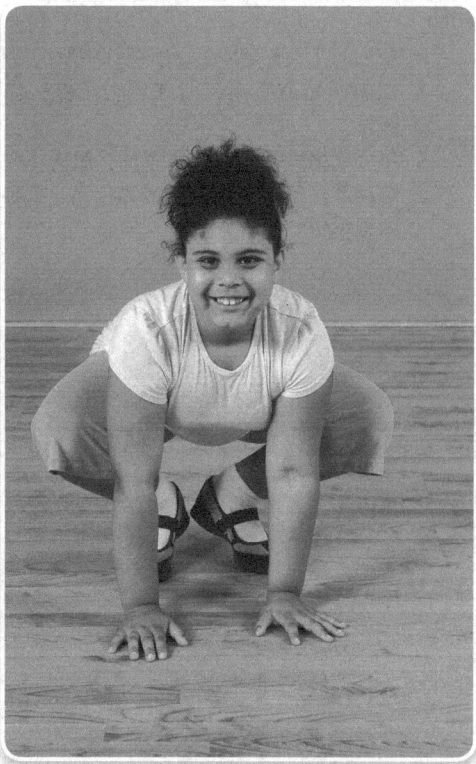

对于学生体验肌肉力量和肌肉耐力的强度来说，动物式运动是一种有趣的方式。

示范及建议

▶ 有特殊需求的学生被抓到时，可以完成可选训练，以适应他们的需求和能力。

▶ 如果追逐者有身体缺陷，那么追逐者在追逐跑步者时，可以用步行代替慢跑，或者说出跑步者的名字，让跑步者跑过来拿动物卡，这样比较适合。

▶ 增加其他类型的动物运动动作，满足学生需求。

多样化活动

▶ 如果有动物式沙包，就用沙包代替卡片。

▶ 计划一个填充玩具动物日，让学生把玩具动物带到课堂上。设计每种动物的行走动作，然后玩游戏。追逐者携带填充玩具动物，把它们传给抓到的人。一轮追逐游戏后，玩具动物放回到动物堆里。

▶ 如果佩戴计步器，学生可以检查训练时完成的步数。讨论强度和有氧体适能。如果学生完成的步数很多，让他们说明为什么会完成这么多。

家庭拓展任务

学生可以在家使用填充玩具动物，选择课堂上没用到的动物的运动动作来继续训练。然后让学生在训练课上发表他们的意见。

评估

向学生说明，强度是在一项训练中肌肉工作的努力程度。向学生提问以下问题。

▶ 你怎样知道肌肉何时在努力工作？你会感觉到身体有哪些信号表明你在努力锻炼？

▶ 每种动物式行走都使用了什么肌肉（先给每种动物行走动作命名，然后提问）？

▶ 哪种动物行走让你觉得最累？完成哪种动物行走可以帮助自己变得更强壮，而且不觉得累？

优胜劣汰课程

4.8

中级

强度： 在训练中锻炼肌肉的努力程度。

教学目标

学生进行肌肉力量和肌肉耐力训练，学习强度的概念，以及身体感知强度的方式。

与美国国家标准的关系

▶ 体适能教育标准 4：达到并维持一定的健康体适能水平。

▶ 体适能教育标准 5：展示有责任的个人行为和社会行为，在体适能训练过程中尊重自己，尊重他人。

设备

根据 6 个站点、5 人一组的组数来决定数量。

▶ 2 个实心球或类似的重物。

▶ 5 个瑞士球（可选）。

▶ 5 个排球或轻排球。

▶ 地面上 2 个梯子或 2 个连在一起的梯子。

▶ 计步器（可选）。

▶ 心率监测器（可选），增加有氧体适能成分。

▶ 地垫。

▶ 秒表。

活动流程

1. 讨论幸存者的定义。提问成为幸存者需要做什么。

2. 告诉学生，他们在参加优胜劣汰训练课程，应在每个站点完成 1 分钟的训练。他们要完成两轮训练。

3. 向学生说明每个站点的训练动作，把学生分为 6 组。

4. 每个站点的训练计时 1 分钟，告诉学生什么时候转移到下一个站点。

复用图

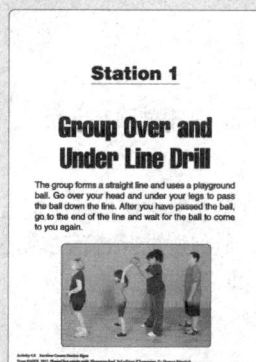

优胜劣汰课程站点标识

我的强度训练表，每位学生一份

教学提示

▶ 和学生讨论强度的定义，以及强度训练的身体信号。强度有哪些身体信号？（答案：呼吸困难、流汗、肌肉劳累、失去注意力，可能还有其他信号。）简要讨论应达到的强度级别。提醒学生，出现这些身体信号是正常现象，因为这意味着肌肉正在变得更强壮。但是如果觉得训练太累太难，也应该告诉教师。

▶ 向学生说明，在再次开始训练前，他们可能需要短暂的休息。但是，他们应该在每个站点里尽可能多且尽可能长时间地锻炼肌肉。提醒学生优胜劣汰训练真的很难坚持到最后！

▶ 如果没有瑞士球，就在地上做俯卧撑（改编的 90 度俯卧撑）或者桥式训练。

▶ 如有需要，辅导他们完成强度等级更高的训练。

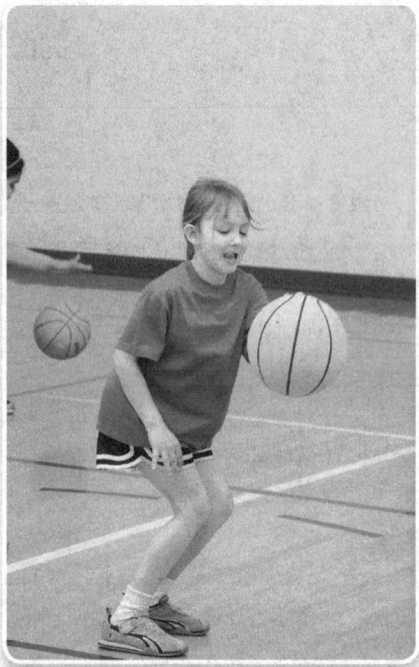

在这项挑战性的循环训练的过程中，学生亲身体验强度，并且尝试坚持到最后成为幸存者。

示范及建议

▶ 训练和设备多样化，以符合学生需求。

▶ 有平衡问题的学生可能会发现，在站点 1 里完成头顶传球更容易。

▶ 行动不便、平衡和力量受限的学生，在站点 2 里应该使用瑞士球做支撑。

▶ 在站点 6 里可以采用直线前进，或者使用间隔更大的斜线条，而不用轻便梯。可以把胶带固定在地面上，用来标识楼梯线。

多样化活动

▶ 增加站点的训练时间。

▶ 改变训练站点的顺序。

▶ 让学生和搭档一起训练，互相鼓励，一起进入更高级别的训练阶段。

家庭拓展任务

给学生分发"我的强度训练表"带回家。课堂上帮助学生设定目标，并确认他们想在家完成的训练。提醒他们，他们所进行的活动就是强度训练，必须训练到感觉非常累为止。学生要记录一周中两天训练的内容。

评估

▶ 绕着训练室四周步行，向个别学生提问强度是什么意思、是否已经把强度应用到所完成的训练中。提问他们如何应用强度。

▶ 提问学生训练时强度的意义和作用，以及强度是如何帮助他们的。

▶ 让学生说出几个在训练时能区分强度等级的身体信号。

健身时间

初级

重复性和时间性原则：重复性指训练是一套完整的动作，一套动作包括固定的重复动作的次数。时间性是指一项训练所需要的时间长短。例如，肌肉力量和肌肉耐力训练所需的时间，可能是指完成成套训练动作所需的时间，再加上其中的休息时间。

教学目标

学生能定义关于肌肉力量和肌肉耐力训练的重复性、成套训练和时间性的概念。

学生能确认肌肉力量与肌肉耐力训练中的重复性部分，成套训练部分，以及单位时间内完成的训练部分。

与美国国家标准的关系

▶ 体适能教育标准 2：证实自己了解各种运动项目的理念、规则、策略和战术，并能用于体适能训练的学习和展示过程。

▶ 体适能教育标准 4：达到并维持一定的健康体适能水平。

设备

▶ 50 个或更多的羊毛球，或其他软的可以扔的物体。

▶ 用来标识投掷线的线绳、圆锥体或胶带。

▶ 10 个呼啦圈。

▶ 欢快的音乐和音乐播放器。

▶ 地垫。

活动流程

1. 将训练室分为两个部分，每部分各有一半学生。学生在训练中不能穿越中间线。

2. 沿着训练室的一侧散放 8~10 个呼啦圈。根据学生的参与能力，确定学生和界线之间的距离（见图 4.2）。

3. 音乐开始，学生完成 10 个俯卧撑。

4. 每位学生捡起一个球，然后走到投掷线旁。

复用图

成套动作、重复性和周期性原则学习表，每位学生一份

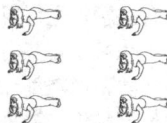

成套动作和重复性图

5. 学生用下手投球方式把球扔进呼啦圈。

6. 扔完球后，返回起跑线，重复训练，完成10个俯卧撑。

7. 所有球都扔进呼啦圈后，音乐停止。学生返回起跑线。

8. 讨论成套训练、重复性和时间性原则。使用成套动作和重复性表，

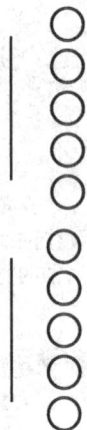

图 4.2　计时锻炼的地面设置

帮助学生理解概念。成套动作是指完成俯卧撑的总数量。重复性是每一轮中完成的数量，共10次；在每套动作之后的休息时间里向上扔球；在此之后，手臂处于休息状态。时间性是指完成训练和扔球所需的时间。每套训练动作之后，安排一个休息期是非常重要的。

9. 学生应该知道，在进行肌肉力量和肌肉耐力训练时，整个训练所花费的时间包括动作练习（重复性训练）的时间和成套训练之后的休息时间。

10. 用不同的动作练习重复整个训练，如仰卧起坐或开合跳。

教学提示

▶ 向学生提问，他们应该怎样努力训练，才能让肌肉更强壮；他们怎样才能知道自己正在努力锻炼（答案：信号之一是肌肉疲劳）。讨论关于增强肌肉力量和肌肉耐力训练的重复性、成套动作和时间性是什么意思。告诉学生，今天他们将要进行一项训练，要用到重复性，而且至少包括两套训练动作，可以让他们的手臂肌肉和腿部肌肉变得更强壮。

▶ 再次使用成套动作和重复性表来帮助学生巩固对概念的理解。

▶ 训练中使用专业术语，以便学生把训练及其定义联系在一起。

▶ 提醒学生，他们连续数次重复练习时，肌肉会变得更强壮。

▶ 所有球都扔完后，停止训练。向学生解释，不是所有学生都要按同样的方式运动。有些学生进行得快，有些学生进行得慢；有些学生可以完成更多的成套动作和重复练习，有些学生则完成得少。提醒他们，每个人都是不同的，要按自己的节奏运动，但是都应该使用合适的运动形式。

▶ 提醒学生，锻炼后肌肉会感觉疲劳，而每个人的感觉也是不同的。肌肉变得强壮后，他们就可以训练更长的时间了。

示范及建议

- ▶ 缩短学生到达投掷线的距离。
- ▶ 减少学生重复练习的数量。
- ▶ 更改练习动作，以适应身体有缺陷的学生的运动能力。
- ▶ 安排其他学生每次捡起两个球，把其中一个给坐轮椅的学生。
- ▶ 对于有平衡问题或移动困难的学生，使用可伸缩的抓物工具来辅助他们捡球。

多样化活动

- ▶ 让学生提供一项练习动作并加以采用。
- ▶ 采用向上投球方式。
- ▶ 对训练计时，了解把所有球扔进呼啦圈里需要多少时间。当所有球都在投掷线之内时，学生可以捡起没有投入呼啦圈的球，将它们扔进呼啦圈里。重复训练，看看是否能持续更长时间。
- ▶ 如果学生使用计步器，可以对比步数，体现出每位学生在训练时都是不同的。提醒他们，锻炼计划也是因人而异的。

家庭拓展任务

　　把成套动作、重复性和时间性原则学习表发给学生。让学生在家和家人一起完成家庭拓展任务表。他们应该共同练习，并对训练计时。完成任务后，学生把表交回学校，并讨论从拓展任务中学到了什么。

评估

- ▶ 向学生提问，为什么成套动作和重复练习很重要（答案：更多的重复练习和成套动作会加强我们的肌肉力量，让我们训练的时间更长）。
- ▶ 让学生定义重复练习，并给出一个训练中使用重复练习的示例。
- ▶ 向学生提问，什么是成套动作。让学生给出一个训练中使用成套动作的示例。
- ▶ 如果学生认为他们在这项训练中做了很多重复练习，则大拇指向上。如果认为没有做很多重复练习，则大拇指朝下。
- ▶ 如果学生认为他们在这项训练中完成了很多成套动作，则大拇指向上。如果认为只完成了几个成套动作，则大拇指朝下。
- ▶ 让学生解说成套动作和重复练习的训练室可视图。
- ▶ 向学生提问，是否知道在这项训练中自己完成了多少轮成套动作。
- ▶ 让学生说出这项训练的时间（答案：时间性是指重复训练之前完成成套动作、重复练习和休息恢复时间的总和）。

4.10 清洁沙滩

初级

专门性原则：指训练类型。每一项训练所使用到的肌肉在运动中都会变得更强壮，但是其他没有用到的肌肉不会得到锻炼。因此锻炼肌肉时，各项训练都是有针对性的。

教学目标

学生能评估各种训练中锻炼的是哪些肌肉群。

与美国国家标准的关系

▶ 体适能教育标准 3：定期参与体适能训练。
▶ 体适能教育标准 4：达到并维持一定的健康体适能水平。

设备

▶ 5 个呼啦圈。
▶ 50 个纱线球、沙包或纸卷成的球。
▶ 海洋的声音或者影片《小美人鱼》里的"海底"音乐。
▶ 滑板（可选）。

活动流程

1. 向学生解说，如果用手臂和腿支撑身体，这些部位的肌肉会变得更强壮。
2. 讲述故事。由于出现事故，成堆的垃圾被扔进海洋。垃圾被海水冲到沙滩上。学生的工作就是清洁沙滩。
3. 让学生沿着墙壁坐下，面向训练室中间的物品。在训练室另一端，或者一段合适的距离外，放置代表垃圾桶的呼啦圈。这种安排要求学生跑动一段距离去捡起垃圾并扔进垃圾桶。
4. 将不同的线球和沙包散放在游戏区域内。
5. 音乐开始，学生以螃蟹姿势走到球（一团垃圾）的旁边，捡起垃圾放在腹部，再送到呼啦圈（垃圾桶）里。
6. 持续重复上述动作，直到收集完所有的垃圾。
7. 选用着重锻炼不同肌肉群的各种运动动作，重复训练。
   • 单脚跳，然后蹲下来捡起垃圾。
   • 受伤的小狗：把两只手和一只脚放在地上，一只脚悬在空中。
   • 兔子跳，绕着训练室跳动，按立定跳远的距离来跳动。
   • 用脚尖或脚后跟走路。

教学提示

▶ 和学生一起回顾专门性的定义。告诉他们，他们要完成不同的运动动作，才能提升特定肌肉的肌肉力量和肌肉耐力。
▶ 训练过程中，让学生注意哪些部位的肌肉会感到疲劳。清洁沙滩后，让他们确认所锻炼的肌肉，并和肌肉力量和肌肉耐力的专门性原则建立联系。

▶ 向学生说明，当他们以螃蟹姿势运动时，必须保持腹部是平的，坐起来才能防止垃圾掉落。这个姿势要求他们最大限度地使用腹肌和臀肌以及手臂力量。

▶ 他们可以一次只传送一团垃圾（要求他们跑到呼啦圈的次数更多）。

示范及建议

▶ 按照肌肉力量的水平，行动不便的学生可以使用伸缩式抓物工具或长曲棍球棒来收集垃圾。

▶ 不能保持螃蟹姿势的学生可以用手臂或腿来推动滑板。

▶ 用长曲棍球棒来收集纸张。

多样化活动

▶ 可使用滑板进行训练：
  • 腹部——短吻鳄式。
  • 手脚着地坐姿——螃蟹式。
  • 一只膝盖在滑板上——受伤的小狗式。

▶ 计时，提高训练强度。

▶ 向学生提问，保护地球是否重要，他们能为保护地球做什么。

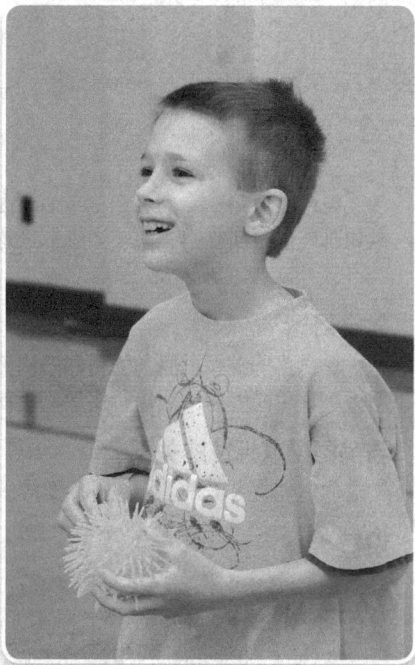

清洁沙滩不仅教给学生训练的专门性原则，而且也是一节保护环境的课程。

家庭拓展任务

▶ 提问学生，在家可以做什么，以便为清洁地球尽一份力。

▶ 鼓励学生捡起看见的小垃圾，因为这样做不仅能保护地球，也能帮助他们更多地使用肌肉并变得更加强壮。下节训练课程时学生反馈报告。

评估

▶ 评估这些问题的答案：在这项训练中锻炼了哪些肌肉？从这些肌肉群和肌肉变得更强壮的角度来说，专门性原则是指什么？

▶ 提出这项训练中没用到的其他运动动作，学生锻炼之后是否可以告诉教师，哪些肌肉变强壮了（如俯卧撑、仰卧起坐）。

4.11

大洗牌

中级

专门性原则：专门性原则或者说是类型，是指所完成的体适能训练类型。在肌肉力量和肌肉耐力训练中，每项训练都锻炼了特定的肌肉。

教学目标

▶ 学生能够根据肌肉力量和肌肉耐力来定义专门性（类型）。
▶ 学生能够列出锻炼特定肌肉群的运动或训练。

与美国国家标准的关系

体适能教育标准 4：达到并维持一定的健康体适能水平。

设备

▶ 一副扑克牌。
▶ 欢快的音乐和音乐播放器（可选）。
▶ 每个训练站点所需的设备；至于附赠资源中提出的训练，需要准备以下装备。
  • 小哑铃。
  • 弹力带。
  • 踏步凳。
  • 地垫。

活动流程

1. 在活动区域的 4 面墙上各贴一张海报作为 4 个站点，海报上有不同的扑克牌花色符号，以及针对不同肌肉群的训练列表。如果是室外训练，则用有槽的圆锥体或其他方式固定海报。利用附赠资源中的海报复用图，或者自己做一份新海报。
2. 分组训练，完成与所选 4 个肌肉群相匹配的各项练习。同时，给学生介绍相应肌肉群的解剖学名称，重点告诉他们训练的正确动作。还应向学生说明，不同的训练锻炼了不同的肌肉群（专门性概念）。
3. 全班分成几个小组，每个小组 2~3 人。
4. 在活动区域放一副扑克牌，拿走扑克里的人头牌（J、Q、K）。让每组学生从扑克牌里抽一张扑克，然后拿着手里的扑克牌跑到与他们所持扑克花色相同的海报位置。

复用图

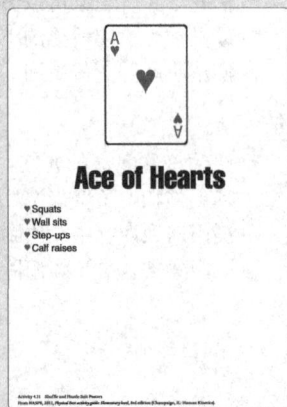

Ace of Hearts

♥ Squats
♥ Wall sits
♥ Step-ups
♥ Calf raises

Activity 4.11 Shuffle and Muscle Suit Posters
From FitnPE, 2011, *Physical best activity guide: Elementary level, 3rd edition* (Champaign, IL: Human Kinetics)

大洗牌花色海报

学生在大洗牌游戏中学会如何锻炼特定的肌肉群。

5. 学生从站点指定的肌肉群里选择特定的肌肉训练，他们手里扑克牌上的数字是多少，就要重复相应次数的训练动作。

6. 学生们回到中心位置，把扑克牌放回桶里，从剩余的扑克牌里重新抽一张。所有扑克牌都抽完时，游戏结束。然后重新洗牌，接着进行第二轮活动，直到学生们达成指定的活动时间或轮次。

教学提示

▶ 寻找超大扑克牌——学生更容易拿在手上，也更容易拢在一起。

▶ 整个训练期间，学生们在训练室四周跑动，以便教师为学生活动提供帮助和反馈意见。告诉学生，他们正在进行的是什么活动，以及活动中他们使用的是什么肌肉群。

示范及建议

▶ 给每个有视觉障碍的学生安排一个同伴，帮助他们安全地往返，并帮他们读出扑克牌上面的数字，完成训练。

▶ 在墙上图表里的文字旁边附加对应的图片，以便那些阅读能力差的学生能更好地理解文字的意思。

多样化活动

▶ 把训练设计为循环方式，站点都准备海报和配套的扑克牌。

▶ 把扑克牌里的人头牌放入整副牌里，作为万能牌。抽到万能牌的学生可以选择任何一个站点，重复 10 次本站点的训练。

家庭拓展任务

让学生找出 4 项训练活动，分别改善上肢和下肢肌肉。这些训练活动，需要他们和同伴一起每周完成 3 次，并报告他们的成果。

评估

▶ 教师指着身上的肌肉群，向学生提问，让他们说出在练习过程中，针对这些肌肉群都完成过哪些训练。

▶ 向学生提问，在大洗牌训练中，他们锻炼的肌肉的名称。

4.12　俯卧撑和仰卧起坐挑战

中级

循序渐进原则：指如何逐渐增加负荷。恰当的循序渐进包括逐渐增加训练频率、强度和时间，或者三者的结合，逐步实现运动水平的提高。

教学目标

当循序渐进原则与肌肉力量和肌肉耐力相联系时，学生能够进一步了解循序渐进的概念，并掌握其运用技巧。

与美国国家标准的关系

- ▶ 体适能教育标准 3：定期参与体适能训练。
- ▶ 体适能教育标准 4：达到并维持一定的健康体适能水平。
- ▶ 健康教育标准 3：学生能够展示自己具有实施促进健康行为、减少健康风险的能力。
- ▶ 健康教育标准 6：学生能够展示自己运用目标设定和决策技巧提升健康的能力。

设备

- ▶ 仰卧起坐训练垫。
- ▶ 地垫。
- ▶ 球。
- ▶ 沙包。
- ▶ 桶。

复用图

俯卧撑挑战海报

仰卧起坐挑战海报

俯卧撑和仰卧起坐挑战日志，每位学生各一份

活动流程

1. 向学生解说循序渐进原
则与频率、强度、时间
和类型的关系。指导学
生完成标准的仰卧起坐
和 90 度俯卧撑动作，确
保动作技巧正确。告诉
学生，每个人都必须在
目前水平的基础上慢慢
增加训练强度，以取得
更好的成绩。提醒大家
互相帮助，共同进步，
而不是相互竞争。

2. 根据美国青少年体质健
康测评系统，让学生在
挑战日志上记录他们目
前所能完成的俯卧撑和

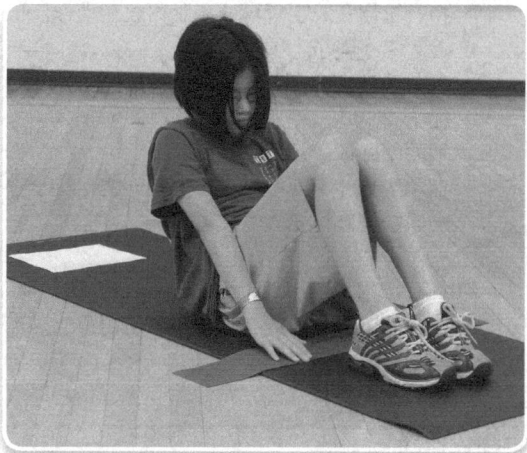

俯卧撑和仰卧起坐挑战，可以让学生们更好地了解循序渐进和逐渐增加负荷的理念。

仰卧起坐次数。教师也可以帮助他们选择一个在后续评测中想达到的合理目标。如果他们近期都没有做过评测，就做一次全班评测，让他们在日志上记录现在完成的动作次数。

3. 向学生介绍俯卧撑挑战海报和仰卧起坐挑战海报上的训练动作。

4. 让学生站在各自的位置，从海报上选择一项俯卧撑，慢慢开始动作，按照指定时间完成训练，或者完成一套重复动作。做完之后，休息一会儿。然后用同样方式继续挑战，完成第二组训练动作，接着再挑战，完成第三组训练动作（根据个人能力）。学生要在日志上记录自己的完成次数——记下选择的挑战次数和完成的总次数。

5. 重复步骤 3，换成仰卧起坐挑战。

6. 把学生分成几个组，给他们分配课外挑战任务。在后续两周内，每周完成 3 次间断性的挑战任务，并在日志里记下次数（第一周第一天的挑战任务要在课内完成）。之后，他们以达到或超过课堂内的动作次数作为挑战目标。

7. 两周结束后，让学生把完成的日志带到学校，再次实施美国青少年体质健康测评中俯卧撑和仰卧起坐的评测，并在日志上记下他们完成的次数。

教学提示

▶ 回顾锻炼的概念，即重复训练 + 成套训练 = 锻炼。

▶ 如果每周有至少 3 节训练课，那么挑战次数和日志可以在课内完成。

▶ 确认校外看护人能够为学生提供场地、时间和其他帮助，以便学生可以完成他们的训练和日志。

▶ 强化循序渐进的概念，整个学年期间，定期让学生训练，并对比日志记录的变化。

示范及建议

俯卧撑动作变化或替换动作如下。

> ▶ 持有重物完成手臂弯曲和肌肉收缩动作。
> ▶ 捡起绑在绳子上的重物。
> ▶ 腕关节弯曲，抓住绑有绳子和重物的棍棒；或只靠腕关节活动，在棍棒上缠绕绳子。
> ▶ 墙面俯卧撑。
> ▶ 在学生身体下面放一个小的楔形物，让学生保持静止的俯卧撑姿势，训练他们学会保持俯卧撑姿势的技巧。

仰卧起坐动作变化如下。

> ▶ 坐姿仰卧起坐。如有需要，可使用重物。也可以从一侧扭到另一侧。
> ▶ 让同伴抱住自己的脚。
> ▶ 手臂放在身体两侧完成仰卧起坐，坐起时双手摸到脚后跟。

多样化活动

学生熟悉各种类型的俯卧撑和仰卧起坐训练之后，教师从挑战海报上选择训练动作，在训练站点之间制定一条循环训练路线，让学生可以交替完成各类俯卧撑和仰卧起坐训练动作。在俯卧撑站点张贴俯卧撑挑战海报，在仰卧起坐站点张贴仰卧起坐挑战海报，这样学生可以参照并选择海报上的训练动作。学生可以按照顺时针方向从一个站点到另外一个站点，用正确的姿势完成一套各类俯卧撑和仰卧起坐的动作。每个站点的动作可以重复 10 次。训练过程中，可以播放背景音乐。

家庭拓展任务

让学生至少自编 3 种不同姿势的俯卧撑和仰卧起坐动作。要求他们记下这些姿势，并在课堂上和其他同学一起做。学生要用俯卧撑和仰卧起坐挑战日志来记录他们的完成次数。

评估

> ▶ 收集俯卧撑和仰卧起坐挑战日志，评估学生完成挑战的次数和时间。
> ▶ 向学生提问，要求他们按照健康体适能和 FITT 原则说出循序渐进原则的意义。
> ▶ 全体讨论取得进步的原因。例如，有的学生认为，训练帮助他们在评测中取得了进步。另外，讨论没有进步的原因。例如，有的学生认为，训练时某些时候比其他时候自我感觉更好更强壮，或者刚开始挑战时进步比较大，表现比较好；取得进步需要坚持更长的时间；所确定的挑战目标不合理，没有提供足够的训练强度；等等。

4.13　稳中求进

中级

循序渐进原则：指如何逐渐增加负荷。恰当的循序渐进包括逐渐增加训练频率、强度和时间，或者三者的结合，逐步实现运动水平的提高。

教学目标

当循序渐进原则与肌肉力量和肌肉耐力相联系时，学生能够进一步了解循序渐进的概念，并掌握其运用技巧。

与美国国家标准的关系

▶ 体适能教育标准 3：定期参与体适能训练。
▶ 健康教育标准 3：学生能够展示自己具有实施促进健康行为、减少健康风险的能力。

设备

▶ 每个学生分配一个瑞士球（可供选择的设备，请参照示范及建议，以及多样化活动部分的内容）。
▶ 快节奏音乐和音乐播放器。

复用图

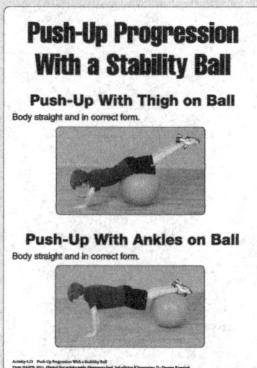

稳中求进，用瑞士球做俯卧撑进阶训练

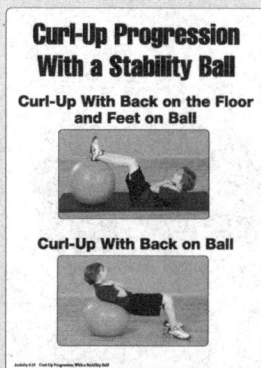

稳中求进，用瑞士球做仰卧起坐进阶训练

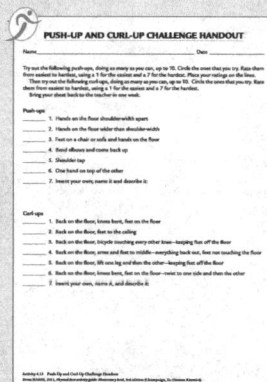

俯卧撑和仰卧起坐挑战手册，每位学生一份。即使没有瑞士球，学生可以把这份手册带回家，作为家庭拓展任务。因为，如有需要，这些训练不用瑞士球也可以完成

▶ 地垫。

活动流程

1. 教师演示或者让学生演示每组俯卧撑的动作姿势。
2. 第一组俯卧撑：把大腿放在瑞士球上，做一个简单的俯卧撑。让学生保持姿势，尽可能完成 10 次。
3. 第二组俯卧撑：把脚踝放在瑞士球上。让学生保持姿势，尽可能完成 10 次。
4. 第三组俯卧撑：双手放在瑞士球上，双脚放在地上。让学生尽可能完成 10 次。
5. 在保持正确姿势的前提下，让每个学生选一组对自己最有挑战难度的俯卧撑动作。
6. 音乐开始，学生沿着训练室四周慢跑，带着瑞士球。
7. 音乐停止，学生选择一组俯卧撑动作，以正确的姿势完成 10 次。
8. 音乐开始，学生在训练室四周慢跑运球。
9. 音乐停止，再次完成他们自己选择的难度较大的俯卧撑动作。
10. 音乐开始，学生在训练室四周慢跑运球。
11. 所有学生停止，再次一起完成难度较大的俯卧撑动作。

教学提示

▶ 学生开始训练前，一起讨论以下内容。
- 为什么俯卧撑动作有难有易。
- 为什么他们想挑战一些有难度的训练动作；超负荷原则在力量训练中的重要作用，而强度是影响超负荷的因素之一。

▶ 观察学生的训练。指导他们达到这项训练所需的水平。

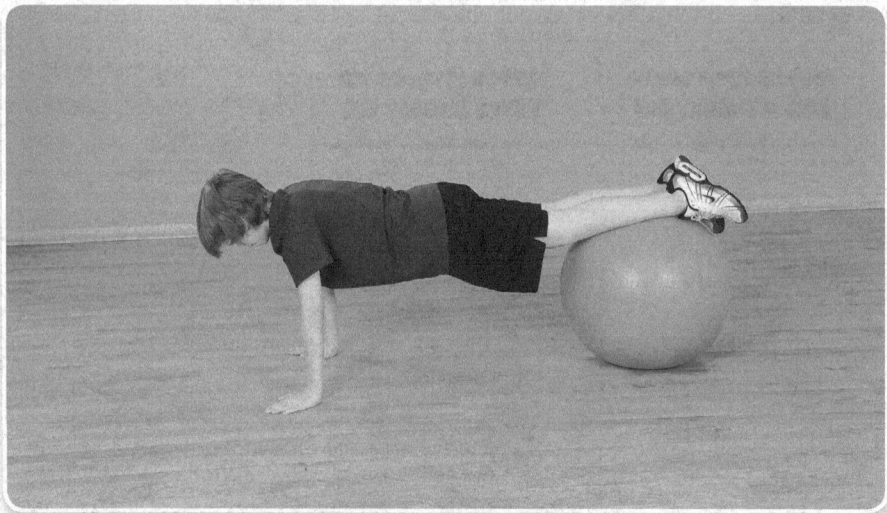

使用瑞士球可以帮助学生增加特定肌肉群的负荷。学生训练时，借助瑞士球完成各种动作姿势，可以提高训练强度，并达到循序渐进的目的。

示范及建议

▶ 坐在轮椅上的学生可以用沙袋当作哑铃，或者根据他们的能力，使用不同重量的实心球。这种训练方法不但可以锻炼手臂肌肉的力量，还和瑞士球一样具有多种用途。

▶ 对于肌肉力量和肌肉耐力较弱的学生，可以在他们胸前或腹部位置下方放一个小的楔形物。为了达到循序渐进的目的，慢慢移动楔形物，逐次减少支持，直到学生不再需要楔形物。

多样化活动

▶ 重复前面的训练模式，改用海报上循序渐进的仰卧起坐训练动作。放置地垫，循序渐进地完成仰卧起坐训练。

▶ 如果瑞士球的数量不够，可以把学生分成几组，部分学生先用瑞士球完成训练，另一部分学生在地垫上完成训练。运球的时候，同伴应该帮忙来回传球。

家庭拓展任务

给学生分发俯卧撑和仰卧起坐挑战表，让学生在家里完成训练。学生按照从易到难的顺序完成动作。

评估

▶ 让学生举例说明他们在训练过程中如何运用超负荷原则完成训练，或者如何增加训练难度。

▶ 让学生举例说明其他训练方式中，他们如何改变训练的难易程度。

▶ 让学生说出增加肌肉负荷的各种训练方式，并列出各种指标，表明他们在运用超负荷原则锻炼肌肉。

4.14 下肢挑战

初级和中级

专门性原则：专门性原则是指如果一个人想提升肌肉力量，必须在练习和训练时使用特定的肌肉。超负荷原则是指想要让肌肉更强壮、耐力更久，必须采用比平时难度更高的训练等级。

教学目标

▶ 学生能确认有助于提升特定肌肉力量的特定训练。
▶ 学生能讨论如何运用超负荷原则来提升肌肉力量和肌肉耐力（包括各种重量或重复练习，或者改变训练方式）。

与美国国家标准的关系

▶ 体适能教育标准 2：证实自己了解各种运动项目的理念、规则、策略和战术，并能用于体适能训练的学习和展示过程。
▶ 体适能教育标准 4：达到并维持一定的健康体适能水平。

复用图

下肢挑战：站点设定和应用的教师指南

下肢挑战 1 级站点标识

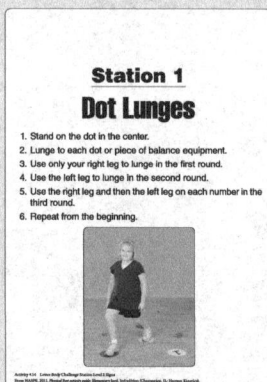

下肢挑战 2 级站点标识

设备

按照 26 位儿童的标准准备，需要的设备大致如下。

- ▶ 8 个圆锥体。
- ▶ 10 个游乐场球。
- ▶ 6 根低栏。
- ▶ 4 个平衡圆拱（波速球）、天平、堆在一起的垫子、台阶或箱子。
- ▶ 4 个呼啦圈。
- ▶ 6 个瑞士球或游乐场球。
- ▶ 6 个足球。
- ▶ 一些塑料片、圆垫或胶带，用于标识训练点。
- ▶ 6 根跳绳。
- ▶ 更高等级训练需要的 6 个轻实心球。
- ▶ 快节奏的动感音乐和音乐播放器。
- ▶ 秒表。
- ▶ 地垫。
- ▶ 计步器（可选）。

活动流程

1. 按顺时针方向沿着训练室设置站点。使用"下肢挑战：站点设定和应用的教师指南"，或利用复用图设置站点，确认不同站点所需的设备，提供完成各种训练所需的其他信息。
2. 与学生讨论肌肉强壮的重要性，并让他们说出自己哪些肌肉需要变强壮。
3. 讨论肌肉体适能循环训练的理念，特别关注上肢肌肉和下肢肌肉。身体的下肢由哪些部分组成？讨论下肢强壮的重要性，并列出部分肌肉名称。
4. 在课程中说明，学生将要练习并完成有助于锻炼下肢特定肌肉的几项练习。当我们指定了特定的肌肉并完成练习，以便它们变得更强壮时，即为使用了专门性原则。举例说明。
5. 向学生提问，除了直接锻炼他们想增强的特定肌肉，还有什么其他办法可以强健肌肉。讨论超负荷原则。另外，训练后的肌肉需要适当的休息，这样肌肉才能得以恢复，从而完成强度更大的训练活动。训练期间，学生在各个站点进行肌肉体适能训练后，需要放松。放松时，锻炼过的肌肉得到了休息，学生也可以锻炼其他肌肉来完成体适能训练。
6. 给学生展示循环站点标识，并指出每个站点的标识包含一种肌肉体适能训练和一次放松活动。在每个站点指导教学，并让学生完成每项活动。
7. 告诉学生，在每个站点会有 30 秒的时间完成各项训练。如果他们无法连续完成，中途可以稍作休息，然后再继续。
8. 告诉学生，不管什么时候，音乐响起时，就要按照站点上的标识进行训练。先随音乐完成 30 秒的肌肉体适能训练，然后音乐停止。音乐再次响起时，开始放松活动。音乐第二次停止时，学生们需要把所有的设备都放回合适的位置，然后快速跑到下一个站点。当音乐又一次响起时，准备完成下一个站点的肌肉体适能训练。
9. 让学生在训练室四周进行健步走、慢跑或高抬腿等热身运动。

10. 把学生分成几个小组，让他们跑到指定站点，确认路线卡和音乐响起时要完成的肌肉体适能训练。

11. 音乐响起，学生在各站点完成肌肉体适能训练；音乐停止，他们放下设备，准备放松活动。音乐再次响起，完成 30 秒的放松活动。音乐再次停止，学生转移到下一个站点，准备下一项肌肉体适能训练。幼儿园到 2 年级的学生，音乐播放时间，即训练时间持续 30 秒，3~5 年级的学生，音乐播放时间持续 30~60 秒。

教学提示

▶ 确保学生理解所有训练的正确动作姿势，训练期间，始终关注他们的动作。如果有些学生不能用所选的设备完成正确的训练动作，可以换用轻一点的设备，采用不同类型的动作，或休息一下再开始。

▶ 沿着训练室走动，鼓励学生以最佳状态完成训练，确保超负荷地训练肌肉。

▶ 不需要把所有站点都安排在一个区域里，根据学生完成训练和使用特定设备的相关经验，其他站点可被替换。

▶ 可以把线路上的两个站点合并为一个站点，允许学生自己选择要做的练习。

▶ 如果时间足够，可进行 2~3 个回合的训练。

示范及建议

▶ 在各个站点放置各种不同尺寸、不同型号的设备。

▶ 休息期间，行动不便的学生可以使用手心朝上手臂划大圈，或其他重点训练手臂肌肉力量的运动，帮助他们在日常生活中进行锻炼。

多样化活动

▶ 每节课从完成少数几个站点的训练开始，学生学会每项运动的正确方式后，再逐渐增加更多的训练。

▶ 对于能力较强的学生，可以根据高级训练（级别 2）列表加大负荷完成训练。但是对于学习能力较弱的学生，训练应先保持在等级 1，然后根据实际情况慢慢增加训练级别，即使他们的年龄变大了。必须强调，正确的姿势比训练次数更加重要。

家庭拓展任务

鼓励学生从他们今天完成的训练中选择两项，在家里锻炼他们的下肢，每隔一天完成两项训练，坚持一周。鼓励他们每天至少增加一次或两次重复动作，或者延长训练时间，循序渐进地锻炼肌肉，让肌肉更强壮。

评估

▶ 举起每个站点标识，向学生提问：该站点训练动作锻炼的是哪些特定身体部位的肌肉？此训练是上肢力量训练，还是下肢力量训练，还是两者都是，为什么？

▶ 让学生说出他们可以完成的、有助于强健肌肉的两种方式。（答案：用特定练习锻炼指定的肌肉，比平常更努力地锻炼。）

▶ 让学生说出专门性原则对于锻炼的意义。

▶ 让学生说出肌肉超负荷训练的含义。提问，如何超负荷训练肌肉？超负荷的感觉怎样？

▶ 让学生指出今天锻炼的下肢肌肉。看看他们能否说出为锻炼肌肉完成的训练名称。

上肢挑战

4.15

初级和中级

专门性原则：指如果一个人想提升肌肉力量，必须在练习和训练时使用特定的肌肉。超负荷原则是指想要让肌肉更强壮、耐力更久，必须采用于比平时难度更高的训练等级。

教学目标

▶ 学生能确认有助于提升特定肌肉力量的特定训练。
▶ 学生能讨论如何运用超负荷原则来提升肌肉力量和肌肉耐力（各种重量或重复练习，或者改变训练方式）。

与美国国家标准的关系

▶ 体适能教育标准 2：证实自己了解各种运动项目的理念、规则、策略和战术，并能用于体适能训练的学习和展示过程。
▶ 体适能教育标准 4：达到并维持一定的健康体适能水平。

复用图

上肢挑战：站点设定和应用的教师指南

上肢挑战 1 级站点标识

上肢挑战 2 级站点标识

设备

按照 26 位儿童的标准准备，需要的设备大致如下。

▶ 18 个游乐场球。

▶ 4 个平衡圆拱（波速球）或一堆小垫子。

▶ 呼啦圈。

▶ 6 个瑞士球或游乐场球。

▶ 一些塑料片、圆垫或胶带，用来标识训练点。

▶ 6 根跳绳。

▶ 更高等级的训练需要的 6 个实心球（可选）和 8 条阻力带（可选）。

▶ 快速、欢快的音乐和音乐播放器。

▶ 秒表。

▶ 地垫。

活动流程

1. 按顺时针方向沿着训练室四周设置站点。使用"上肢挑战：站点设定和应用的教师指南"或复用图设置站点，确认不同站点所需的设备，提供完成各项训练的其他信息。

2. 与学生讨论拥有强健肌肉力量的重要性，让他们说出自己认为哪些肌肉需要变得更强壮，为什么。

3. 讨论肌肉体适能循环训练的理念，特别关注上肢肌肉和下肢肌肉。身体的上肢由哪些部分组成？讨论上肢强壮的重要性，并列出部分肌肉名称。

4. 在课程中说明，学生将要练习并完成有助于锻炼上肢特定肌肉的几项练习。当我们指定了特定的肌肉并完成练习，以便它们变得更强壮时，即为使用了专门性原则。举例说明。

5. 向学生提问，除了直接锻炼他们想增强的特定肌肉，还有什么其他办法可以强健肌肉。讨论超负荷原则。另外，训练后的肌肉需要适当的休息，这样肌肉才能得以恢复，从而完成强度更大的训练活动。训练期间，学生在各个站点进行肌肉体适能训练后，需要放松。放松时，锻炼过的肌肉得到了休息，学生也可以锻炼其他肌肉以完成体适能训练。

6. 给学生展示循环站点标识，在每个站点指导学生学习要完成的练习和训练，并让学生完成练习。告诉学生，在每个站点会有 30 秒时间完成各项训练。如果他们无法连续完成，中途可以稍作休息，然后再继续。

7. 让学生从一般的热身运动开始，不仅包括全身有氧训练，还包括一些上肢运动，比如开合跳、模拟拳击和贴身抱。

8. 把学生分成同等人数的小组，各组站在不同的站点。播放音乐，学生开始训练。音乐停止，学生查看标识，确认要完成哪种放松运动。音乐再次响起，开始这项放松运动，直到音乐再次停止。然后转移到下一个站点。

教学提示

- ▶ 确保学生理解所有训练的正确动作姿势,训练期间,始终关注他们的动作。如果有些学生不能用所选的设备完成正确的训练动作,可以换用轻一点的设备,采用不同类型的运动,或休息一下再开始。
- ▶ 沿着训练室走动,鼓励学生以最佳状态完成训练,确保超负荷地训练肌肉。
- ▶ 不需要把所有站点都安排在一个区域里,根据学生完成训练和使用特定设备的经验,其他站点可被替换。
- ▶ 可以把线路上的两个站点合并为一个站点,允许学生自己选择要做的练习。

示范及建议

- ▶ 在各站点使用不同大小、不同数量的设备,学生可以投球和举球。
- ▶ 休息期间,行动不便的学生可以使用手心朝上手臂划大圈,或其他重点训练手臂肌肉力量的运动,帮助他们在日常生活中进行锻炼。

上肢挑战训练中,学生进行能提升上肢力量和耐力的训练。

多样化活动

- ▶ 为了提高或降低训练的难度,学生可以使用其他替代方式来完成站点标识上注明的训练。
- ▶ 每节课从完成少数几个站点的训练开始,学生学会每项运动的正确方式后,再逐渐增加更多的训练。
- ▶ 对于能力较强的学生,可以根据高级训练(等级2)列表加大负荷进行训练。但是对于学习能力较弱的学生,训练应先保持在等级1,然后根据实际情况慢慢增加训练级别,即使他们的年龄变大了。

家庭拓展任务

鼓励学生从他们今天完成的训练中选择两项,在家里锻炼他们的上肢,每隔一天完成两项训练,坚持一周。鼓励他们每天至少增加一次或两次重复动作,或者延长训练时间,循序渐进地锻炼肌肉,让肌肉更强壮。

评估

▶ 举起每个站点标识，向学生提问，该站点训练动作锻炼的是哪些特定身体部位的肌肉。提问此训练是上肢力量训练还是下肢力量训练，或是两者都是，为什么？

▶ 让学生说出他们可以完成的、有助于强健肌肉的两种方式。（答案：用特定练习锻炼指定的肌肉，比平常更努力地锻炼。）

▶ 让学生说出专门性原则对于锻炼的意义。

▶ 让学生说出肌肉超负荷训练的意思。提问如何超负荷训练肌肉，超负荷的感觉怎样？

▶ 让学生指出今天锻炼的上肢肌肉。看看他们能否说出为锻炼肌肉完成的训练名称。

肌肉力量和肌肉耐力 FITT 日志

4.16

中级

循序渐进原则：指一个人如何逐渐增加负荷。恰当的循序渐进指训练级别有控制地逐步增加，包括逐渐增加训练频率、强度、时间和类型，或者 4 种要素相结合。

教学目标

▶ 学生学习并应用循序渐进原则和超负荷原则。

▶ 学生通过完成 FITT 日志和 FITT 日志计划表，学习并应用肌肉力量和肌肉耐力训练的循序渐进原则和超负荷原则。

与美国国家标准的关系

▶ 体适能教育标准 3：定期参与体适能训练。

▶ 体适能教育标准 4：达到并维持一定的健康体适能水平。

▶ 健康教育标准 3：学生能够展示自己具有实施促进健康行为、减少健康风险的能力。

设备

每位学生一支铅笔。

活动流程

1. 简要回顾 FITT 相关术语的定义——频率（多经常）、强度（多努力）、时间（多久）和类型（哪种训练）。

2. 让学生简单举例说明之前的健康体适能训练课程中，如何把 FITT 指南运用于肌肉力量和肌肉耐力训练中。

3. 分享循序渐进原则和超负荷原则的概念。

4. 每位学生分发一份空白的 FITT 日志。回顾各种类型的训练，以及是如何关联 FITT 每个方面的。

5. 让班里同学分享自己喜欢的肌肉训练，告诉他们选择一项，写在日志里。

6. 让每位学生在 FITT 日志上圈出肌肉力量和肌肉耐力，指出

复用图

FITT 日志，每位学生一份

FITT 日志计划表，每位学生一份

正在进行的训练类型。也让他们在日志上写下自己的姓名。

7. 让学生记录一周内课外完成的肌肉力量和肌肉耐力体适能训练。

8. 让学生完成第 1 周的 FITT 日志和 FITT 日志计划表。

9. 指导学生设定循序渐进原则和超负荷原则的目标，并写在日志计划表上。

10. 每周周末，和班里同学会面，讨论他们的进步，并设定新目标。

教学提示

▶ 每次班会上对学生的记录过程进行提问。

▶ 如果需要，要求监护人签字，鼓励监护人参与。

▶ 让学生在开放式房间里展示家庭训练方式。

▶ 让校外看护人为学生提供空间、时间和其他支持，并把信息填写到学生的日志中。

▶ 将体适能训练计划中的肌肉力量和肌肉耐力评测和这项训练联系起来。

示范及建议

使用备选训练帮助有特殊情况的同学，满足他们的需求和能力。可以参考本章之前所建议的改变训练的方式，为那些因安全性或空间限制必须待在室内的学生提供建议，或帮助学生设计出适合他们的训练方式。

多样化活动

▶ 让学生把日志留在学校，在训练课程开始时填写。

▶ 让学生在课堂上完成一些肌肉力量和肌肉耐力训练。让他们讨论，课外完成了哪些训练使用了和课堂训练一样的肌肉。

家庭拓展任务

此训练本身就是家庭拓展任务。

评估

一个月后，和学生一起回顾他们的记录，让他们通过回答以下问题写下获得的经验：

▶ 能否通过一个月的课程，安全地让强度达到更高等级，每周更频繁地训练，或者完成每项训练的时间是否更多？你做出了哪些调整？

▶ 如果能做出调整，调整又是如何影响你的肌肉适能的？

▶ 如果没有做出调整，将来能做些什么变化？

要意识到很多因素，比如孩子最初的体适能水平和参与训练的程度（如果已经达到高级水平，孩子可能因而进步不大），以及其他可能影响这些问题答案的个人因素。一定记住，应该关注评测，它既可作为一种教学方式，又能巩固循序渐进原则和超负荷原则的概念。

柔韧性

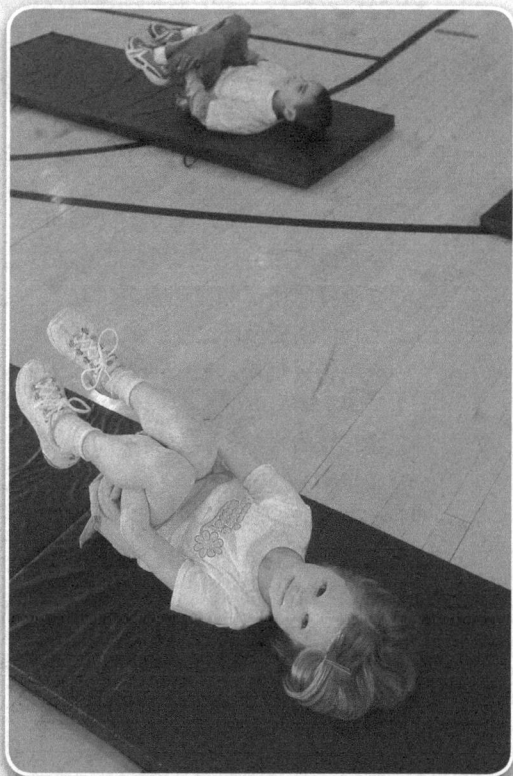

柔韧性是指关节在允许活动的全部范围内的活动能力。儿童可以通过回答一个问题："你能弯曲、拉伸、扭动到什么程度"，来初步了解柔韧性概念。柔韧性训练的目标，是培养并维持正常的关节活动能力。记住，运动过多或过少，都容易让人受伤。

柔韧性可以实现很多益处。

▶ 减弱肌肉紧张度，提高松弛度（我可以睡得更好）。
▶ 运动更轻松（我可以更轻松地运动）。
▶ 改善协调性（运动或舞蹈中我可以做得更好）。
▶ 增加活动度（我可以以多种姿势弯曲、拉伸和扭动）。
▶ 减少受伤风险（我可以安全地运动）。
▶ 身体意识和体态姿势更好（我可以站得笔直）。
▶ 改善身体循环和呼吸系统的功能（我可以更轻松地呼吸）。
▶ 更顺畅更轻松地收缩肌肉（我的肌肉工作得更好）。
▶ 减轻肌肉疼痛（我努力运动后疼痛缓解）。
▶ 可预防后背疼痛和其他脊柱问题（我可以整个早上坐着做事而不觉得背部疼痛）。
▶ 改善个人外表和自我形象（自我感觉很好）。
▶ 培养、维持、提升运动技能（我可以完成各种训练）。

柔韧性的定义

柔韧性是关节在全部运动范围内，在各个方向自由运动的能力。柔韧性的两种类型（静态和动态）和拉伸性的四种类型（静态、主动、本体感觉神经肌肉促进和被动）都可用于促进关节的柔韧性和改善关节的活动度。

▶ 静态柔韧性，关节的运动量，受限于个人对拉伸的容忍度。
▶ 动态（运动）柔韧性，个人完成拉伸动作时，原来松弛的肌肉增加紧张度的速度（Knudson et al., 2000）。
▶ 静态拉伸，肌肉缓慢且持续10秒到30秒的拉伸，此时肌肉刚刚感到轻度的不适和想要恢复原状（或者只是维持在一个感到轻度不适的状态）。静态拉伸时，肌肉通过关节的活动度而逐渐拉长（Hoegers & Hoegers, 2010）。
▶ 主动的静态拉伸，参与者主动提供了拉伸的力量（比如，坐位体前屈动作、人体前倾，并到达尽可能远的位置）。
▶ 被动的静态拉伸，让其他人、同伴、重物或者工具提供拉伸的力量。
▶ 本体感觉神经肌肉促进技术（英文名称PNF），是一种综合使用主动和被动拉伸技术的静态拉伸。PNF是一种"利用反射和神经肌肉原理，来放松被拉伸的肌肉的拉伸模式"（Hoegers & Hoegers, 2010, p.267）。PNF技术通常被描述为"收缩、放松、拉伸"。想要拉伸的肌肉首先因同伴或重物施加的阻力而收缩，然后放松。最后，用前面描述的被动拉伸技术来拉伸最初收缩和放松的肌肉。6~10岁的儿童不宜完成这类拉伸。因此，在小学阶段时，应聚焦于主动的静态拉伸，而不是动态（运动）拉伸。另外，处于这个水平的儿童，还没有准备好和同伴一起训练或者完成 PNF 练习，以便提高柔韧性。

柔韧性教学指南

在健康体适能的所有领域里，一定要在教授柔韧性概念时，应用训练原则（循序渐进、超负荷、专门性、规律性、和个性化原则）。在提高柔韧性的过程中，FITT 指南（见表 5.1）也发挥了关键作用。应用训练原则和 FITT 指南时，注意影响柔韧性的各个因素，教师可能会发现柔韧性得到改善，也可能不会。

根据霍格等（Hoger, 2010）的研究，肌肉柔韧性主要和遗传因素和体适能训练有关。影响柔韧性的因素包括以下几个方面。

- ▶ 不能定期坚持拉伸训练。
- ▶ 肌肉温度——提高温度能使肌肉组织变得更加柔韧，从而促进拉伸。
- ▶ 性别和年龄（Knudson et al.,

2000）——女性一般比男性更柔韧，但是随着年龄增加，柔韧性和活动度会逐渐减弱，除非进行适当的拉伸运动。

- ▶ 组织干扰（Hoeger & Hoeger, 2010）——肌肉关节周围多余的脂肪组织和损伤的组织会阻碍活动度。
- ▶ 肌肉张力——放松的肌肉可以拉伸得更远，因为拉伸反射没有被激活。
- ▶ 主动活动中，协调能力和力量不足可能会引发失衡和受伤。
- ▶ 疼痛会增加软组织的紧密性，因为拉伸反射被激活。因此，拉伸时应避免疼痛，拉伸到轻微不适的程度即可。
- ▶ 热身或放松温度不当（Hoeger & Hoeger, 2010）——理想状态下，拉伸前应进行全身热身运动。低等级的有氧训练可以提高心率，引发出汗、呼吸加剧，拉伸前至少保持这个状态 5~10 分钟。
- ▶ 某些疾病（Blanchard, 1999）或者身体条件，如关节炎、损伤、过去受伤的疤痕组织、脑瘫，以及关节结构或骨骼形状（Hoeger & Hoeger, 2010）。

表 5.1　柔韧性的 FITT 原则

项目	内容
频率	至少每周 3 次，最好每天训练，先全身热身提高肌肉温度，之后开始训练
强度	肌肉缓慢拉伸到轻微不适和想要恢复原状的程度
时间	每块肌肉或每组肌肉群完成 4~5 次拉伸，每次拉伸持续 10~30 秒，拉伸前都要适当热身
类型	学生比较喜欢做的拉伸，是针对所有肌肉或肌肉群的缓慢的静态拉伸

注意：虽然建议维持时间是 10~30 秒，但是优秀的学生可维持拉伸长达 60 秒。
源自：ACSM 2001.

柔韧性训练方法

选择各种柔韧性练习及方式来教授柔韧性概念，可以在日复一日地完成同样的拉伸训练时，避免学生感到单调枯燥乏味。向学生解说课堂上所完成的柔性训练，及其与教程中体适能效果评测部分所需完成的背部防护坐位体前屈和肩膀拉伸测试（美国青少年体质健康测评系统）的关系。教师在教授柔韧性概念时，要强调安全和适当的技巧。热身运动后的肌肉要比没有热身的肌肉拉伸得更长，也更安全，所以学生在拉伸相应的身体部位前，应先进行充分的热身运动。学生拉伸时，应动作缓慢，控制运动程度，每次拉伸到轻微不适的位置即可（可能会有想恢复原状的感觉），持续 10~30 秒。每次拉伸都保持在轻微不适或想恢复原状的状态，确保正确应用超负荷原则。

其他安全性预防措施如下。

▶ 避免锁定任何关节（保持膝盖、关节放松柔软）。
▶ 不要过度拉伸关节（注意拉伸过程中感知的紧张程度）。
▶ 颈部或脊椎永远不要拉伸得太过。
▶ 不要进行动态拉伸（这是专门用于中学生和成人有控制的体育专项训练）。
▶ 确保在拉伸前进行热身运动，提升肌肉温度。只有在热身运动之后，拉伸训练才能提升活动范围和拉伸长度。理想的热身运动是 5~10 分钟的低级全身性有氧训练。在完成最活跃的训练课程之后，拉伸训练提升活动范围的效果特别显著。

▶ 应由受过培训的专业保健人员对过度运动的学生进行检查。

除了这些安全预防措施，应该了解《体适能训练教师指导（第 3 版）》里提到的一些不切实际的练习或禁忌练习。

柔韧性是健康体适能的一个重要成分，所以应抵制懒惰的诱惑，不能减少热身运动和放松运动。接下来的训练提供了许多机会，把柔韧性作为训练课程的重点内容，并且增加了热身运动和放松运动的多样性。

通过柔韧性训练提升运动技能

正常的、完全的活动范围（range of motion，ROM）对于学习和提升运动技能至关重要，活动范围不好的学生，难以掌握其他同学能够轻松学习或完成的普通运动技能，这时就需要应用专门性原则。例如，如果学生想在足球运动中完成一个凌空踢球动作或踢出一个高球，就必须具有良好的腿部柔韧性。良好的柔韧性可以促进运动技能的提升。无论是正常学生，还是行动不便的学生，体适能训练都是提升运动技能的一个完美的领域。学生的运动技能高低不同，还有的学生存在身体缺陷或智力问题，训练课程应该给所有学生提供提升其体育技能和成功的机会。如果学生的问题较为严重，教师可以联系体适能教育的专业人士寻求帮助，开发个性化的教学计划。学生了解了柔韧性和正在参与的体适能训练之间的联系后，会更加愿意并坚持参加能提升柔韧性的训练，并把它作为一种生活方式。简单而言，教师应创设一种深刻的有关柔韧性需求的意识。

柔韧性简报

采用柔韧性简报（见图 5.1），可以介绍、巩固和拓展一些隐含在提升和保持良好的柔韧性背后的理念。可以采用的方式如下。

▶ 把简报发回学生家，在注重柔韧性训练的小型教学单元中，作为监护人参与训练的工具。

▶ 简报有助于教师把柔韧性当作"月健康体适能成分"的一项特色。

▶ 推荐一个运动理念作为整个团体的目标任务。让学生们选一项课外运动，在下周完成。学生应该通过日志、日记、有监护人签名的简报或其他方式报告自己的进展。

▶ 确认和增加学生参与校外训练和校内训练的时间。

▶ 通过课堂训练，在学生之中发现善于观察理解，又能促进他人一起学习的学生。

▶ 用简报作为模板或起点，自己设计一份有特色的简报，并根据学生的需求进行具体的调整。

在某种程度上，自如地运用柔韧性简报，有助于教师针对有特殊需要的学生和监护人实施更有效的教学。见表 5.2。

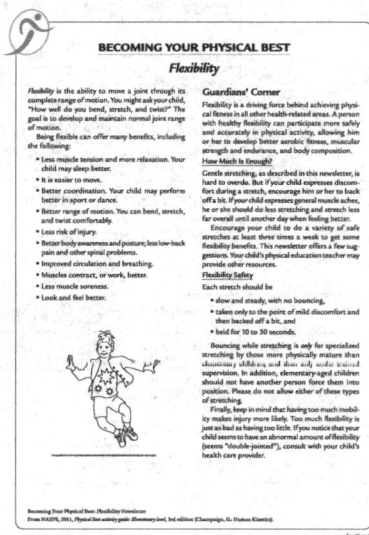

图 5.1 培养属于自己的最佳体适能：柔韧性简报

表 5.2 第 5 章训练项目列表

训练编号	训练名称	训练页码	概念	初级	中级	复用图
5.1	你能弯曲	129	柔韧性	•		"你能弯曲"图
						"你能弯曲"家庭任务计划表
5.2	趣味柔韧性	132	柔韧性		•	定义卡
5.3	瑜伽入门姿势	135	健康益处	•		瑜伽入门姿势标识
						柔韧性健康益处海报
5.4	瑜伽中级姿势	137	健康益处		•	瑜伽中级姿势标识
						柔韧性健康益处海报
5.5	柔韧性瑞士球	139	热身运动	•		瑞士球训练图
5.6	拉伸与追逐	142	热身运动和放松运动		•	热身运动挂图
						热身运动站点标识
						静态拉伸运动标识
						放松运动挂图
5.7	柔韧性训练图表	146	频率	•		柔韧性训练图表
5.8	柔韧性的毛巾拉伸训练	148	频率		•	柔韧性的毛巾拉伸训练标识
						毛巾拉伸每日家庭任务表
						柔韧性毛巾拉伸训练日志
5.9	毛毛虫式拉伸	151	强度	•		人体毛毛虫式拉伸图
5.10	至少 10 次豹猫式拉伸	154	时间	•		拉伸提醒卡
						至少 10 只豹猫标识
						至少 10 次豹猫式拉伸标识
5.11	滚色子拉伸	156	专门性原则或类型	•	•	拉伸图片标识（初级）
						拉伸图片标识（中级）
						滚色子拉伸评估规则
5.12	拉伸站点标识	158	专门性原则或类型		•	拉伸训练站点标识挂图
						拉伸训练任务表
						拉伸训练评估表
5.13	柔韧性 FITT 日志	160	循序渐进原则		•	FITT 日志
						FITT 日志计划表

你能弯曲

5.1

初级

柔韧性：指弯曲、拉伸和扭动身体的能力。

教学目标
▶ 学生能完成拉伸训练，并能定义柔韧性。
▶ 学生能认识拉伸对于体适能训练和日常生活的重要性。

与美国国家标准的关系
▶ 体适能教育标准 3：定期参与体适能训练。
▶ 体适能教育标准 4：达到并维持一定的健康体适能水平。

设备
如果没有以下设备，可使用复用图里的"你能弯曲"的训练图片。
▶ PPT 幻灯片，图片屏幕保护程序或视频编辑程序。
▶ 计算机。
▶ 液晶显示投影仪。
▶ 学生完成柔韧性训练或做日常家务的照片。
▶ 缓慢放松的音乐和播放器。
▶ 地垫。

活动流程
1. 讨论身体部位并指出关节。关节是骨骼和其他骨骼相连接、执行动作的部位：髋、腕、膝、肘、肩关节和脚踝等。
2. 回顾柔韧性的定义，并用词语给运动命名。柔韧性是指身体各部位围绕各个关节，轻松地弯曲（手放在臀部，手腕向前弯）、拉伸（手臂举向天花板）和移动（手臂划大圈）的能力。

复用图

"你能弯曲"图。如果未使用技术设备，就使用这些图片。

"你能弯曲"家庭任务计划表，每位学生一份。

3. 让学生围绕一个关节进行大范围的运动，以便学生理解柔韧性的概念。针对拉伸肌肉会提升学生的柔韧性，让学生更轻松地弯曲身体，并减少受伤展开讨论。

4. 拍摄学生参加柔韧性练习的数码照片并保存备用。照片应该体现活动范围受限于关节和肌肉拉伸能力的事实，比如把手伸到背后去摸，或者坐着触摸脚趾。

5. 用幻灯片对每张照片进行排版编辑，根据课堂需要调整时间长短。如果可以，增加背景音乐。

6. 使用投影仪和相关程序播放照片，向学生展示他们将要参加的拉伸训练的方向和图片。绕着训练室走动，给学生提供反馈或单独的帮助。

教学提示

▶ 向学生指出，他们必须进行大范围的运动，弯曲、拉伸和扭动很多关节，活动范围取决于关节和肌肉拉伸的能力。

▶ 预留拍照，以及排版编辑柔韧性训练照片的时间。

▶ 课外使用个人照片时，确保征得监护人的许可授权。

▶ 提供安全的拉伸方向。学生训练时应达到一种状态：感到轻微的不适，但是不会疼痛。

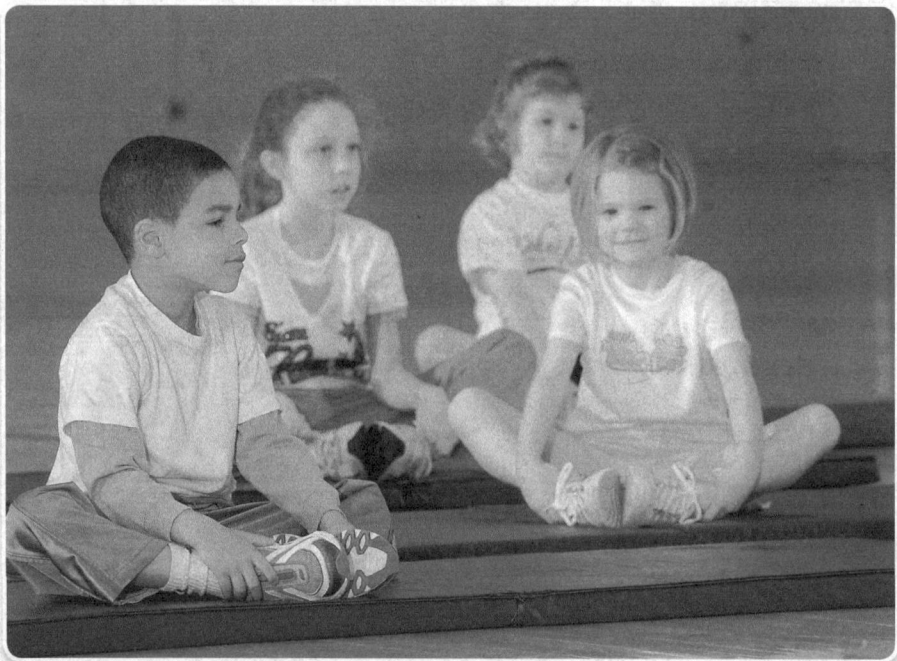

使用照片帮助年幼的学生理解柔韧性的定义和拉伸的正确方式。

示范及建议

▶ 给有备选需求的学生额外提供一些照片。

▶ 针对有身体、骨骼问题，以及使用轮椅、助行架或拐杖的特殊学生，可以改变拉伸训练的方式。

▶ 咨询从事特殊学生护理的理疗师的意见，有些拉伸运动对于特殊学生来说可能不宜进行。

多样化活动

▶ 用摄影机和投影仪放映学生将要进行的主动学习内容。学生可以观看自己拉伸的动作，看到自己正在完成的训练。选一位学生，镜头拍摄他或她进行的动作，让班上同学也练习该动作。

▶ 拉伸运动后提问学生，在他们的生活中，拉伸能力在什么时候比较重要。例如，提问"这个拉伸对什么运动有帮助"和"日常生活中该拉伸运动有什么用处"。

家庭拓展任务

让学生在家完成"你能弯曲"训练的家庭拓展任务表，然后带到学校，挂在训练室的墙上。

评估

▶ 让学生用身体动作说明柔韧性的定义。

▶ 提问学生关于弯曲、拉伸和扭动身体这些拉伸运动的重要性。

▶ 让学生说出身体足够柔韧时所能做的一些事。

5.2 趣味柔韧性

中级

柔韧性： 指在完整的运动范围内，轻松地完成弯曲、拉伸和扭动身体的能力。

教学目标

学生学习并回顾柔韧性的定义，认识到柔韧性是健康体适能的一个成分。

与美国国家标准的关系

▶ 体适能教育标准 4：达到并维持一定的健康体适能水平。
▶ 体适能教育标准 5：展示有责任的个人行为和社会行为，在体适能训练过程中尊重自己，尊重他人。

设备

▶ 垫子。
▶ 心率监测器（可选）。
▶ 计步器（可选）。

活动流程

1. 打印附赠资源中的可用定义卡，包括对健康体适能每个成分的定义。分部分剪成条叠放在一起。训练时，每组学生发一套卡，让学生选择想使用的多套其他健康体适能卡片。将定义卡片面朝下散放在训练室中间。

2. 让学生把柔韧性定义为健康体适能的一个成分，或者给出最佳体适能关于柔韧性的定义，即在所有运动范围内，轻易弯曲、拉伸和扭动身体的能力。组织一个简短的头脑风暴，收集一些体育、其他体适能训练和日常生活中柔韧性如何帮助我们的实例。回顾健康体适能其他成分的定义（如定义卡提供的定义）。

3. 把学生分成 3~4 人小组，让他们排成接力赛的队形。

4. 发出信号，每组中一个学生开始往外跑，捡起一张定义卡，然后跑回组里。其他学生原地慢跑，直到跑步者返回。组员确认卡上的词汇是否属于柔韧性

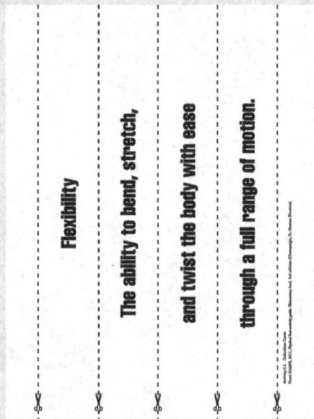

复用图

健康体适能各部分定义卡。3 个学生为一组，每组一套。可以多做 5 张柔韧性定义卡，加速训练

趣味柔韧性活动让学生拼出柔韧性的完整定义，享受集体拉伸运动的乐趣。

定义的组成部分，并确认是否还缺少其他成分。如果不是柔韧性定义的组成部分，下一位跑步者将卡片面朝下放回原地，然后捡起另一张卡。

5. 继续接力，直到组里拥有所需要的词汇卡，能够完整地定义柔韧性。然后，按正确顺序放置卡片，坐着完成拉伸，表示他们组已经完成任务。

6. 此训练可用作热身活动的一部分。通过团体拉伸完成训练。

教学提示

▶ 首次介绍训练内容时，给每个组提供柔韧性的定义或将定义卡面朝上放置。

▶ 无论何时进行拉伸，都要极力强调安全性。永远不要鼓励学生之间或小组之间进行竞争。

▶ 对于所有的集体柔韧性训练，应该尽力把拉伸运动和学生感兴趣的或者必须完成的其他训练联系起来（例如，学生喜欢的运动、其他体适能训练，以及日常生活中的活动）。

示范及建议

▶ 对于行动不便的学生，用移位动作代替跑动动作，并调整放置卡片的位置。

▶ 对于不便弯腰在较低的位置上取卡片的学生，可以把卡片放在较高的位置上（椅子上或凳子上）。

多样化活动

▶ 如果想用这项训练作为热身活动，应考虑用更适合热身的移位运动来代替，比如快走。

▶ 让刚带着卡片跑回来的学生，在退回错误的定义卡之后绕着训练室慢跑。这种运动能让学生在拉伸前进行热身。

▶ 教授体适能的其他成分时，也可以使用这项训练。

▶ 在训练过程中或者训练的不同阶段中，例如等待或跑步接力阶段，心率监测器可以用来追踪学生心脏努力工作的程度。

▶ 计步器可用来确认训练中完成的步数。

家庭拓展任务

让学生每天在家完成 1~3 项拉伸训练。提供一些常见拉伸训练的示例，以及拉伸动作的正确指南。

评估

▶ 让学生完成口头或书面的柔韧性定义。

▶ 提供肌肉力量和肌肉耐力、有氧体适能、柔韧性的口头或书面的定义（不需要用术语）清单。让学生确认哪些定义是描述柔韧性的。

▶ 在学生喜欢的体适能训练或需要完成的日常训练过程中，让学生通过在日志里记录柔韧性如何帮助他们的经历，来应用柔韧性的定义。在校期间定期重复这个评估过程，监督学生把柔韧性知识融入日常生活。

瑜伽入门姿势

初级

健康益处：良好的柔韧性可以让身体拥有许多健康益处，例如有助于体态姿势优美，身心放松。

教学目标

学生能明确瑜伽作为增强柔韧性的一种方式，有益于健康和有活力的生活。

与美国国家标准的关系

▶ 体适能教育标准 6：重视体适能训练的健康、娱乐、挑战、自我表达和 / 或社会交往目的。

▶ 健康教育标准 3：学生能够展示自己具有实施促进健康行为、减少健康风险的能力。

设备

▶ 柔和舒缓的音乐和音乐播放器。

▶ 垫子。

活动流程

1. 向学生解说，体适能教育中，很多平衡运动和拉伸运动其实都和瑜伽相似。瑜伽能提供许多和柔韧性有关的益处（阅读有关柔韧性的健康益处海报或以下内容）。
   - 提升柔韧性。
   - 使人深呼吸，增加氧气吸入量。
   - 促进血液循环。
   - 提高专注力。
   - 使人思维更加清晰、敏捷，能够做出更明智的决策。

2. 教师挑选一张瑜伽图片，或者让学生挑选一张瑜伽图片。

3. 向学生解说，如何做出瑜伽姿势，如何保持平衡，以及注意力通常

复用图

Mountain

In a standing position, place your feet together. Then work on posture with your head, shoulders, hips, and feet in alignment.

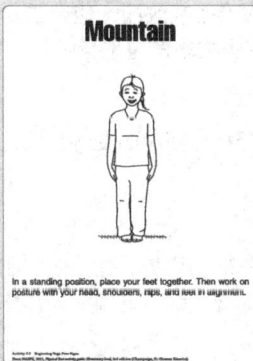

瑜伽入门姿势标识

Flexibility Health Benefits

- Increased flexibility
- Increased ability to focus
- Increased ability to think clearer and make better decisions
- Decreased muscle tension and increased relaxation
- Greater ease of movement
- Improved coordination
- Reduced risk of injury
- Better body awareness and postural alignment
- Improved circulation and air exchange
- Smoother and easier contractions
- Decreased muscle soreness
- Improved personal appearance and self-image
- Enhanced ability to develop and maintain motor skills

柔韧性健康益处海报

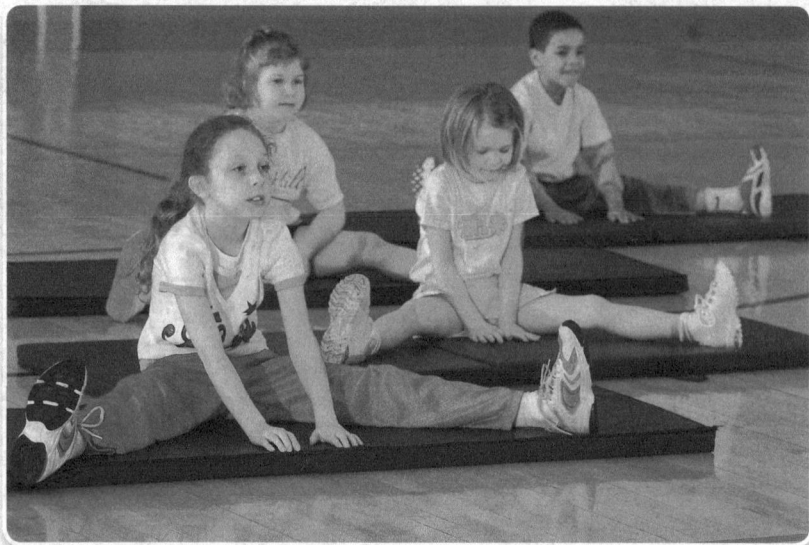

学生体会瑜伽带来的柔韧性益处。任课教师可以让学生在课外继续坚持做瑜伽，帮助学生体会到瑜伽带来的身心益处。

　　　放在哪里。
4. 鼓励学生去感受吸气和呼气时胸腔发生的变化。呼气时，胸腔向内收缩；吸气时，胸腔向外扩张。
5. 挑选一张新的瑜伽图片，模仿图片上的动作。

教学提示

　　请其他任课教师学一些瑜伽姿势，让学生们在紧张的课堂学习前后，都可以通过做瑜伽来放松身心。

示范及建议

　　教师应该为行动不便的学生准备或改编一些瑜伽姿势。例如，在必要时，允许行动不便的学生借助墙或椅子作为支撑物来保持平衡。

多样化活动

▶ 教师使用形象化的瑜伽姿势，使瑜伽变得有趣，让小学生喜欢练瑜伽。
▶ 让学生给瑜伽姿势命名。

家庭拓展任务

▶ 让学生选出自己最喜欢的瑜伽姿势，并让他们在家里练习。
▶ 让学生在家里教其他家庭成员练习瑜伽姿势，并告诉他们练瑜伽的益处。

评估

▶ 让学生展示他们最喜欢的瑜伽姿势，并说出这个动作可以拉伸身体的哪些部位。
▶ 让学生阐述良好的柔韧性所带来的益处，只要说出一项即可。

瑜伽中级姿势

5.4

中级

健康益处：良好的柔韧性可以让身体拥有许多健康益处，例如有助于改善体态，缓解紧张。

教学目标

让学生意识到各种瑜伽姿势所带来的柔韧性益处。

与美国国家标准的关系

▶ 体适能教育标准 6：重视体适能训练的健康、娱乐、挑战、自我表达和 / 或社会交往目的。

▶ 健康教育标准 3：学生能够展示自己具有实施促进健康行为、减少健康风险的能力。

设备

▶ 轻松柔和的音乐和音乐播放器。

▶ 垫子。

活动流程

1. 向学生说明，体适能教育中，很多平衡运动和拉伸运动其实都和瑜伽非常相似。练瑜伽可以帮助学生获得柔韧性的益处（给学生展示有关柔韧性健康益处的海报）。

2. 告诉学生，其实每个人都拥有不同的柔韧性潜能。教师应着重说明，拉伸或保持一个姿势不变时，学生不应该感到肌肉疼痛，而应该感到肌肉正在被拉伸。

3. 教师挑选一张瑜伽图片，或者让学生挑选一张瑜伽图片。

4. 教师向学生解说，应该如何做出瑜伽姿势，如何保持平衡，以及注意力应该放在哪里。

复用图

Warrior (Hero)

Turn one foot out to the side. Stretch both arms out, palms down, and lower your shoulders away from your ears. Bend the knee on the same side as the turned foot (keep it over the ankle). The other leg is strong and straight. Look over the fingertips of the hand raised over the turned foot. Do the other side.

瑜伽中级姿势标识

Flexibility Health Benefits

- Increased flexibility
- Increased ability to focus
- Increased ability to think clearer and make better decisions
- Decreased muscle tension and increased relaxation
- Greater ease of movement
- Improved coordination
- Reduced risk of injury
- Better body awareness and postural alignment
- Improved circulation and air exchange
- Smoother and easier contractions
- Decreased muscle soreness
- Improved personal appearance and self-image
- Enhanced ability to develop and maintain motor skills

柔韧性健康益处海报

5. 鼓励学生去感受吸气和呼气时胸腔发生的变化。呼气时，胸腔向内收缩；吸气时，胸腔向外扩张。

6. 做这个动作的时候，学生应保持安静，提高专注力。

7. 挑选一张新的瑜伽图片，并模仿图片上的动作。

教学提示

▶ 学生需要保持安静，并且不受外界干扰，实现自我情绪管理。

▶ 注意：这个年龄段的学生往往会试图超越他人，从而给大家留下深刻印象。因此教师应该提醒他们，量力而行非常重要，这样有助于他们在练瑜伽的过程中，不会一味追求超越，以免感到疼痛或非常不舒服。

▶ 开始拉伸时，让学生慢慢呼气，呼气可以加大拉伸的程度。这种方法可以帮助学生慢慢地给

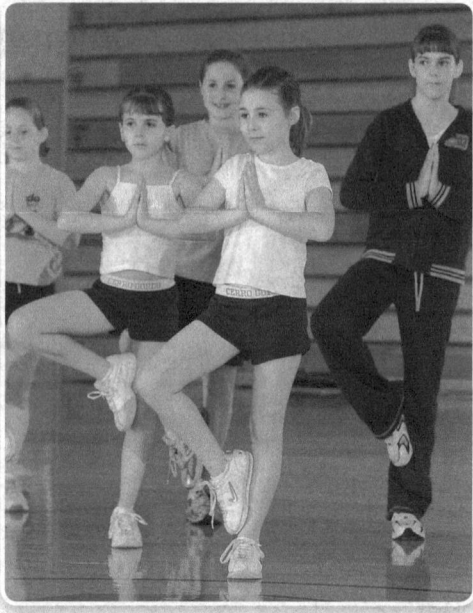

学生通过做瑜伽能获得许多健康益处，包括缓解压力，改善体形，提高平衡能力。

肌肉施加负荷，提高活动度，同时促进身心放松，有益健康。在重复多种拉伸动作后，其他阶段应该深深地吸气，有利于身心进一步放松。

示范及建议

▶ 教师要为行动不便的学生准备或改编一些瑜伽姿势。

▶ 必要时，允许学生借助墙或者椅子作为支撑物来保持平衡。

▶ 训练课程开始前，教师要留些时间给行动不便的学生，让他们练习这些动作，并根据自身能力做出适当的调整。

多样化活动

▶ 教师给学生介绍瑜伽动作之后，组织站点活动，让学生在各个站点间完成这些动作。

▶ 告诉其他任课教师，在压力较大的测试前几天，可以让学生做瑜伽动作，帮助学生放松身心，提高专注力。测试之后，练习瑜伽同样有益于学生的身心健康。

家庭拓展任务

让学生教他们的监护人、保姆或爷爷奶奶练习一个瑜伽姿势，提高他们的健康体适能水平。

评估

▶ 提问学生，他们怎样利用瑜伽来帮助自己保持良好的健康体适能水平。

▶ 让学生解释瑜伽怎样帮助自己提高柔韧性。

柔韧性瑞士球

5.5

初级

热身运动：目的在于让肌肉为运动做好准备，以免受伤。柔韧性训练之前，充分的热身运动应包括轻松的有氧训练，时间约为 5 分钟，有助于肌肉拉伸。

教学目标

▶ 学生在训练之前，能逐步确认适合自己的热身活动。
▶ 学生能够说明热身运动的重要性。

与美国国家标准的关系

▶ 体适能教育标准 4：达到并维持一定的健康体适能水平。
▶ 健康教学标准 3：学生能够展示自己具有实施促进健康行为、减少健康风险的能力。

设备

▶ 每位学生配备一个瑞士球。
▶ 节奏缓慢、让人放松的音乐和音乐播放器。

活动流程

1. 向学生展示又干又直的生意大利面，并告诉他们，在做热身运动之前，他们的肌肉就和这些面一样僵硬。
2. 音乐开始，每位学生双手举起瑞士球，在教室四周任意跑动。手臂和腿保持伸直，膝盖和肘部不能弯曲。
3. 音乐停止，学生放下瑞士球并坐在上面。
4. 从手臂开合跳开始，引导学生做练习。
5. 播放音乐。告诉学生，开合跳已让他们的手臂肌肉变得放松，现在他们可以做弯曲动作。让学生在教室内用手运球，或球绕圈。运球时腿不能弯曲。
6. 音乐停止，让学生坐在瑞士球上，伸手碰触他们自己的脚趾。让他们从 1 数到 10，数 3 遍。
7. 跑动时，学生可以弯曲手臂和腿。
8. 学生继续热身运动，借助瑞士球改

复用图

Stability Ball Jumping Jacks

Activity 5.5   Stability Ball Exercise Pictures
From NASPE, 2011, *Physical best activity guide: Elementary level, 3rd edition* (Champaign, IL: Human Kinetics).

瑞士球训练图

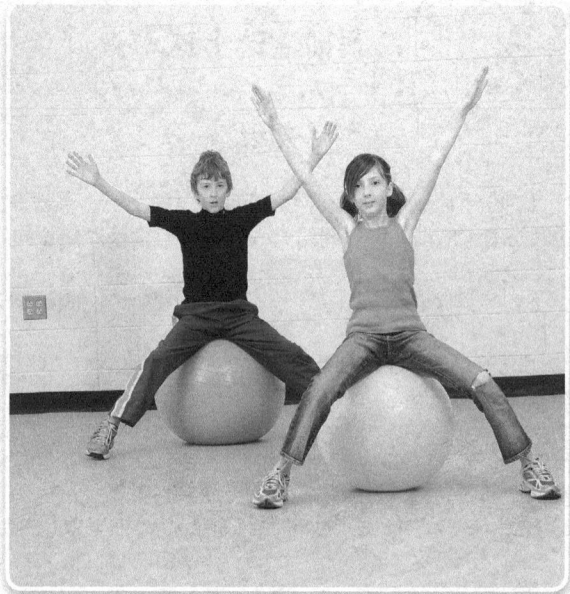

学生在做热身运动和放松运动时，瑞士球可以帮助他们获得平衡性和柔韧性。

变运动方式。也可以让学生坐在瑞士球上，完成不同的柔韧性训练。

9. 让学生手持瑞士球在教室内走动或慢跑。然后坐在瑞士球上，只用手臂完成开合跳动作。

10. 在教室内，让学生边走边用双手运球，然后停下来坐在瑞士球上，做肱三头肌拉伸动作。

11. 让学生边慢跑边单手运球，然后停下来坐在瑞士球上，做双腿分开拉伸动作。

12. 让学生向上扔瑞士球，在接住球之前，让球在地上弹跳一次。然后停下来坐在瑞士球上，做侧身弯腰动作。

13. 训练即将结束时，教师给学生出示煮熟的意大利面条，并向学生说明，热身运动后，他们的肌肉如何变得更加柔韧。

教学提示

▶ 和学生讨论热身运动，它是指轻松的身体活动，有助于通过循序渐进的体适能训练，来提高肌肉温度，增强肌肉的柔韧性。热身运动有助于提高心率，提高肌肉的灵活性，缓解肌肉紧张，准备好完成高强度的后续训练。

▶ 热身运动的目的在于：第一，预防肌肉拉伤；第二，预防肌肉疼痛；第三，增加肌肉弹性；第四，准备训练。

▶ 要求学生坐在瑞士球上时，他们的身体始终要接触瑞士球。

▶ 提醒学生，坐在瑞士球上做动作时，不要跳起来，球滚出去会导致学生再次坐下的时候落空，跌落在地上。

▶ 学生在做拉伸动作前后，教师给学生们看没煮过和煮熟的意大利面，没煮过的面代表僵冷的肌肉群，煮熟的面条代表预热的肌肉群。通过这种方式，告诉学生热身运动的重要性。

▶ 和学生讨论放松运动的目的。这时候需要学生放慢身体的动作节奏，预防肌肉酸痛和肌肉僵硬。放松运动包括低强度的运动和拉伸运动两个部分。

▶ 通过训练来讨论专门性原则。每一种训练都可以帮助到特定的肌肉群，例如，让学生用手去触碰脚趾，有助于拉伸腿部肌肉群；肱三头肌拉伸有助于手臂放松。

示范及建议

▶ 在做拉伸运动和主动运动时，应该为坐轮椅的学生提供比较小的瑞士球。必要时，指定两名学生轮流帮助他们把球取回来。

▶ 坐着或靠墙时，学生可以用比较小的球来运球或投球。

▶ 学生可以做一些其他动作，例如，把球举起来，然后再把球放下；让腹部压在球上，尽可能地让身体向前拉伸；用球去碰触脚趾；扭转到另一侧，用球碰触轮椅扶手。

多样化活动

学生坐在瑞士球上做拉伸训练时，教师也一起完成动作。这有助于教师借助柔韧性训练指导学生训练的专门性原则。

家庭拓展任务

在家时，要求学生坐在一把椅子上，把椅子当作瑞士球，把他们在课堂上用瑞士球完成的训练动作在家里再做一次。让学生想出一些新的训练动作，并在下一次训练课程中和大家分享。

评估

向学生提出以下几个问题。

▶ 为什么说运动前的热身运动非常重要？

▶ 为什么说运动之后的放松运动非常重要？

▶ 踢足球前你应该做哪些热身运动？为什么？选择其他的体育运动项目，然后提出同样的问题。

5.6 拉伸与追逐

中级

热身运动和放松运动： 热身运动通过提高肌肉和肌腱的弹性，让身体做好训练准备，以免受伤。热身运动还可以逐渐增加心率、呼吸的深度与频率，来加速血液和氧气在体内的流通速度，把营养传送给肌肉。放松运动有助于让身体各个部位在训练之后逐渐减速，以免受伤。肌肉充分预热后进行拉伸，可以有助于肌肉放松，使拉伸效果更显著，同时也增加了肌肉和关节的活动范围，从而降低肌肉紧张和酸痛的可能性。

教学目标

- 让学生明白，为什么热身运动、放松运动和拉伸运动是运动训练的重要组成部分。注意，热身运动比拉伸运动更重要。
- 学生能够列出可用于热身运动、放松运动和拉伸运动的训练项目。
- 学生能够讨论如何正确地完成拉伸运动。

与美国国家标准的关系

- 体适能教育标准3：定期参与体适能训练。
- 体适能教育标准4：达到并维持一定的健康体适能水平。

复用图

Warm-Up Exercises

Purpose: Increase elasticity of the muscle, prevent muscle strain, increase body temperature, and prepare the heart for vigorous activity

1. Walk briskly around the gym with arm pumps—two laps.

2. Jog or walk very fast around the gym with arm pumps—two laps.

热身运动挂图

Slow Jumping Jacks

- Increase range of motion of arms.
- Do slow jumping jacks. Continue until the music stops.

热身运动站点标识

Modified Hurdle Stretch

- Increase flexibility of the hamstrings.
- Do three stretches for each leg. Hold each stretch for a slow count of 10.

静态拉伸运动标识

Cool-Down Exercises

Purpose: prevent muscle soreness by using a variety of physical activities that enhance range of motion, reduce lactic acid buildup, and relax the muscles

1. Lunge

2. Cross-chest stretch

放松运动挂图

设备

▶ 计步器（可选），用来记录步数。

▶ 垫子。

▶ 舒缓的音乐和音乐播放器。

活动流程

1. 训练课开始前，在训练室内的各个站点放置热身运动站点标识、静态拉伸运动标识。

2. 和学生讨论柔韧性的定义、益处，以及提升柔韧性的训练原则。同时回顾静态拉伸包括哪些运动，以及实施拉伸训练的原因。

3. 用热身运动挂图复习 6 项热身运动，让学生熟悉激烈运动之前所应该完成的整套热身运动。播放音乐，让学生们按照教师的口令，在训练室内的各个站点完成 30 秒的热身运动。音乐停止时，学生要停止他们做的动作，认真倾听教师下一步的运动指示。

4. 一套热身运动结束后，学生集合，问他们是否感受到自己完成热身运动的信号，并让他们说出这些信号（例如心率、呼吸、出汗的变化）。

5. 在进行第二轮热身运动之前，教师让学生观察热身运动站点标识，并向学生说明这些热身运动重点锻炼的是身体哪些特定的部位。把学生分成 6 组，给每个组指定站点。播放音乐，学生应在各自指定的站点，按照站点卡片上的标识完成热身运动。音乐停止，让学生按照顺时针方向进入下一个站点。按照这种方式完成热身运动，直到每组学生把所有站点的热身运动都做了一遍。

6. 再次让学生集合，和学生一起讨论热身运动的信号。

7. 完成热身运动之后，准备开始拉伸与追逐训练。在拉伸与追逐训练中，学生互相追逐。当其中一个学生被抓到的时候，他或她要进入 6 个站点中的其中一个站点，并按照站点里的静态拉伸标识完成拉伸动作。提醒学生，一边慢慢计数一边拉伸，从 10 倒数到 0，计数期间，拉伸部位不能反弹。被追到的学生每次都要进入不同的站点，并做不同的拉伸动作，直到 6 个站点的动作都做了一遍，才能再次进入已经进入过的站点。如有需要，教师和学生一起复习静态拉伸运动标识。计划好拉伸追逐游戏的时间长短。

8. 教师指示游戏停止，让学生做放松运动。例如，让他们沿着训练室四周顺时针方向走 2~3 圈。然后让学生观看放松运动挂图上列出的运动，结束放松运动。

9. 和学生确认他们做放松运动的时间是否足够长，为什么足够或为什么不足够？运用以下肢体信号进行判断：学生呼吸困难的程度、心跳速度的快慢、是否还在流汗。如有需要，准备更多的站点让学生有更多的时间做放松运动。

教学提示

▶ 教师要提醒学生留意热身的迹象，这些迹象表明身体在为随后的训练做准备。热身运动之后，准备开始拉伸运动。

▶ 教师应强调热身运动和放松运动的重要性，以及两种运动会让他们有什么样的感受。热身运动应该是身体温度慢慢上升，同时伴随其他一些迹象，例如心率加快和排汗量加大。放松运动应该是身体逐渐放慢运动节奏，恢复正常体温。教师再一次运用身体特征帮助学生判断是否在缓慢而有效地进行放松运动。

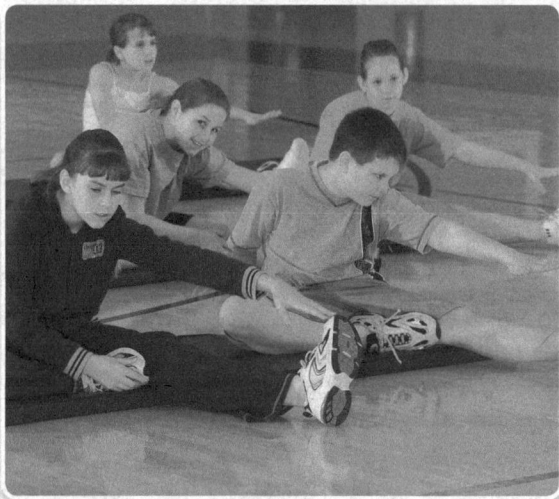

学生通过拉伸与追逐训练，真正体会到有效的热身运动和放松运动会有什么样的感觉。

- ▶ 学生必须清楚，经过高强度的训练之后，需要立刻进行大量的肌肉放松运动，帮助身体机能慢慢恢复正常，这一点对于学生来说非常重要。教师要告诉学生，放松性拉伸运动应该选择静态拉伸方式，而且拉伸的时间要足够长，才能保证其效果。
- ▶ 当学生开始追逐游戏时，教师要让他们注意拉伸运动的感受，以及刚开始追逐时所能达到的拉伸程度。游戏期间以及游戏结束后，让学生对比在游戏的不同阶段，拉伸运动的感受和所能达到的拉伸程度有什么区别。教师要告诉学生，经过热身运动和激烈的运动之后，肌肉温度上升，柔韧性通常也会慢慢提高。

示范及建议

- ▶ 在进行拉伸与追逐训练时，坐轮椅、用拐杖或只能步行的学生可以用面条来延长他们手臂的长度。
- ▶ 学生为了不被追到，他们可以把手举起，高过他们的头部。让学生思考，热身运动或追逐游戏之后，他们的手臂或上肢的其他部位是否可以拉伸得更远。
- ▶ 想出其他合适的训练活动，并把训练标识挂在墙上，当学生被追到的时候，让他们选择其中一项训练并完成。

多样化活动

学生可以自己画一些新式柔韧性训练的卡片，并把这些卡片放到训练站点。复习拉伸运动，做到所有学生都熟练掌握。

家庭拓展任务

教师给学生分发索引卡片，学生可以在上面画出新的柔韧性训练或放松运动，以备下一节训练课使用。卡片内容应包含 3 个部分：训练的名称、训练持续的时间或训练动作，以及训练的重要性。

评估

向学生提出以下问题。

▶ 训练和拉伸前做热身运动的重要性。

▶ 激烈的运动训练之后，放松运动的重要性。

▶ 让学生列出主动拉伸、动态拉伸、弹性拉伸之间的不同点，并举例说明。

▶ 完成拉伸运动的最佳时间及原因。

▶ 运动训练后他们是否可以拉伸得更远？追逐训练之后是否可以比热身运动之后拉伸得更远？为什么可以或为什么不可以。

▶ 让学生列出适合热身运动和放松运动的训练项目。

5.7　柔韧性训练图表

初级

频率：是指为了培养良好的柔韧性，每周进行拉伸训练的次数。专家建议，为了提升和保持身体的柔韧性，应该至少一周拉伸 3 次。

教学目标

学生理解并且每周至少参加 3 次拉伸训练。

与美国国家标准的关系

▶ 体适能教育标准 3：定期参与体适能训练。
▶ 健康教育标准 3：学生能够展示自己具有实施促进健康行为、减少健康风险的能力。

设备

铅笔。

活动流程

1. 让学生开展头脑风暴，想出日常生活中的各种拉伸方式。同时鼓励他们采用在外参加体适能教育课程的训练实例。
2. 向学生分发柔韧性训练图表，并解说如何填写。让学生在接下来的一周或两周内，在家和监护人一起完成。

教学提示

▶ 让学生找到各种训练的手绘或杂志图片，做一个布告栏。
▶ 填写一张表，作为范例展示给学生。

示范及建议

把这项训练当作多元化训练。让行动不便的学生分享或展示他们参与的课外训练活动。

多样化活动

鼓励学生发现保持柔韧性的不同方式。教师提供一些适合学生群体的范例。

家庭拓展任务

在体适能教育课程中设定一个家庭日。

复用图

FLEXIBILITY ACTIVITY PICTURE CHART

柔韧性训练图表，每位学生一份

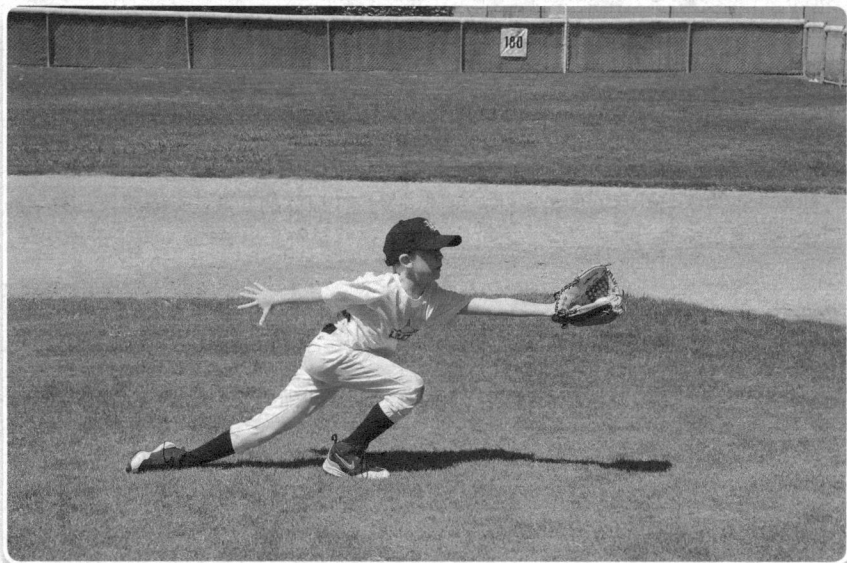

柔韧性对于各种运动和训练至关重要。通过此训练，学生学习了解每周至少拉伸 3 次的重要性。

家庭日当天，家人和学生一起参加训练，以便全家人养成一起在家训练的习惯。

评估

▶ 让学生报告每周有多少天进行柔韧性训练。

▶ 让学生报告每天都能完成的一项柔韧性训练的名称。

▶ 收集柔韧性训练图表，组织班级学生讨论圈出的或新增加的训练项目。

▶ 让学生讨论他们最喜欢的柔韧性训练。

5.8 柔韧性毛巾拉伸训练

中级

频率：指为了培养良好的柔韧性，每周进行拉伸训练的次数。专家建议，为了提升和保持身体的柔韧性，应该至少一周拉伸 3 次，最好是每天都做。

教学目标
▶ 学生至少一周 3 次参与柔韧性拉伸训练。
▶ 学生至少一周 3 次进行柔韧性拉伸训练时，能明确训练的益处。

与美国国家标准的关系
▶ 体适能教育标准 4：达到并维持一定的健康体适能水平。
▶ 健康教育标准 3：学生能够展示自己具有实施促进健康行为、减少健康风险的能力。

设备
▶ 每位学生一条毛巾。
▶ 舒缓的音乐和音乐播放器。
▶ 垫子。

复用图

柔韧性毛巾拉伸训练标识

毛巾拉伸每日家庭任务表，每位学生一份

柔韧性毛巾拉伸训练日志，每位学生一份

活动流程

1. 把柔韧性毛巾拉伸标识挂在墙上，供学生训练时观看。
2. 给每位学生发一条毛巾，在训练中使用。绕着训练室移动时，学生双手各握住毛巾的一端，防止绊倒。
3. 讨论拉伸的时长。学生应持续拉伸 10~30 秒，且不反弹。持续拉伸是拉伸训练的最佳方式。
4. 音乐响起，拉伸前学生每只手握住毛巾的一端，沿着训练室慢跑两圈热身。
5. 音乐停止，布置任务。要求学生每周选择一天，用于完成柔韧性毛巾拉伸标识上对应那天的柔韧性练习。让学生报告正在拉伸的肌肉群有哪些。
6. 音乐再次响起，选择或让学生挑一个不同的动作来完成。鼓励学生使用毛巾进行训练。上下、左右、高低晃动毛巾。手臂拉伸可以增加训练的趣味性。提醒学生，双手各握住毛巾的一端。
7. 音乐再次停止，继续布置任务。要求学生每周再另外选择一天，用于完成柔韧性毛巾拉伸标识上对应那天的柔韧性练习。让学生报告正在拉伸的肌肉群有哪些。
8. 按此流程继续，直到一周 7 天的训练项目都安排完毕。

借助毛巾的拉伸训练是一种有趣的方式，有助于向学生介绍使用物体来增加柔韧性训练频率的方法。

教学提示

▶ 训练开始前，向学生强调手抓毛巾的安全要求。毛巾只是此热身训练中用于拉伸的工具。

▶ 和学生讨论拉伸前先热身的重要性。

▶ 因为学生要在家进行重复练习，所以应事先确认正确的拉伸方式。

▶ 讨论每周 3 次或每天如何拉伸不同的肌肉群，以保持身体放松柔韧。

▶ 建议至少一周拉伸 3 次，最好是每天拉伸不同的肌肉群。每周拉伸 7 天，有助于学生记住每天应拉伸的身体部位。

示范及建议

▶ 多数拉伸动作可以改编为坐在轮椅上完成的形式。

▶ 可按每位学生的能力改编运动技能。如有需要，训练中只用手臂即可。

多样化活动

▶ 之后可以使用拉伸带，展示另一种形式的拉伸。

▶ 巩固课堂上所学的柔韧性训练。重复训练一个月，学生就有可能把训练内容记一年。

▶ 讨论学生自己拿毛巾的安全要求。拉伸前，可以允许学生仅握住毛巾的一端，创编一套舞蹈动作。

▶ 让学生 3 个人围成一圈，一起完成不同的拉伸练习。学生可以向上向下拉伸，还可以上下舞动拉伸。

家庭拓展任务

让学生把毛巾拉伸的家庭拓展任务表带回家。任务表上的图片可以提醒学生，本周内每天要做的拉伸训练。使用柔韧性毛巾拉伸日志来追踪记录所完成的训练。一个星期后，把日志带回学校进行讨论。

评估

▶ 回顾每天的练习，检查学生是否记得每天完成的拉伸训练。

▶ 向学生提问，每周应拉伸多少次，并讨论答案。

▶ 向学生提问，为什么一般情况下拉伸非常重要，以及拉伸对身体的益处。拉伸可以使身体保持柔韧灵活，使他们在日常训练及进行体育运动时，可以轻松地弯曲、拉伸和移动。

毛毛虫式拉伸

5.9

初级

强度：指在柔韧性训练中，为了改善并保持柔韧性，所需拉伸的程度。所有关节都应有足够的活动范围，这样才能顺利进行不同的体适能训练，促进健康生活。

教学目标

▶ 学生学会定义强度，尽力拉伸而不至于让自己感觉疼痛或肌肉颤抖。拉伸时，学生应该只感觉到轻微的不适。

▶ 学生参与拉伸训练，确认肌肉拉伸动作。

与美国国家标准的关系

▶ 体适能教育标准 4：达到并维持一定的健康体适能水平。

▶ 健康教育标准 3：学生能够展示自己具有实施促进健康行为、减少健康风险的能力。

设备

▶ 一根橡胶带。

▶ 音乐播放器和音乐。

▶ 地垫。

▶ 艾瑞克·卡尔（*Eril-Carle*）《饥饿的毛毛虫》（*The Very Hungry Caterpllar*）绘本和 CD（April 19，2007）。

活动流程

1. 向学生展示一根橡胶带可以向任何方向弯曲。

2. 向学生提问：如果带子拉得太紧会导致什么结果？为什么？

3. 告诉学生，拉伸训练时注意安全的重要性，这样才不会让自己受伤。确保学生理解：学生的柔韧性水平高低不同，但是每个人都需要安全地拉伸、放松并拉长肌肉。拉伸有利于更好地运动，而且不会在运动中拉伤肌肉。

4. 让学生完成改编过的跨栏拉伸动作，并碰触膝盖。询问他们是否感觉到腿后部肌肉的拉紧。再让学生碰触膝盖的下面，这样是否感觉到腿后部肌肉的拉紧？

5. 让学生用手指沿着腿模拟尺蠖的行走方式。

复用图

Human Caterpillar Picture

Activity 5.9　Human Caterpillar Pictures
From NASPE, 2012, Physical best activity guide: Elementary level, 3rd edition (Champaign, IL: Human Kinetics).

人体毛毛虫式拉伸图，展示所要求的拉伸动作

6. 继续，直到腿后部肌肉感觉到被拉紧。停下，这就是毛毛虫想停止的位置，数一数毛毛虫走过的步数。毛毛虫前半部分和后半部分各有 3 对足。学生要数到 12，代表毛毛虫的 12 只脚。

7. 接下来，学生沿着训练室移动，整个身体效仿毛毛虫的移动方式。双手尽量往远处伸，带动笔直的双腿尽量靠近手，直到感觉腿后部肌肉被拉紧。保持这个姿势，大声数出毛毛虫脚的数量。沿着训练室重复训练 12 次。使用人体毛毛虫式拉伸图片，辅助学生完成训练。

8. 让学生展示所拉伸的肌肉。（答案：腿后部、小腿、腓肠肌。）提问拉伸持续的时间应为多久（应维持尺蠖数 12 只脚的时间）、多数拉伸训练应保持 10~30 秒。

教学提示

▶ 提醒学生，为了让肌肉变得更加柔韧，应该拉伸到感觉肌肉紧张，却又不会受伤的程度。如果没有拉伸到这个程度，就没法提高柔韧性。但是，如果拉伸过度，肌肉就会受伤。学生要关注身体发出的信号。

▶ 提醒学生，每个人的拉伸能力各有不同。柔韧性取决于拉伸频率、身体成分、年龄和其他因素。

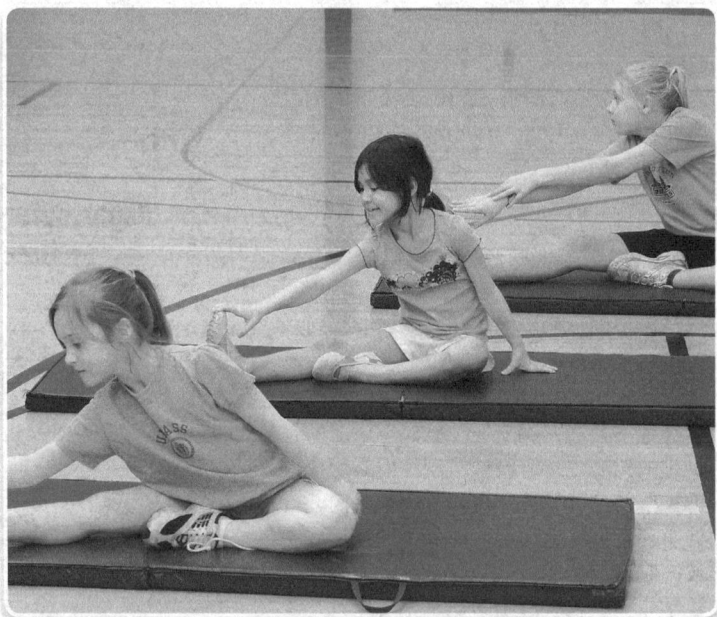

拉伸时，采用正确的姿势避免受伤，确保关节拉伸的强度适中，这些都非常重要。跨栏拉伸可适当改编，正确姿势是在腿部内弯时，保持膝盖弯曲。

示范及建议

▶ 轻度行动不便的学生可以拉伸手臂、颈部、体侧、肩膀、背部和身体的其他部位。

▶ 柔韧性不好的学生在保持毛毛虫静止姿势时，可使用靠垫做支撑。

▶ 无法沿着训练室完成训练的学生，可以借助游泳用塑料管，模仿尺蠖的弯曲伸缩。

多样化活动

▶ 可以使用拉伸带或橡胶带，方便学生了解肌肉拉伸时的状态。

▶ 告知其他任课教师训练内容，让他们也阅读艾瑞克·卡尔的《饥饿的毛毛虫》。

家庭拓展任务

让学生回家后，确认穿过前院需要多少次毛毛虫式行走。

评估

▶ 向学生提问，"如何知道肌肉拉伸的程度？"（答案：肌肉拉伸到轻微不适且轻微后扯的程度，感觉肌肉紧绷。）

▶ 向学生提问，"是否感觉很疼？"如果是，让学生大拇指朝上。如果不是，大拇指朝下。（答案：不是，大拇指朝下。）

▶ 让学生把手放在之前拉伸的肌肉上。

5.10　至少 10 次豹猫式拉伸

初级

时间：指为了改善和维持柔韧性，拉伸动作所需要的时间。专家建议在无弹跳或痉挛的前提下，维持 10 秒（逐渐增加到 30 秒）。

教学目标

学生能理解安全拉伸的含义，拉伸时不能出现弹跳现象。而且，为了改善和维持柔韧性，拉伸动作必须维持 10 秒以上。

与美国国家标准的关系

▶ 体适能教育标准 4：达到并维持一定的健康体适能水平。
▶ 健康教育标准 1：学生了解有关健康提升和疾病预防的理念。

设备

地垫。

活动流程

1. 让学生了解无弹跳或无痉挛对于每项拉伸训练的重要性。提醒他们，每个人的柔韧性水平各有不同，不能相互比较，且不宜拉伸到无法承受的不适程度。告诉学生，现在他们要进行至少维持 10 秒的拉伸训练。展示拉伸提醒卡，提醒学生相关的安全提示。

复用图

Stretching Reminders

• Never bounce when stretching.
• Do not hold your breath when stretching. Inhale and exhale.
• Do not lock your joints when stretching.
• Do not extend your joints too far when stretching.
• Always hold the stretch for 10 to 30 seconds.
• The stretch should never hurt.
• Do not pull on your joints.

拉伸提醒卡

至少 10 只豹猫标识

至少 10 次豹猫式拉伸标识

2. 发出开始信号时，学生使用相关运动技能进入训练领域。

3. 发出停止信号时，学生不能动。提问"看见了什么？"并出示标识。学生回答："至少 10 只豹猫。"

4. 学生回答"至少 10 只豹猫"之后，教师立即选定一个拉伸动作，或者拿一张针对特定肌肉群的至少 10 次豹猫式拉伸卡。学生完成拉伸动作并维持不动，让学生数出声："1 只豹猫、2 只豹猫、3 只豹猫……"直到数完 10 只豹猫。

5. 选择另一个动作形式，喊停，提问："看见了什么？"学生用同样的方式回答："至少 10 只豹猫……"重复训练。

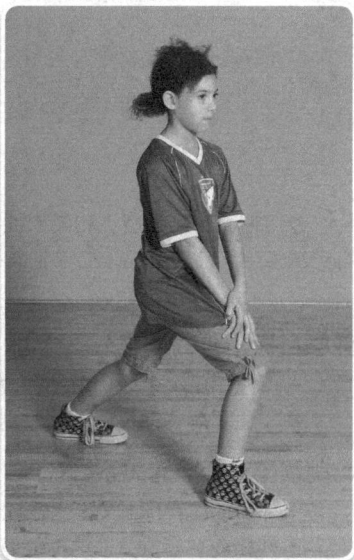

至少 10 次豹猫式训练有助于教导小学生在保持拉伸动作时如何计时。

教学提示

▶ 密切关注学生，确保他们拉伸时不会出现弹跳或痉挛的现象。让拉伸动作正确的学生为其他学生做示范。

▶ 用不同拉伸动作的绘画做一个布告栏，标题为"至少 10 次豹猫式训练"，图片对应数字 1 到 10。

▶ 向学生说明，FITT 原则里的第一个 T 代表时间。提醒学生，拉伸训练的时间至少要维持 10 秒，然后逐渐增加到 30 秒。把 FITT 布告栏里的第一个 T 转换成"时间 = 多久"。在公告栏上的 T 字旁边，放置一个钟表，用来计时。

示范及建议

▶ 允许学生使用不同的运动技能，并根据需要改编拉伸动作。

▶ 如有可能，让同龄人进行协助。

多样化活动

▶ 使用其他常用方式，或者编排其他需要 10 秒的训练方式。例如，可以使用"1 密西西比、2 密西西比、3 密西西比……"（译者注：美国人数秒时约定俗成的一种习惯，因为读密西西比刚好人约需要一秒时间）说密西西比 10 次；也可以说"1 一千、2 一千、3 一千……"，说 10 次。

▶ 让学生两人一组搭档训练。其中一个学生拉伸时，另一个学生看着钟表的秒针计时。这也是一种很好的计时方式。

家庭拓展任务

让学生在家至少完成一项拉伸训练，保持时间增加到 15 秒。

评估

▶ 提问学生，维持一个拉伸动作需要多久。

▶ 让学生展示其他拉伸动作，每个拉伸动作至少保持 10 秒，且无弹跳和痉挛现象。

5.11　滚色子拉伸

初级和中级

专门性原则或类型：和柔韧性相关的时候，指只有经过训练的关节和肌肉群才会变得更加柔韧。也就是说，如果是做手臂拉伸训练，腿部肌肉不会变得更柔韧。

教学目标
- ▶ 学生了解很多肌肉群都需要拉伸。
- ▶ 学生了解各种拉伸训练分别针对特定的肌肉群。

与美国国家标准的关系
- ▶ 体适能教育标准 4：达到并维持一定的健康体适能水平。
- ▶ 健康教育标准 3：学生能够展示自己具有实施促进健康行为、减少健康风险的能力。

设备
- ▶ 每组学生一对色子。
- ▶ 轻松的音乐和音乐播放器。
- ▶ 垫子。

活动流程
1. 让学生先进行热身运动，为拉伸训练做好准备。
2. 把学生分成小组，每组分发一张拉伸图片标识和一对色子。

复用图

拉伸图片标识（初级），每组学生一份

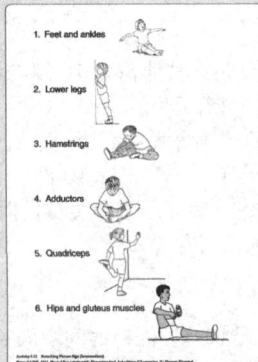

拉伸图片标识（中级），每组学生一份

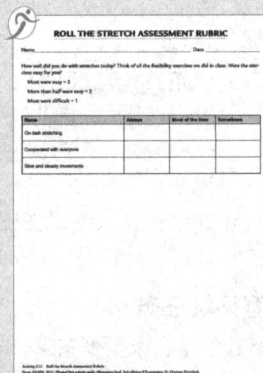

滚色子拉伸评估规则（中级），每个学生一份

3. 解说，学生在进行所有拉伸训练时，动作都应该缓慢稳定，防止受伤。

4. 一位学生滚动色子，读出数字，再对应标识上相应的数字图片。然后由该学生带领小组完成拉伸动作，领队学生要缓慢沉稳地数 30 秒，全体保持拉伸动作。

5. 领队学生把标识和色子传给下一位学生，以同样的方式继续训练。

6. 确保所有学生都有机会领队训练。

7. 完成训练后，中级学生应完成滚色子拉伸评估规则。

教学提示

▶ 第一节课进行班级训练，第二节课进行分组训练。

▶ 让领队训练的学生大声且缓慢地计时，这样教师可判断学生的训练速度是否过快。

▶ 为了防止过度拉伸肌肉群，如果出现重复的练习，可以重新滚色子。

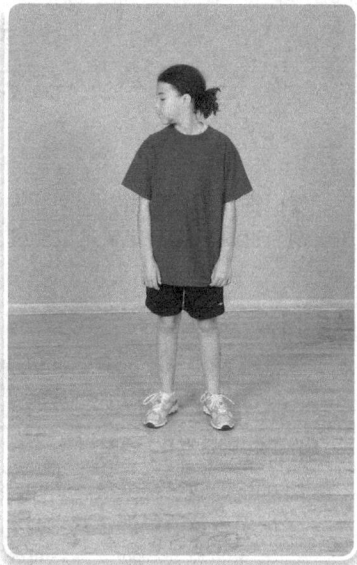

学生滚色子，确认针对特定肌肉所要完成的拉伸动作。

示范及建议

▶ 对于注意力不易集中的学生，可以在他们的训练站点放一些舒缓柔和的音乐，帮助他们缓慢稳定地拉伸。

▶ 对于无法完成指定拉伸动作的学生，可以用阻力带帮助他们训练。

▶ 针对身体各个部位提出两种拉伸训练，学生选择其一完成（有意识地满足所有学生的需求）。

多样化活动

鼓励学生找到保持柔韧性的不同方式。给他们提供一些可以在社区完成的训练范例。

家庭拓展任务

让学生从在家能做的 3 种柔韧性练习中选择其一，每天完成这种拉伸训练。建议学生可以在一天中的任意时间进行训练。

评估

▶ 选择一个身体部位或一组肌肉群，让学生展示或写下相应的拉伸训练名称。

▶ 使用滚色子拉伸评估规则，评估中级学生的表现。讨论评估结果。

5.12 拉伸站点标识

中级

专门性原则或类型：和柔韧性相关时，指只有经过训练的关节和肌肉群才会变得更加柔韧。也就是说，如果是做手臂拉伸训练，腿部肌肉不会变得更柔韧。

教学目标

- ▶ 学生能确认不同身体部位所对应的特定的柔韧性训练。
- ▶ 学生能够把拉伸训练应用于不同体育活动的准备过程。

与美国国家标准的关系

- ▶ 体适能教育标准 2：证实自己了解各种运动项目的理念、规则、策略和战术，并能用于体适能训练的学习和展示过程。
- ▶ 体适能教育标准 3：定期参与体适能训练。
- ▶ 健康教育标准 3：学生能够展示自己具有实施促进健康行为、减少健康风险的能力。

设备

- ▶ 铅笔。
- ▶ 垫子。
- ▶ 欢快的音乐和音乐播放器。

复用图

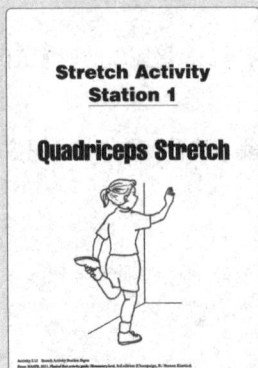

拉伸训练站点标识挂图

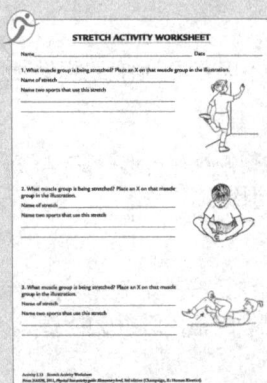

拉伸训练任务表，每组学生一份

拉伸训练评估表，每位学生一份

活动流程

1. 向学生解说柔韧性练习的重要性，及其对维持正常的关节活动范围所发挥的作用。学生应缓慢认真地完成每项练习，从而正确地拉伸肌肉群。为了提高柔韧性，学生应注意缓慢地拉伸肌肉，拉伸到轻微不适的程度即可，然后再稍作恢复。
2. 在训练室里布置 6 个柔韧性训练站点。
3. 把学生分为 6 组，分配到各个站点。
4. 音乐开始，学生按照拉伸训练站点标识所示的柔韧性练习进行训练。确保拉伸时间维持 10~30 秒。先拉伸一侧身体，然后拉伸另外一侧。交替拉伸，直到音乐停止。
5. 音乐停止时，学生应按以下 4 个步骤填写拉伸训练任务表：（1）确认所拉伸的肌肉群；（2）在该肌肉群上画一个 ×；（3）在图片下面写下练习名称；（4）列出需要使用该练习的两项运动。
6. 学生转移到下一个站点，开始新的训练。完成每项训练后，就转移到下个站点，直到完成所有站点的训练。

拉伸站点标识训练，要求学生能识别不同拉伸训练中所锻炼的特定肌肉群。

教学提示

▶ 提醒学生，拉伸前必须先进行热身运动。例如在站点训练开始前，绕着训练室慢跑两圈。拉伸前，做手臂大回环，即手掌向上，10 次往后 10 次往前。

▶ 和学生一起回顾不同的拉伸训练，这样学生才不会在每项练习中都做相同的动作。

示范及建议

▶ 对于行动不便的学生，热身时可以缩短距离。

▶ 让同伴帮助学生进行拉伸。如果需要其他视觉和口头线索，可以让搭档示范拉伸动作，并用言语说明。

多样化活动

改编柔韧性训练并重复完成。制订只针对上肢特定肌肉群或下肢特定肌肉群的训练计划。

家庭拓展任务

让学生在家里练习训练课程中学到的拉伸动作，并想出一种不同的拉伸动作，告诉班里同学该训练使用的是什么肌肉群。

评估

让每位学生填写拉伸训练评估表，确认他们理解了拉伸训练。

5.13　柔韧性 FITT 日志

中级

循序渐进原则：指一个人如何增加训练负荷。适当的循序渐进包括逐步提高训练的等级，可通过增加频率、强度、时间或 3 个因素相结合来实现。超负荷原则说明身体系统（心肺系统、肌肉系统或骨骼系统）必须在超出正常能力的水平上进行训练，才能改变和提高生理机能和健康。

教学目标

学生通过完成 FITT 日志和 FITT 日志计划表，学会并应用柔韧性训练的循序渐进原则和超负荷原则。

与美国国家标准的关系

▶ 体适能教育标准 3：定期参与体适能训练。
▶ 体适能教育标准 4：达到并维持一定的健康体适能水平。
▶ 健康教育标准 3：学生能够展示自己具有实施促进健康行为、减少健康风险的能力。

设备

▶ 铅笔。
▶ 所选评估项目中要求的任何设备。

活动流程

1. 简要回顾 FITT 术语的定义，即频率（多经常）、强度（多努力）、时间（多久）和类型（哪种训练）。
2. 让学生提供一些简单的例子，说明在之前的健康体适能课程中，FITT 原则在柔韧性训练中的应用。
3. 和同学分享对循序渐进原则和超负荷原则的理解。
4. 给每位学生分发一份空白的 FITT 日

复用图

FITT 日志，每位学生一份

FITT 日志计划表，每位学生一份

志。回顾每种类型及其与 FITT 的关系。学生概述使用此表格时如何应用循序渐进原则。

5. 让班里学生分享柔韧性训练，选择针对不同身体部位的 2~3 项拉伸训练。写在 FITT 日志里所选训练的横线上。

6. 让每位学生在记录者上写下自己的姓名。

7. 让学生记录一周内课外完成的柔韧性训练。

8. 让学生填写一周的 FITT 日志。

9. 指导学生设定符合循序渐进和超负荷原则的目标，并把目标记在 FITT 日志计划表上。

10. 周末和学生会面，讨论进度并设计新目标。

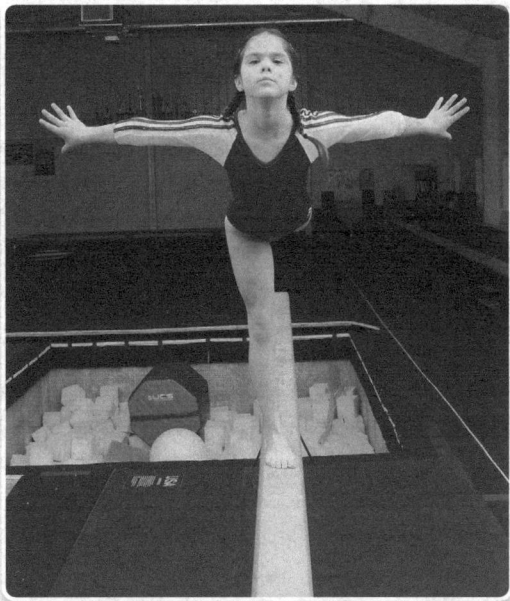

FITT 日志帮助学生意识到他们的课外训练有助于增强其柔韧性。

教学提示

▶ 每次班会上提问学生日志的完成情况。

▶ 如有需要，让监护人签名，鼓励监护人参与。

示范及建议

▶ 帮助有特定需求的学生制定符合他们能力水平的可选训练。

▶ 针对有特定需求的学生，可以改编训练动作，按照对其他学生的要求保留基本记录。

▶ 有特定需求的学生，需要在成人的监督下设定个人目标。

多样化活动

▶ 让校外看护人为学生提供空间、时间和其他支持，帮助学生完成课后训练，填写日志。

▶ 和美国青少年体质测评系统中的柔韧性评估联系起来。

家庭拓展任务

本训练课堂内容和多样化部分，提供了课外训练的拓展任务选项。

评估

一个月后，和学生一起回顾他们的记录，让学生回答以下问题，写下他们的经验。

▶ 能否通过一个月的训练课程，安全提高训练的强度水平？每周更加频繁地训练，或者每项训练时间更多吗？如果是，你做出了哪种改变？

▶ 如果做出了改变，改变是如何影响你的柔韧性的？

▶ 如果没有改变，将来能做些什么改变？

要意识到很多影响因素，例如儿童的健康和初始参与训练的等级（如果已经达到高级，可能因此没有明显进步），以及其他可能影响这些问题答案的个人因素。记住，要致力于训练效果的评估，并将评估作为教授和巩固循序渐进原则和超负荷原则的一种方式。

第 6 章

身体成分

163

本章介绍体适能的一个重要因素——身体成分。初级阶段的学生应该充分理解身体成分的主要概念，包括能量摄取和消耗、健康饮食指南，如食物指南金字塔；还有影响身体成分的因素，如遗传、饮食和体适能训练。学生应通过训练，理解行为对身体成分的影响。下文着重介绍小学阶段的身体成分。更多信息，可参考《体适能训练教师指南（第3版）》里的身体成分和营养章节。

身体成分的定义

身体成分是指去脂总体重（除脂肪以外的所有身体组织，如骨骼、肌肉、器官和体液）和体脂总量的对比，通常用身体脂肪百分比来表示。评估身体成分是否适当的常用方法有：体重指数（BMI）和年龄对照表、皮褶测定和腰臀比。评估小学生的身体成分时应记住，儿童身体的快速成长可能会带动身体成分发生变化，所以评估时应该考虑这些变化。

身体成分与其他健康成分的关系

人体的各种身体成分都息息相关，所以不能单独培养任意一种身体成分。教师的确应向学生展示所有健康体适能成分之间的联系，这样学生可以清楚地了解个人选择对于健康体适能身体成分的影响。虽然遗传、环境和文化也有重要的作用，但是身体成分很大程度上取决于与其他成分相关的体适能训练级别。

- 有氧体适能。有氧体适能消耗热量。
- 肌肉力量和肌肉耐力。休息期间，肌肉细胞会比脂肪细胞消耗（代谢）更多热量。为让学生尽可能地维持适当的身体成分，教师应强调遵循体适能训练原则。
- 柔韧性。柔韧的身体可以更好地完成有氧体适能以及肌肉力量和肌肉耐力训练。

营养

营养在身体成分中也有重要作用。除了和学生回顾食物指南金字塔外，也要和他们讨论食物适量的问题。在美国，人们的食量在过去30年里有所增加。饮食中含有很多精加工、高脂、多糖和多盐的食物。理想情况是，在食用全谷物、蔬菜和水果的条件下，人体运转最佳。

营养物质分为6类：碳水化合物、蛋白质、脂肪、维生素、矿物质和水。因为这些都有益于健康，所以健康饮食必须包含所有这6类营养物质。

- 碳水化合物为全人类提供了大多数能量，是身体主要的能量来源。人类应该从五谷杂粮、蔬菜和水果中获取能量。细粮和糖类也能提供碳水化合物。
- 蛋白质是组成身体关键部位的结构性成分。身体里的每个细胞都含有蛋白质。在美国，肉类是蛋白质的主要来源。
- 脂肪富含能量，但是多余的热量在人体中会转化成脂肪。
- 维生素和矿物质不含热量，尽管在人体的含量很少，但是对健康至关重要。
- 许多学生没有意识到水也是一种关键的营养物质。学生应每天至少喝6~8杯水。很多食物都含有水，特别是水果和蔬菜。

身体成分教学指南

应将身体成分作为学生感性认识的一个主题，进行客观的讨论和研究。教师要强调体适能训练、饮食、身体成分与日常生活、娱乐活动、体适能训练的关系，向学生展示最新体育活动金字塔，讨论各种类型的训练。这些训练可以帮助学生增强身体成分，了解所有类型的体适能训练对于获得并维持身体所需的成分和体型的重要性。

永远不要以某一位学生作为身体成分的正面或反面榜样。如果这样，体重较重的学生可能会觉得难过。所以在教学过程中，应该帮助这些学生获得合适的身体成分，而不是传达否定或惩罚的信息。对过胖的学生强调，肥胖只是遗传而已，他们仍然能通过体适能训练极大程度地减少健康风险。记住，学生和同龄人一起训练时，更容易听从教师的引导。如果你觉得所进行的训练主题合适，学生也会觉得合适。

虽然在体适能教育课程中，身体成分可能是一个很微妙的问题，但是教师必须把身体成分作为健康的重要内容来对待。给学生提供专业的身体成分指导，集中教导学生如何保持健康饮食和积极的生活方式，从而获得健康的身体成分。向学生强调，每种体型都能拥有健康的身体，鼓励学生肯定自我形象。同时，还要向学生强调，不管体型大小、胖瘦，或运动能力高低，他们都应该互相鼓励，让自己更加积极主动。和学生展开讨论：肯定性的鼓励是如何影响其他学生并帮助他们变得更积极主动的。

身体成分简报

身体成分简报（见图 6.1）、儿童体育活动金字塔（见图 6.2）和我的金字塔

（见图 6.3）中的资料，介绍、强调并拓展了隐藏在培养和维持健康身体成分之后的概念。以下是使用这些工具可能会用到的方式。

- ▶ 给学生分发不同的资源，让他们带回家。在强调身体成分的小型训练单元中，这些资源可以作为监护人参与训练的工具。
- ▶ 使用这些资源，有助于把身体成分当作"月健康体适能成分"的特色内容。
- ▶ 确认并促进学生参与校内外体适能训练。
- ▶ 通过课堂训练，在学生之中发现善于观察理解，又能促进别人一起学习的学生。
- ▶ 用简报作为模板或起点，自己设计一份有特色的简报，并根据学生的需求进行调整。

教师可以通过任何方式使用身体成分简报和金字塔，帮助有特殊需要的学生和家长实施更有效的教学。见表 6.1，即本章训练项目列表。

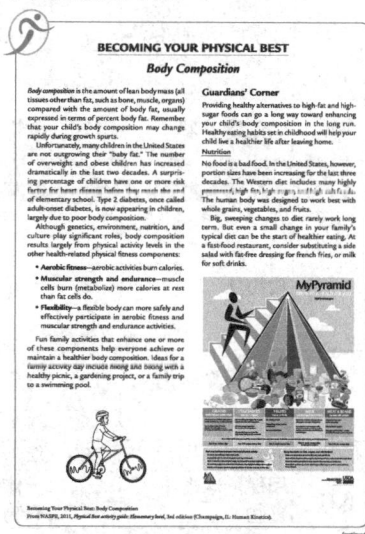

图 6.1　培养属于自己的最佳体适能：身体成分简报

图 6.2　儿童体育活动金字塔

图 6.3　我的金字塔

表 6.1　第 6 章训练项目列表

训练编号	训练名称	训练页码	概念	小学	中学	复用图
6.1	保持平衡	167	身体成分	•		身体成分益处标识
6.2	飞盘高尔夫和身体成分	169	身体成分		•	身体成分因素卡
6.3	训练时间	171	健康益处	•		时钟说明图
6.4	金字塔训练路线	173	健康益处		•	儿童体育活动金字塔 金字塔训练卡 金字塔训练对应卡 金字塔训练检查表
6.5	棕色袋子餐	176	食物金字塔	•		食物金字塔海报 食物图片
6.6	获取营养物质	179	营养物质		•	营养物质挂图 体适能补充家庭任务表
6.7	食物环	182	营养物质	•		食物环图 食物金字塔海报 食物摆放卡 装盘家庭任务表
6.8	蛋白质多样化	185	营养物质		•	蛋白质食物图 选择蛋白质食物家庭任务表
6.9	燃烧热量	187	新陈代谢	•		无
6.10	混合新陈代谢	190	新陈代谢		•	儿童体育活动金字塔
6.11	用保龄球击中食物	192	身体成分和营养物质	•		纸质食物卡

保持平衡　6.1

初级

身体成分：指去脂总体重（除脂肪以外的所有身体组织，如骨骼、肌肉、器官和体液）和身体脂肪总量的对比。健康身体成分包括健康的去脂体重，以及一定的能让你享受生活、保持活跃、精力充沛、成长发育的脂肪量。

教学目标

▶ 学生能了解健康的身体成分。

▶ 学生能深入思考、进行团队合作、参考以下指导完成任务。

与美国国家标准的关系

▶ 体适能教育标准 4：达到并维持一定的健康体适能水平。

▶ 健康教育标准 1：学生了解有关健康提升和疾病预防的理念。

设备

▶ 30~35 个保龄球瓶，2 升的瓶子或小的圆锥体。

▶ 如有要求，每组准备围巾（见教学提示）。

活动流程

1. 使用身体成分益处标识，讨论脂肪和去脂体重的益处，以及两者之间保持健康平衡的重要性。

2. 把保龄球瓶散放在训练区域，球瓶之间的距离尽可能远，一半立起，一半放倒。

3. 把学生分成两组，命名为"脂肪立起队"和"体瘦放倒队"。

4. 两组在训练区域按照相反方向列队。

5. 信号发出，所有组员要按照分配的任务，试着把保龄球瓶立起或放倒。2 分钟后，喊暂停，数一下每个训练区域的保龄球瓶的数量。分别记录倒下和立起球瓶的数量，以及几轮之后的总成绩。

6. 两组互换角色和名称，分配任务，开始新一轮活动。

7. 每次脂肪立起队放置一个保龄球瓶后，必须绕着该保龄球跑两圈。

8. 先不要告诉学生保龄球瓶朝上和朝

复用图

Body Composition Benefits

Benefits of Fat

- Acts as an insulator, helping the body adapt to heat and cold
- Acts as a shock absorber, helping to protect internal organs and bones from injury
- Helps the body use vitamins effectively
- Acts as stored energy when the body needs energy
- Maintains healthy skin and hair
- Regulates levels of cholesterol in the blood

Activity 6.1 Body Composition Benefit Signs
from NASPE, 2011, *Physical Best activity guide: Elementary level, 3rd edition* (Champaign, IL: Human Kinetics).

身体成分益处标识

下的意思，直到学生完成所有的活动。
下轮游戏时，回顾并说明，脂肪立起
队必须更加努力地训练，以便保持平
衡。

9. 持续几轮训练，然后讨论怎样保持平衡。
两组转换角色时，每轮最后的分数可
能会有所改变。讨论生活中活跃和不
活跃时期，健康平衡是怎样转换的。

10. 大部分情况下，体瘦组会赢。讨论他
们为什么有更多精力，以及如何得到
更多的能量。

教学提示

▶ 大多数时间里，为确保体瘦组获胜，
应该给体瘦组多分 2~3 位学生。

▶ 可以把保龄球瓶或臂带放在两组的位
置上，代表脂肪立起队和体瘦放倒队，
监督两组人员的训练。

▶ 放倒保龄球瓶时，要注意安全。提醒
学生，要轻轻地放倒保龄球瓶。

▶ 如果是可视的，学生会更容易记住有
关益处的说明。训练过程中，利用身
体成分益处标识作为工具，展现健康身体成分的概念。

保持平衡教会学生在有益的身体脂肪
和瘦体重之间找到平衡。

示范及建议

▶ 在游戏中增加休息（安全）区域，这样需要休息的学生可以得到休息。
▶ 坐轮椅的学生，可以使用延伸工具，帮助他们放倒保龄球。

多样化活动

如果学生数量很多，可以让一半学生先训练 1 分钟，另一半学生绕着训练室围成一
圈，为队员加油。

家庭拓展任务

让学生和家庭成员讨论身体成分的意思，以及身体脂肪和去脂体重两者的益处。学
生可以告诉家人他们进行的是保持平衡训练，以及训练对身体脂肪和去脂体重的意义。

评估

▶ 为何去脂体重和身体脂肪都很重要？（答案：包括身体成分益处标识上所列出的
各种健康益处。）
▶ 身体脂肪和去脂体重维持平衡的意思是什么？

飞盘高尔夫和身体成分

6.2

中级

身体成分：是指组成身体的各种成分。身体由几种成分组成：肌肉、骨骼、组织、水和脂肪细胞。健康身体成分主要取决于两个方面：营养和体适能训练。

教学目标

学生能掌握身体成分的基本知识。

与美国国家标准的关系

▶ 体适能教育标准 4：达到并维持一定的健康体适能水平。

▶ 健康教育标准 3：学生能够展示自己具有实施促进健康行为、减少健康风险的能力。

设备

▶ 为每位学生准备飞盘高尔夫。

▶ 9 个飞盘高尔夫站点，训练室中间放置圆锥体或呼啦圈，设定成飞盘高尔夫的目标，作为学生寻找目标的视觉辅助线索。

活动流程

▶ 学生成对训练，轮流进行飞盘高尔夫训练，投中目标得分。

▶ 每个目标都有个箱子，里面放有不同的身体成分因素卡。

▶ 学生完成 9 轮游戏，从每个箱子里收集一张身体成分因素卡。

▶ 游戏最后，学生和同伴一起浏览身体成分因素卡。

教学提示

▶ 和学生讨论身体成分的定义。

▶ 帮助学生理解怎样做才能保持平衡的身体成分。

示范及建议

两人一组。阅读有困难的学生，可以寻找同龄人的协助。

多样化活动

▶ 教授学生制作其他健康领域的因素卡。

复用图

Body Composition Fact Cards

A healthy body composition relies on energy balance. Energy in—calories in food you eat. Energy out—calories used through physical activity.

Activity 6.2   Body Composition Fact Cards
From NASPE, 2011, *Physical best activity guide: Elementary level, 3rd edition* (Champaign, IL: Human Kinetics).

Body Composition Fact Cards

Your body composition is made up of fat mass and lean mass. The fat mass is fat tissue. The lean mass is your organs, tissues, bones, and body fluids. Both are needed in the body.

Activity 6.2   Body Composition Fact Cards
From NASPE, 2011, *Physical best activity guide: Elementary level, 3rd edition* (Champaign, IL: Human Kinetics).

身体成分因素卡，每两位学生一套

▶ 使用相同的身体成分因素卡，而站点则设置成不同的运动。

家庭拓展任务

让学生在家里找一张纸，尽可能多地写下自己能记住的飞盘高尔夫身体成分因素卡上的各种因素，在下节体适能课上带来。

评估

▶ 学生两人一组，一组学生向另外一组学生说出9个身体成分全部因素。看看他们能记得多少。

▶ 让学生说出一些能燃烧热量，提高健康身体成分的训练。

▶ 提问学生，如果想提高身体成分的健康水平，应如何减少日常消耗的热量。（可能的答案：阅读热量标签，减少食量，饥饿时再吃东西。）

向学生介绍不同的体育运动，如飞盘高尔夫，让他们的课外训练变得多样化。飞盘高尔夫训练结合了身体成分的因素。

训练时间

初级

　　健康益处：定期的体适能训练是维持健康身体成分的关键。儿童和青少年每天应进行 60 分钟以上的日常体适能训练。虽然大多数 60 分钟以上的日常体适能训练都强调中等或高强度的有氧体适能训练，但是，应该鼓励儿童和青少年每周至少 3 天参与 1 分钟高强度运动。另外，每周至少 3 天，在部分 60 分钟以上的日常体适能训练中，应重视能强健肌肉和骨骼力量的活动（USDA，2008）。

教学目标

▶ 学生能参与从中等到高强度的体适能训练。

▶ 学生能理解，为了保持健康身体成分，体适能训练在本质上应既是有氧训练也是肌肉训练。

与美国国家标准的关系

▶ 体适能教育标准 4：达到并维持一定的健康体适能水平。

▶ 健康教育标准 1：学生了解有关健康提升和疾病预防的理念。

设备

▶ 沙包（每位学生至少 6 个）。

▶ 为每位学生准备塑料片。

▶ 欢快的音乐和音乐播放器。

▶ 有氧和肌肉训练所需的设备。

活动流程

1. 把沙包放在训练室边缘，音乐开始时，学生拿起沙包。

2. 给每位学生分发一份时钟说明图和一个塑料片，称之为基地。让学生坐在塑料片旁边，把时钟说明图（时钟分成 6 个部分）放在塑料片下面。向学生解说，他们要记录进入训练区域和绕着训练区域完成体适能训练的总时间。讨论定时进行体适能训练的重要性，告诉学生，有氧训练和肌肉训练都对健康身体成分有效果。

3. 音乐开始，教师要让学生选择一项运动动作，并指导他们沿着训练区域移动。

4. 音乐停止，让学生选择一个沙包，放

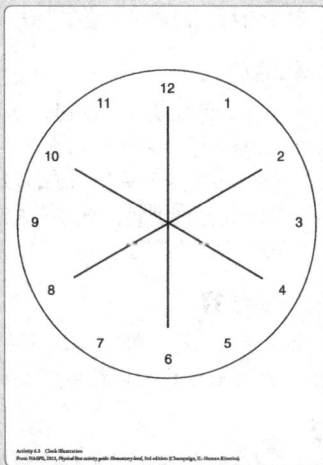

复用图

Activity 6.3　Clock Illustration
From NASPE, 2011, Physical Best activity guide: Elementary level, 3rd edition (Champaign, IL: Human Kinetics).

时钟说明图，每位学生一份

在时钟和塑料片旁边。

5. 音乐开始，指导学生再次在训练区域移动。

6. 持续训练。学生要完成不同的运动动作，收集到 6 个沙包。有些运动动作注重有氧训练（步行、跳绳等），有些运动动作注重肌肉训练（借助网球或动物式行走的肱二头肌屈伸）。向学生解说，每个沙包代表 10 分钟体适能训练。

7. 让学生把时钟说明图放在地上，在每个 10 分钟区域上各放置一个沙包，6 个站点都放，表示 60 分钟的日常体适能训练。

8. 学生重复训练时，直到捡到 4 个沙包。再让他们把时钟说明图拿出来，在 4 个 10 分钟区域上各放置一个沙包。让学生计算，还要做多少分钟的训练，才能完成 60 分钟的日常体适能训练。

学生学会用多个 10 分钟训练来填充时间说明图，完成每天累计 60 分钟的训练，并获得健康益处。

教学提示

确保学生运动时小心其他学生，加强训练的安全性。

示范及建议

对于有视觉障碍的学生，可以使用含有类似蜂鸣器的沙包。

多样化活动

▶ 10 分钟乘以 6 个沙包，就是 60 分钟。

▶ 另外选择一天重新完成这个训练，收集不足 6 个沙包就停止。让学生计算 1 个沙包代表多少分钟的训练，以及这天接下来还要做多少分钟训练，才能完成所建议的 60 分钟训练。让学生集思广益，想出实现建议的 60 分钟训练目标的各种办法（休息等）。

家庭拓展任务

要求学生选定一种方式，以增加课外积极运动的时间。学生可以尝试一周内每天都进行这项训练。他们可以让监护人帮忙实现目标。之后，学生要报告是否实现了训练目标。

评估

▶ 和学生回顾生活中所进行的活动，这些活动既不会让心跳加快，也不会帮助他们增强肌肉。例如，看电视和玩视频游戏。

▶ 让学生说出，在课外有氧体适能和肌肉体适能训练中保持活跃的各种方式。

▶ 什么类型的体适能训练对健康身体成分有用？（答案：主要是有氧体适能训练和肌肉训练，其中柔韧性起主要作用。）

金字塔训练路线 6.4

中级

健康益处：定时体适能训练是维持健康身体成分的关键。儿童和青少年应进行 60 分钟以上的日常体适能训练。虽然大多数 60 分钟以上的日常体适能训练都强调中等或高强度的有氧体适能训练，但是，应该鼓励儿童和青少年每周至少 3 天参与一分钟高强度运动。另外，每周至少 3 天，在部分 60 分钟以上的日常体适能训练中，应重视能强健肌肉和骨骼力量的活动（USDA，2008）。

教学目标

学生能区分不同级别的体适能训练，并了解它们与健康身体成分的关系。

与美国国家标准的关系

► 体适能教育标准 4：达到并维持一定的健康体适能水平。

► 健康教育标准 3：学生能够展示自己具有实施促进健康行为、减少健康风险的能力。

设备

► 5 个圆锥体。

► 每组里的每位学生都配一根拉伸带。

► 每组里的每位学生都配一根跳绳。

► 每组里的每位学生都配 3 条围巾。

► 每组里的每位学生都配一个踏步凳。

► 每组里的每位学生都配足球、排球、篮球、乒乓球和网球。

复用图

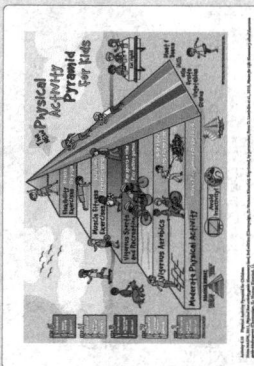

儿童体育活动金字塔，每个站点一份

金字塔训练

金字塔训练对应卡

金字塔训练检查表，每位学生一份

▶ 地垫。

▶ 塑料片。

▶ 快节奏的音乐和音乐播放器。

活动流程

1. 复制5张儿童体育活动金字塔，挂在站点的墙上，供学生参考。在训练室周边放5个圆锥体，下面放5张训练金字塔卡片，卡片正面朝下。每个站点代表儿童体育活动金字塔的一个领域。

2. 把学生分成5组（每个站点要有足够的设备，让所有学生都能进行训练）。

3. 音乐开始，每组派一位学生选择一张训练金字塔卡，整组都要做这项练习。

4. 音乐停止，一位学生跑到中心区域，浏览训练金字塔对应卡，选择和自己组的训练同种类型的卡片，再把卡片带回组里。

5. 学生对比墙上的儿童体育活动金字塔，检查所选的训练金字塔对应卡是否符合自己小组进行的训练类型。如果选错对应卡，学生就要把卡片放回中心区域，再选择正确的卡片。

学生将练习与体育活动金字塔正确匹配的训练。

6. 学生移动到下个站点时，携带训练金字塔对应卡。训练到最后，每组学生应拥有儿童体育活动金字塔每个领域里的一张卡片。

示范及建议

采用金字塔训练级别匹配的可选训练，金字塔级别要符合学生需求。

教学提示

▶ 使用站点里的儿童体育活动金字塔挂图，帮助学生了解不同类型的训练。

▶ 向学生解说，不同的训练如何保持有氧体适能、肌肉力量和肌肉耐力、柔韧性和身体成分。

▶ 如果有黑板或白板，让学生帮忙画出训练金字塔的分类。

多样化活动

向学生分发纸张，让他们制作金字塔特定区域的训练项目列表。

家庭拓展任务

　　向学生分发金字塔训练检查表，学生带回家完成一个星期的记录。完成后，把表带回学校。

评估

▶ 让学生阅读一张金字塔训练对应卡，然后说出上面训练的名称。

▶ 检查金字塔训练对应卡，确保每个小组都有每个领域里的一张卡片。如果某个领域有两张卡片，回顾每张卡片上所指定的训练。

▶ 在学生轮转到下个站点前，检查每个站点卡。

6.5 棕色袋子餐

初级

我的金字塔：食物是身体有效运作的动力。从各种食物中获取的营养能帮助身体运转。我的金字塔帮助我们决定每天应该摄入什么食物，来提供健康的身体成分。

教学目标

学生能区分不同种类的食物，并确认如何使用我的金字塔帮助自己明智地选择食物。

与美国国家标准的关系

▶ 体适能教育标准 6：重视体适能训练的健康、娱乐、挑战、自我表达和 / 或社会交往目的。

▶ 健康教育标准 1：学生了解有关健康提升和疾病预防的理念。

设备

▶ 棕色纸袋，每位学生一个。

▶ 快节奏的音乐和播放器。

▶ 根据需要，准备瑞士球和拉伸带。

▶ 计步器（可选），对比步数、摄入的能量和消耗的能量。

活动流程

1. 利用食物图片，为每位学生制作食物袋，每个食物袋里的食物都来自于食物图片中的 5 种不同的食物。但这些食物要打乱顺序放到食物袋里，每个袋子都会缺一两种食物，无法做成一份营养完整的配餐。

2. 给学生讲解金字塔的内容，并向他们介绍每种食物的作用。让学生明白，自己的食物袋中至少需要包含 5 种食物才能组成一顿富含营养的餐食。

3. 向学生展示几张食物图片，通过比对我的金字塔，讨论这些食物属于哪一类。

复用图

我的金字塔海报

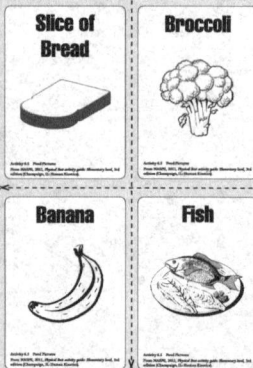

食物图片，多套，数量取决于班里学生的数量

4. 向学生分发食物袋，让学生把里面的食物和我的金字塔里的食物种类进行对比，看看食物袋里还缺少哪几种食物。

5. 音乐开始，学生使用教师所选择的运动动作，沿着训练室移动。音乐停止，学生停止运动，与另一位学生组队。两位学生都必须选择一项要做的练习，练习10次。

6. 学生做完练习后，在食物袋中，跟同伴互换一种食物。目标是完成训练，尽量做到能在金字塔上所显示的 5 种食物都包含在食物袋中，作为富含营养的一餐。

7. 交换食物后，学生继续移动到另一个同学那边，选择另一项练习完成，再交换食物。持续交换，直到音乐再次响起。学生用教师所选的不同的运动动作继续移动。

8. 3 个回合后，因为每组学生都有一种以上的食物，应该让学生按照金字塔对食物进行归类，看看是否缺少某种食物。

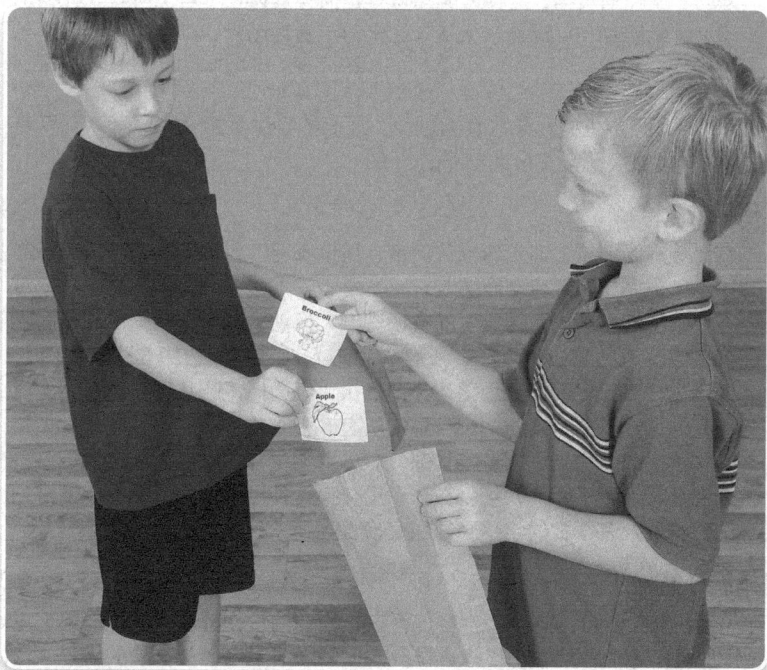

学生学会根据金字塔中的 5 种食物类别交换食物，得到营养丰富的一餐。

教学提示

▶ 学生需要明白营养全面的一餐包含所有种类的食物，了解他们需要收集的是哪 5 类食物。

▶ 虽然建议 2~13 岁的儿童要吃 1~2 杯的水果，以及 1~2.5 杯的蔬菜，但是，不是说在一餐里吃完这些食物。

▶ 讨论零食，它们不能作为午餐，这些食物有甜甜圈、炸薯条、糖块、饼干、冰激凌和油脂，比如黄油。注意，食物图片里的有些食物可以在此训练中有所变化（见以下多样化活动的内容）。

▶ 开始前，跟学生讨论交换食物前要完成哪种类型的练习。

▶ 提醒学生，必须从这 5 种食物各找到 1 种食物，才能让自己的食物变成一顿有营养的餐食。

▶ 练习过程中，如果学生取得了所有 5 种食物，应继续交换食物，但是要交换的是同一种类的食物，这样才能保持一直拥有食物金字塔上所有 5 种类别的食物。

▶ 增加食物图片，可以让学生从杂志上剪下食物图片，并带来学校。

示范及建议

要注意，有些学生会对某些食物过敏，还有些学生是素食主义者。所以要有足够的食物图片让学生交换获得安全又营养的一餐。

多样化活动

▶ 在训练室周围放置瑞士球或拉伸带，用于练习。告诉学生，可以选择需要借助这些设备来完成的练习动作。

▶ 在让学生们用自己食物袋里的食物进行交换前，把所有食物图片正面朝下放在训练室中。教师发出信号后，所有学生进入训练室，选择 5 张食物图片，放入空的食物袋里。然后，学生花几分钟确认他们选择了哪几种食物，还需要交换哪几种食物，才能拥有食物金字塔里的所有 5 种食物。

▶ 有些学生的食物袋里放有零食图片。告诉学生，如果他们的食物袋子里有零食，或者是交换到了零食，可以在箱子里交换一种更健康的食物，以便搭配出更健康的营养餐。有零食的学生必须在交换食物前，确认并完成一项练习。

家庭拓展任务

让学生在家看看自己的 3 餐，看是否 5 个种类的食物都有。让他们跟家里人讨论不同的食物种类和每个种类中有哪些食物。学生可以写下自己最喜欢的一餐，评估是否含有所有 5 个种类的食物。

评估

▶ 如果学生收获了营养均衡的一餐，让他们举手示意。提问，为什么这样的一餐营养均衡。

▶ 让学生列出 5 个食物种类。

▶ 让学生针对每个食物种类举出不同食物的例子。

获取营养物质

6.6

中级

　　营养物质：是指人体每天通过食物摄取的营养物质。每天都应该摄入 6 类指定的营养物质，这对保持身体健康非常重要，这 6 大类营养物质分别为：水、维生素、碳水化合物、蛋白质、矿物质和脂肪。

教学目标

　　让学生学会识别 6 类营养物质，明确这 6 类营养物质的重要性，能够对含有这些营养物质的食物进行分类。

与美国国家标准的关系

- ▶ 体适能教育标准 3：定期参与体适能训练。
- ▶ 体适能教育标准 4：达到并维持一定的健康体适能水平。
- ▶ 体适能教育标准 5：展示有责任的个人行为和社会行为，在体适能训练过程中尊重自己，尊重他人。

设备

　　每组一套 6 种物品，在 6 种物品中各选一个（如沙包、圆拱、塑料片、纸张、丝巾、色子）。

- ▶ 用于标记团队位置的标志筒。
- ▶ 垫子。
- ▶ 用来统计步数的计步器（可选）。
- ▶ 用来测定心率的心率监测器（可选）。

活动流程

　　设定训练内容，教师在室内先写出代表挂图上营养物质的物品名称，例如：

- ▶ 塑料片代表碳水化合物。
- ▶ 圆拱代表矿物质。
- ▶ 丝巾代表维生素。
- ▶ 色子代表蛋白质。
- ▶ 黄色泳池浮条代表脂肪。

1. 在训练室的一端，

复用图

营养物质挂图，训练室每面墙上各挂一幅

体适能补充家庭任务表，每位学生一份

把学生分成 3~4 个小组。在训练室的另一端，给每一个小组准备好一套 6 个物品。

2. 安排一组成员到训练室中间，他们在训练中负责追逐他人。训练的目标是要让一整组的学生拿到 6 个代表不同营养物质的物品。组员能说出 6 种不同的营养物质，这一组的训练才算完成。

3. 听到教师发出信号后，每个人朝着训练室的另外一端跑。

4. 每个学生捡起一个物品，然后把这个物品带回他们组的起点。

5. 当学生被抓到时，如果手里没有物品，那么就要站到墙边，做 5 个俯卧撑，然后才能回到训练中，继续去捡其他物体。

6. 当学生被抓到时，如果手上有物品，那么就要到墙边做 5 个开合跳，做的同时还要说出自己手上的物品所代表的营养物质的名称。做完开合跳之后，拿着物品回到训练中。

获取营养物是一项追逐游戏，有助于学生在活跃的氛围里学习 6 大类营养物质：水、维生素、碳水化合物、蛋白质、矿物质和脂肪。

7. 如果小组成员拿到 6 种不同的物品，并且没有多余，那么这一组就算完成任务。如果小组成员拿到两个一样的物品，那么必须归还其中一个，然后继续训练，这样他们就有可能会再次被追到。如果再次被追到时，他们就要说出这 6 种营养物质的名称。然后组里的队员们说出每种营养物质所对应的食物名称。

8. 教师更换在训练室中间位置的追逐组员，重复这项训练。

教学提示

▶ 提醒学生要环顾四周。因为在训练过程中，许多学生会在同一时间起跑。他们需要各自留意，不要撞到对方。

▶ 向学生指出，在进行这样的训练时，他们会用到的健康体适能的类型。和学生一起回顾他们在培养哪类体适能。例如，跑步是培养有氧体适能，靠墙俯卧撑是培养肌肉力量，开合跳是培养柔韧性。

▶ 训练开始之前，教师和学生一起讨论 6 大类营养物质，回顾贴在训练室墙上的挂图。提醒学生，在他们收集到 6 种代表不同营养物质的物品后，需要说出各种营养物质的名称，然后列出一个食物组合，以及它们各自对应的营养物质。
- ▶ 让学生在各自的小组中想办法解决问题，要求他们要用最简单的方法收集唯一一个有颜色的圆拱。他们需要从每个位置拿到唯一一个有颜色的圆拱，这样游戏才算完成。

示范及建议
- ▶ 被抓到的学生要做开合跳，与此同时，他的组员要跑去捡物品，然后再返回。
- ▶ 当坐在轮椅上的学生从轮椅上下来，拿着物品坐回轮椅时，只能抓他们一次，然后他们完成一项练习。如果学生只是坐在轮椅上，并没有移动，就不能追逐他们。

多样化活动
- ▶ 一轮之后，变换训练动作，这样学生可以练习各种体适能。
- ▶ 如果使用计步器，需要讨论以下问题。
  - 每组成员比较步数，并问他们为什么步数会不同。
  - 提问学生，一天里他们应该走多少步。
  - 提问学生，追逐游戏是否有助于累计步数。学生是否可以通过改编游戏形式来完成更多的步数。

家庭拓展任务
使用体适能补充家庭任务表。

评估
确保每组里的每个成员都能回答以下问题。
- ▶ 说出 6 大类营养物质的名称。
- ▶ 说出一类营养物质的名称，然后说出一种含有这种营养物质的食物名称。
- ▶ 说出每种营养物质都很重要的原因。

6.7　食物环

初级

营养物质： 学生将通过本次训练和食物指南金字塔的使用，了解食物种类和均衡饮食。

教学目标

学生将通过收集水果、蔬菜和其他食物，学会分辨食物指南金字塔上的食物种类，从而实现饮食均衡。

与美国国家标准的关系

- ▶ 体适能教育标准 3：定期参与体适能训练。
- ▶ 体适能教育标准 4：达到并维持一定的健康体适能水平。
- ▶ 体适能教育标准 5：展示有责任的个人行为和社会行为，在体适能训练过程中尊重自己，尊重他人。
- ▶ 健康教育标准 3：学生能够展示自己具有实施促进健康行为、减少健康风险的能力。

设备

- ▶ 快节奏的音乐，如果可以，选择带有遥控器的音乐播放器，易于操作音乐播放。
- ▶ 5 个呼啦圈，呼啦圈的颜色与食物指南金字塔里的每种食物的颜色相同：橙色、绿色、红色、蓝色和紫色。

复用图

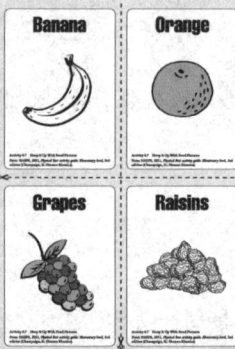

食物环图。另外一个来源是美国乳业委员会。它们的网站上有一些彩色的图片，每一张卡片背面都有营养物质的实用信息。把食物摆放图做成一张张卡片，可以保存更长时间

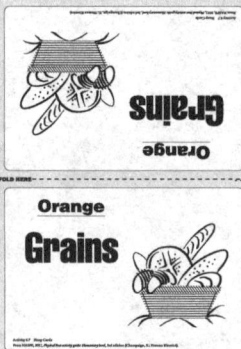

我的金字塔海报

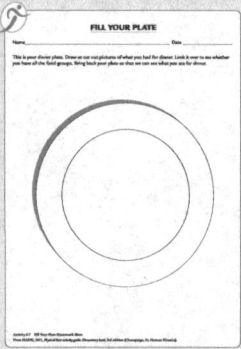

食物摆放卡

餐盘家庭任务表，每位学生一份

活动流程

1. 本次训练应该按照食物指南金字塔的初级使用说明完成。学生必须具备金字塔里食物种类的基础知识。先让学生学习金字塔图片，这样学生就会明白食物种类的比例与建议日摄入量之间的关系。

2. 在训练室周围或者在呼啦圈对面的墙边放置食物环图。

3. 沿墙一线摆放 5 个呼啦圈，呼啦圈与呼啦圈之间可以留点间隙。按照以下食物金字塔的颜色，从左往右摆放呼啦圈。颜色顺序：橙色、红色、绿色、蓝色、紫色。在呼啦圈上贴上食物环图。

4. 向学生说明，当音乐响起时，他们要用指定的动作（走路、慢跑、跳等动作）跑到呼啦圈周围。跑的过程中不能碰到或踩到任何一个食物环图。

5. 向学生说明，当音乐停止时，他们要停下动作，捡起离他们最近的食物卡片，按照食物指南金字塔上的食物种类，确认这张食物卡片属于哪个呼啦圈，然后走过去把食物卡片放进呼啦圈。最后在呼啦圈后面站成一排。

6. 播放音乐，这个活动可以重复 2~3 次。音乐停止之前，要给学生足够的移动时间。这样教师就有时间对学生的动作做出目测评估。

7. 学生在呼啦圈里放了几张食物卡片后，让站在呼啦圈旁的学生确认，是否所有的食物卡片都被放到对应的呼啦圈里。活动期间，鼓励大家积极讨论。墙上挂的食物金字塔海报有助于学生顺利完成活动。教师应该在呼啦圈旁边不停地走动，观察学生是怎么做的，但是当学生放错卡片位置时，教师不必指出。刚开始，教师可以让学生自己评估呼啦圈里的卡片是否归类正确。当所有的呼啦圈都有食物卡片时，教师和学生一起讨论活动结果，指出每个呼啦圈里的部分食物，也可以讨论每种食物的优点及缺点。如果呼啦圈里的所有食物卡片都是正确的，学生可以竖起大拇指、互相击掌或集体欢呼。

8. 活动继续进行，直到所有的卡片都被放到呼啦圈里。每次重新播放音乐时，记得让学生变换运动动作。

教学提示

食物环活动可以当作一节课程来进行教学，也可以作为其他训练之前的热身运动。

示范及建议

▶ 行动不便的学生，可以按照他们自己的方式移动。如有需要，可以让其他人帮忙把卡片从地上捡起来。

▶ 可以把卡片放在更高的位置，如桌上或凳子上，这样可以让那些用轮椅的学生，或弯腰时平衡能力较差的学生更容易拿到卡片。

▶ 如有需要，同学之间可以互相帮忙。

多样化活动

▶ 为了给学生更多讨论的机会，教师可以控制最后的在每种颜色呼啦圈里的卡片数量。在某一次游戏中，大多数食物摆放卡最后可能都集中在代表谷物的橙色呼啦圈里。此时让学生讨论，如果一个人的日常饮食主要是由这类食物组成，他们的身体可能会发生哪些变化。下一次游戏，可以让学生从其他食物种类里选择他们最爱吃的品种。通过这种方式，让学生了解挑食或偏食的后果。

▶ 在每个呼啦圈上面的墙壁上列出简单的训练动作。学生手里的卡片如果位于金字塔中最大的区域，那么他要做的训练动作会少于那些卡片位于较小区域的学生。例如，拿肉类和豆类卡片的学生要做 20 个开合跳，但是手持谷物卡片的学生只要做 5 个开合跳。当学生确认在呼啦圈里的食物卡片位于金字塔的位置后，他们要开始完成训练。向学生说明，为什么在食物金字塔较小位置的图片会需要更多的运动来消耗热量。

▶ 给动作增加技巧，比如运球、踢蜘蛛球或接住沙袋。在每个呼啦圈旁摆放设备和任务卡。当大家完成对食物指南金字塔的讨论后，可以用这些设备重复活动。

▶ 提供 3 个大木箱、袋子或纸箱。在第一个大木箱上贴一张微笑的表情和"总是"这个词，在第二个大木箱上贴一张绷着脸的表情和"有时"这个词，在第三个大木箱上贴一张愁眉苦脸的表情

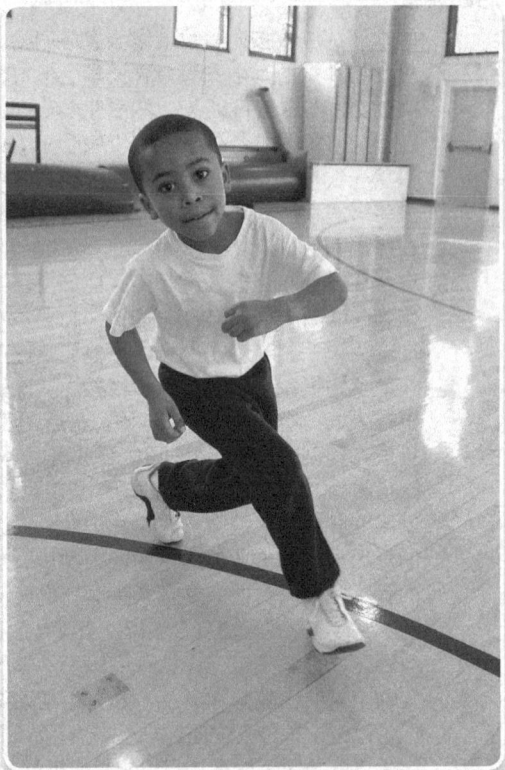

动作可以让学生一边把食物按五种食物进行归类，一边保持运动。

和"很少"这个词。让学生根据他们的想法，看看哪一个箱子最适合代表所选食物的推荐用量，就把食物放入哪个箱子。然后和学生一起讨论结果。

家庭拓展任务

分发食物装盘家庭任务表给学生，并教他们怎样完成。完成后，学生把表带回学校。上课时，和大家一起讨论。

评估

▶ 观察学生如何放置食物环图。

▶ 当学生对食物进行分类时，可以协助各小组做出决定。观察学生之间是如何互相帮助的。如果需要，学生可互相纠正错误，正确的时候，互相鼓励。

蛋白质多样化

6.8

中级

营养物质：人们可以通过各种各样的食物获取所需的蛋白质，实现均衡饮食，保持身体健康。

教学目标

学生了解除了肉类以外人体获得蛋白质的方式，以及如何通过日常饮食中的其他食物来获取蛋白质。

与美国国家标准的关系

▶ 体适能教育标准 4：达到并维持一定的健康体适能水平。
▶ 健康教育标准 3：学生能够展示自己具有实施促进健康行为、减少健康风险的能力。

设备

▶ 呼啦圈，每组一个。
▶ 欢快的音乐和音乐播放器。

活动流程

1. 把学生分成 4 组。
2. 在训练室周边放 4 个呼啦圈，每组都有指定的呼啦圈，作为他们各自的大本营。
3. 在训练室中间有各种各样代表蛋白质食物的卡片，卡片还包含一些能够给素食者提供蛋白质的食物。
4. 当教师说"开始"时，所有的学生跑到训练室中间的圆圈，拿一张卡片，然后把卡片带回各自的大本营。
5. 当圆圈里的所有卡片都被拿走，学生可以跑到其他组的大本营拿卡片，

复用图

蛋白质食物卡

选择蛋白质食物家庭任务表，每位学生一份

其他组的成员不能以任何方式阻止别人拿卡片。

6. 当教师喊"停止"时，所有的学生要返回各自的大本营，看看他们各自呼啦圈里都有哪些食物的卡片。

7. 让学生确认鱼、鸡蛋、豆类、坚果、蔬菜、花生和种子这些食物类别中，是否每类至少有一种食物。

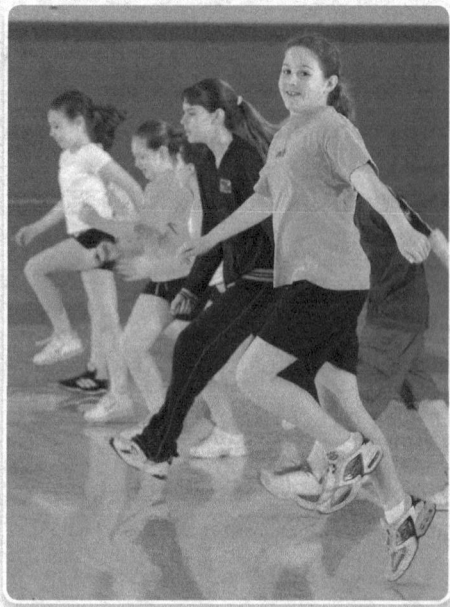

当学生在日常饮食中学会通过素食获取蛋白质时，他们同样可以保持精力充沛。

教学提示

▶ 教师和学生一起回顾蛋白质对人体有哪些益处。蛋白质有益于人体健康，是因为它可以帮助我们塑造肌肉。

▶ 蛋白质主要存在于家禽和植物中，氨基酸是构成所需蛋白质的基本物质。人体本身会产生 11 种氨基酸，但是另外 9 种人体所必需的氨基酸必须通过摄入食物来获取。

▶ 因为人体所需的另外 9 种氨基酸必须通过摄入食物获取，所以对于人们来说，重要的是每天摄入各种各样的全谷物食品、植物油、豆类、大豆、种子和坚果。

▶ 90 克的食物量大小相当于一副扑克牌。儿童每天应该要摄入 90~150 克的蛋白质，或者 2 份含蛋白质的食物。

示范及建议

▶ 在取食物卡的游戏过程中，教师可以给行动不便的学生设定较短的来回路程，或者把卡片放在他们附近的位置。

▶ 因为有的学生反应比较慢，每次都要花比较长的时间拿卡片，可以让这些学生一次拿 2 张卡片，其他的学生一次只能拿一张。

多样化活动

▶ 活动开始时，把所有的食物卡片在呼啦圈之间均匀地铺开。等到一轮活动快结束时，让学生看看他们的呼啦圈里还需要哪些食物。

▶ 从活动 6.7 里的食物表里，挑选出一个不一样的食物组合。

家庭拓展任务

让学生完成蛋白质多样化家庭任务表。

评估

▶ 要求学生至少说出 4 种含有蛋白质的食物。

▶ 让学生用手指比出他们的食量。

燃烧热量

初级

新陈代谢：人体把食物转化成能量的过程称作新陈代谢。新陈代谢比较快的人，和新陈代谢比较慢的人相比，其热量消耗的速度比较快。新陈代谢的速度会影响身体成分。

教学目标

学生能明白，尽管每个人所需的营养物质都是一样的，但是人与人之间的新陈代谢各有不同。

与美国国家标准的关系

▶ 体适能教育标准 4：达到并维持一定的健康体适能水平。
▶ 健康教育标准 1：学生了解有关健康提升和疾病预防的理念。

设备

▶ 6 个不同重量的物体，供学生投掷使用：沙包、沙线球、飞盘、丝巾、高尔夫球或者其他软球。数量足够每个学生在一轮活动中都有机会投掷 5 个物体。
▶ 大木箱或者其他投放物体的目标容器。
▶ 塑料片。
▶ 胶带和圆锥体（如有需要，可用来设定活动空间）。

活动流程

1. 让学生站在训练室较长一边的区域，或者用胶带或圆锥体设定一个相似的活动空间。把沙袋或球放在学生背后，方便他们拿到。在排球场另一端的线处，或者和排球场地距离相同的位置处，放一个大木箱或者设定一个投掷物体的目标范围。给每个学生分配一个指定的物体：丝巾、泡沫球、沙包、飞盘或者其他较软的物体。
2. 当教师说"开始"时，学生把他们手里的物体投向大木箱，或者设定的投掷目标范围内。
3. 不管是投中还是没有投中，学生必须步行去拿一个新的物体，然后再走回他们原先指定的投掷点，投出物体。
4. 给学生 30~60 秒的时间投掷物体（时间长短取决于班级人数多少，以及每节课设定的时间）。然后让他们停下来，清空大木箱里的物体，并把那些没投中的球或沙包捡起来，为第二轮投掷做准备。
5. 把投掷地点朝投掷目标的方向移近 1/4 的距离，也就是说投掷地点和目标范围的距离更短。然后让学生继续更换物体投掷。
6. 不管是投中还是没有投中，学生都要步行去拿另外一个新的物体。每次去拿另外一个新的物体时，学生都要采用不一样的运动动作，然后再回到他们各自的投掷地点。

7. 给学生 30~60 秒的时间投掷物体。然后让他们停下来，清空大木箱里的物体，并把那些没投中的球或沙包捡起来，为第三轮投掷做准备。

8. 再一次把投掷地点朝投掷目标的方向移近 1/4 的距离，也就是说投掷地点和目标范围之间的距离更近，更换每个学生投掷的物体。

9. 不管是投中还是没有投中，学生都要去拿另外一个新的物体，但是他们必须跳着去，然后再跳回他们的投掷点。

10. 给学生 30~60 秒的时间投掷物体。然后让他们停下来，清空大木箱里的物体，并把那些没投中的球或沙包捡起来，为第四轮投掷做准备。

11. 再一次把投掷地点朝投掷目标的方向移近 1/4 的距离，也就是说投掷地点和目标范围之间的距离更近，更换每个学生投掷的物体。

12. 不管是投中还是没有投中，学生都要去拿另外一个新的物体，但是他们必须跑过去拿，然后再跑回他们的投掷点。

13. 教师可以通过陈述以下几点，把本次活动与新陈代谢课程联系在一起。

   • 有些物体会比其他物体更容易扔到目的地，这一点和个人的新陈代谢有关系。比如，球、飞盘、沙包可以代表那些消化速度快、在很短时间内就消化完毕的人，而这些物体就可以快速扔到目的地。

   • 有的人消化食物的速度比较慢，所以他们需要更多的时间把他们所吃的食物消化完。就像丝巾，需要花更多的时间，才能到达目的地。

   • 当你离目的地越近，你就能更快击中目标，这表明你消化食物的速度加快。

   • 你的动作越快，你消化食物的速度也就越快，这代表新陈代谢加快。

学生通过从不同的距离投掷各种重量不同的物体，学会如何比较新陈代谢的快慢速度。比如，球会比丝巾更快到达目的地，这就表示新陈代谢快的人，和新陈代谢慢的人相比，消化食物的速度更快。

- 你的动作越慢，你消化食物的速度也就越慢，这代表新陈代谢很慢。以上那些物体可以用来代表不同的人、不同的代谢率，以及他们是如何消化食物的。
- 丝巾代表速度缓慢的新陈代谢。
- 飞盘代表速度较快的新陈代谢。
- 人们能量燃烧的速度各有不同，并且能量燃烧的方式也不尽相同。

教学提示

▶ 整个活动中，投掷距离有所改变，但是每轮活动所用时间相同。

▶ 学生人数较多、时间紧张、设备数量有限时，缩短课堂训练时间。

示范及建议

替换目标物（呼啦圈、保龄球瓶），目标位置区域（桌子或椅子上），以及其他方面的调整（推出物体而不是投掷），以便适用于行动有困难的学生。

多样化活动

▶ 可以用曲棍球棒踢打、碰撞食物图片的方式完成同样的练习。

▶ 教师可以增加一轮总决赛，让每个人都更努力地运动。和学生一起讨论这个事实：不管他们的新陈代谢速度是快还是慢，他们都可以通过活动燃烧热量，所以每天都应该坚持做一些体适能训练，这一点非常重要。

家庭拓展任务

让学生和家庭成员一起讨论新陈代谢的含义。学生可以提问家庭成员他们认为自己的新陈代谢速度是快还是慢，为什么。学生也可以告诉家庭成员自己拥有哪种类型的新陈代谢以及为什么。学生应该邀请他们的家庭成员一起散步，帮助他们加速新陈代谢。

评估

▶ 教师说："人体把食物转化成能量的过程称作新陈代谢。"如果你同意教师的说法，那就竖起你的大拇指；如果你不同意教师的说法，大拇指朝下。（答案：大拇指朝上。）

▶ 教师提问："是否每个人的新陈代谢都相同？"如果你同意教师的说法，那就竖起你的大拇指；如果你不同意教师的说法，大拇指朝下。（答案：大拇指朝下。）

6.10 混合新陈代谢

中级

新陈代谢：人体把食物转化成能量的过程称作新陈代谢。新陈代谢速度较快的人和新陈代谢速度较慢的人相比，热量燃烧的速度更快。新陈代谢速度会影响身体成分。

教学目标

▶ 学生通过使用儿童体育活动金字塔（Lambdin et al., 2010），了解人们通过参与各种各样的体适能训练，帮助他们提高新陈代谢速度，从而达到和维持健康的身体成分。

▶ 学生能通过参与各种各样的体适能训练，帮助他们提高新陈代谢速度，从而达到和维持健康的身体成分。

与美国国家标准的关系

▶ 体适能教育标准 4：达到并维持一定的健康体适能水平。

▶ 健康教育标准 1：学生了解有关健康提升和疾病预防的理念。

设备

▶ 足够用于肌肉力量和肌肉耐力、柔韧性和有氧体适能训练站点的设备，每个组的成员不要太多（每组 4~6 个人）。

▶ 欢快的音乐和音乐播放器。

▶ 用来记录步数的计步器（可选）。

活动流程

1. 当新陈代谢与身体成分相联系时，教师可以告诉或提问学生"新陈代谢"这个词的含义。向学生说明，虽然在一定程度上，新陈代谢与个人的身体成分有关（这一点是不能改变的），但是部分新陈代谢是可以改变的。体适能训练就可以帮助所有人提高他们的新陈代谢能力。

• 有氧体适能训练可以燃烧热量，提高代谢能力。

• 休息时，肌肉细胞比脂肪细胞燃烧（新陈代谢）更多的热量。拥有良好的肌肉力量和肌肉耐力，可以帮助人们提高新陈代谢能力。

• 总的来说，良好的柔韧性可以帮助学生保持更加活跃的状态。柔韧的身体

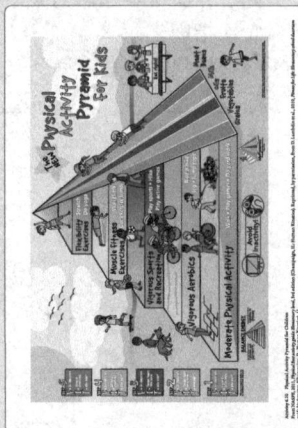

复用图

儿童体育活动金字塔，每位学生一份

可以帮助学生更好、更安全地进行有氧体适能、肌肉力量和耐力训练。

2. 向学生介绍或和学生一起回顾儿童体育活动金字塔。向学生指明，每天进行的日常娱乐活动和体育运动，在满足每个人的需要和兴趣的同时，也在帮助塑造良好的身体成分。

3. 按照从第 3 章、第 4 章、第 5 章中挑选出来的活动站点，把学生分成几个小组。每个小组分配到指定的站点。

教学提示

把学生比较熟悉的变形和新陈代谢联系在一起。例如，一只毛虫或者小蝌蚪变成一只蝴蝶或青蛙。我们也可以通过定期参加各种各样的体适能训练，慢慢改变我们的新陈代谢。

示范及建议

为那些行动不便的学生更改所选的训练站点。

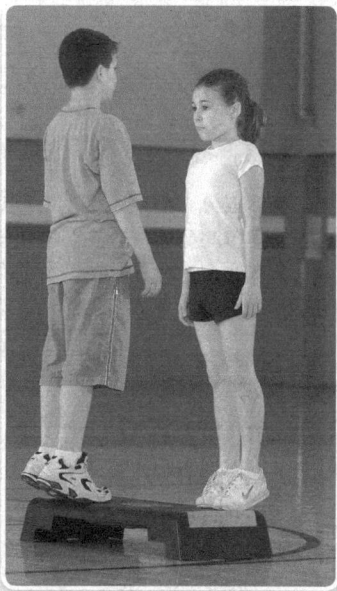

从第 3 章、第 4 章、第 5 章里选出最喜欢的站点，让学生体验儿童体育活动金字塔里的各种活动。

多样化活动

▶ 再次训练时，改变站点的活动动作，以满足学生当前的技能水平，同时加强健康体适能的各个部分。

▶ 课程拓展，将营养归入新陈代谢的范畴。
  • 向学生说明，身体就像是一台热量机器。如果蛋白质的摄入多于输出，结果可能是健康身体成分下降。
  • 提醒学生，体适能训练可以帮助他们提高新陈代谢的能力以及身体燃烧热量的能力。详见"家庭拓展任务"，选择一种适用于该领域的趣味训练。

▶ 教师可以改变好几个站点的活动，把瑞士球和弹力带练习纳入其中。

家庭拓展任务

▶ 关于下星期的家庭拓展任务，教师可以让学生在儿童体育活动金字塔复印件上标出他们参加的每项活动。鼓励学生举出他们完成的、没有列入金字塔里的活动，并将它们写到金字塔对应的活动区域。

▶ 如果采用前面的建议，教师可以给学生一周的时间绘制出一个热量的机械图，显示一天时间里这个装置吃进去的食物清单；再画出各种体适能训练选项，表示通过这些训练可以把热量排出体外。最后，在每次班会期间，让一部分学生分享他们的热量机械图，直到所有的学生都有一次分享的机会。

评估

提问学生："你为了改善和维持健康的身体成分，参加了哪些健康体适能训练？"

6.11 用保龄球击中食物

初级

身体成分：组成人体的不同成分。人体主要由肌肉、骨骼、组织、水和脂肪细胞等组成。健康的身体成分主要取决于两个方面：合理的营养搭配和适当的体适能训练。

营养物质：食物能为身体提供所需的能量，让人表现更加出色。从各种食物中获取的营养物质，为身体提供能量。人们通过摄入正确的食物获取他们所需的营养物质。

教学目标

很多食物都被人们当作点心，但并不是所有的点心都有益于身体健康。学会选择将哪些食物作为点心，有助于人们选择有益健康的食物，保持身体正常运行。

与美国国家标准的关系

▶ 体适能教育标准4：达到并维持一定的健康体适能水平。

▶ 健康教育标准3：学生能够展示自己具有实施促进健康行为、减少健康风险的能力。

设备

▶ 3个学生一组，每组1个橡胶球或游乐场球。

▶ 3个学生一组，每组10个塑料保龄球瓶（或塑料水杯，杯子里可装沙子，也可以不装沙子）。

▶ 胶带，在地面上设置保龄球道，摆放保龄球瓶。

活动流程

1. 教师一定要先设置一条投球线。每组3个学生都在同一个保龄球道内活动，给他们1个橡胶球，10个保龄球瓶和25种纸质食物卡。球道指的是投球者把球从投球线滚到保龄球瓶放置处的距离。

2. 1号学生滚橡胶球，然后2号学生把球滚回来，3号学生把那些被击倒的保龄球瓶移开。

3. 当投球者投掷2个球后，小组成员调换顺序。

4. 3号学生选择2种不同的点心放在不同的保龄球瓶下面。其中一种点心必须是有益身体的食物。多放几种食物，这样便于3号学生收获更多。

5. 如果投球者击倒一个保龄球瓶和下面的

复用图

Carrots	Celery
Apple	Banana

纸质食物卡，3位学生一组，每组25张食物卡

纸质食物卡，他需要做出决定，是保留这个食物，还是放弃。

6. 当其中一组用完所有的纸质食物卡时，教师要确认，他们整组学生是否都明白什么食物是有益的点心了。检查每个学生手里的食物，确认他们是否都做出正确的选择。帮助学生了解什么是有益的食物，这样有助于学生做出正确的选择。

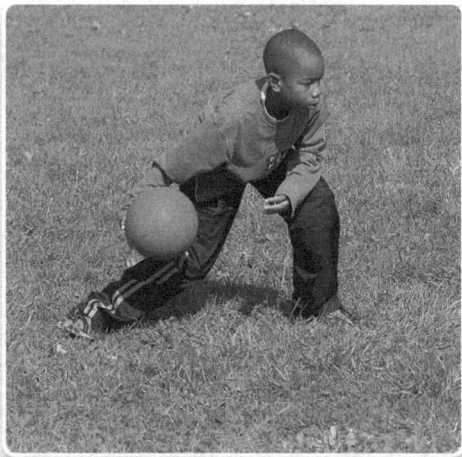

学生用球击倒保龄球瓶时，他们也是在练习如何选择健康的点心。他们击倒保龄球瓶后，发现需要选择的食物就藏在保龄球瓶下面时，就要做出决定，是否保留这种点心，还是继续击倒保龄球瓶，寻找其他有益的点心。

教学提示

▶ 回顾那些提供给学生挑选的点心，帮助他们学习如何在饥饿时选择更有益健康的点心。

▶ 告诉学生，他们必须给身体提供有益的食物，才能让身体保持健康、强壮。

▶ 告诉学生，他们摄入的食物可以帮助他们培养健康的身体成分。

▶ 提醒学生，尽管他们的身体需要一定的脂肪，但是想要维持健康的身体成分，控制高脂肪食物的摄入量非常重要。

示范及建议

▶ 让投球能力较弱的学生站在距离保龄球瓶近一点的位置。

▶ 坐在轮椅上的学生可以用专门为他们设计的保龄球坡道。

▶ 直立时难以保持平衡的学生，可以坐在地上。

多样化活动

把所有的食物卡都分配给学生，让他们把那些放在保龄球瓶下面、没有营养的食物拿走，这样最后剩下的都是健康的食物。

家庭拓展任务

让学生回家后吃一种有益健康的点心，在下节训练课上，告诉教师他们都吃了些什么。

评估

▶ 当学生挑选点心时，教师应注意观察他们的选择。

▶ 提问学生哪些食物是有益健康的点心。

第 7 章

综合训练

章节内容

健康体适能综合训练教学指南

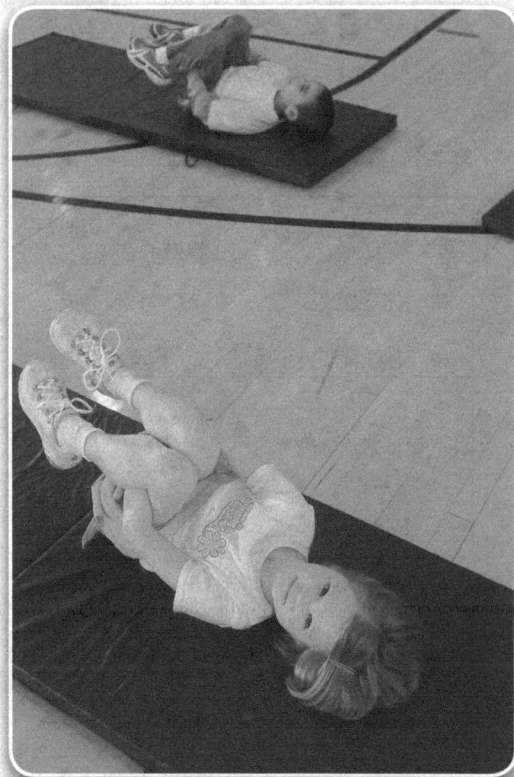

本章训练巩固了前几章所陈述的理念。结合以上健康理念，让学生了解全身锻炼的相关知识，选择适合自己的训练项目，增强健康。一项训练整合了所有健康领域的知识时，能让学生更全面地亲身体验每种体适能成分的FITT基本原则。

小学生体适能训练的潜在目标是培养健康体适能成分，锻炼不同的身体部位。多样化的体适能运动和训练有助于改善所有体适能成分，增加训练的趣味性。可以改变一个站点的活动内容和训练时间，来强调专门性原则、超负荷原则和循序渐进原则。综合训练可培养有氧运动能力，加强肌肉适能水平，增强柔韧性，强化身体成分。对所有参与者

而言，持续他运动训练，能让训练时间最大化，最大限度地开发学生潜力。

健康体适能综合训练教学指南

本章训练目的是指导并巩固以下内容。

► 回顾健康体适能成分的基本知识。
► 帮助学生理解不同健康体适能领域中训练的专门性原则。
► 通过所有健康体适能领域的训练，培养和锻炼不同的身体部位。
► 详见表7.1。

表7.1 第7章训练项目列表

训练编号	训练名称	训练页码	概念	小学	中学	复用图（在光盘上）
7.1	体适能追逐	197	体适能成分	•		体适能追逐训练海报
						健康体适能定义海报
7.2	体适能正方形传球	200	专门性原则		•	体适能正方形传球运动卡
7.3	体适能和营养组合	203	营养物质		•	体适能和营养组合拉伸训练标识
						营养物质挂图
						体适能和营养组合家庭训练表
7.4	肌肉塑形	206	专门性原则		•	肌肉塑形标识
						肌肉塑形标识（标签）
						肌肉塑形站点标识
						肌肉塑形家庭拓展任务表
7.5	全身训练	209	FITT原则		•	全身挑战性拓展训练
7.6	滚色子体适能运动	213	平衡训练		•	滚色子标识
						训练和游戏手册
7.7	迷你铁人三项	216	节奏		•	迷你铁人三项节奏记录表
						心脏是否在锻炼表
7.8	体适能游戏	219	综合体适能训练		•	体适能游戏卡

体适能追逐

初级

体适能成分：肌肉力量和肌肉耐力、柔韧性和有氧体适能，这些是训练中一直都会用到的体适能成分。了解各个体适能成分之间的不同之处，这点很重要。

教学目标

▶ 学生能进行健康体适能训练。
▶ 学生明确能强化健康体适能各个领域的训练。

与美国国家标准的关系

▶ 体适能教育标准 3：定期参与体适能训练。
▶ 体适能教育标准 4：达到并维持一定的健康体适能水平。

设备

▶ 4 种不同颜色的泡沫棒，对半切断；4 个圆锥体，用来匹配泡沫棒（如果没有面条棒，可以用沙包、塑料片或彩色纸）。
▶ 身体成分站点里，每位学生 2 个沙包。
▶ 6 根跳绳。
▶ 垫子。
▶ 心率监测器，用来记录心率。
▶ 计步器，用来记录步数。

活动流程

1. 在训练站点张贴体适能追逐训练海报，相应的健康体适能定义海报，学生能明白每个站点所针对的体适能领域。学生在进行站点训练前，先浏览这些定义，在课程最后进行评估时，再回顾一次。

复用图

体适能追逐训练海报

健康体适能定义海报

体适能追逐是一项有趣的游戏，有助于学生复习健康体适能的成分。

2. 选择3位学生作为追逐者。
3. 每位追逐者配一根彩色泡沫棒，颜色与练习区域里放置的彩色圆锥体相同。学生被抓到后，要跑到同样颜色的圆锥体旁边，从体适能追逐训练海报上选择一项练习并完成。海报上也列出了训练时间。当学生再次被抓到后，返回训练海报，选择另一项练习来做。
4. 1分钟后，或者教师觉得有必要的时候，更换一批追逐者。这样，每位学生都有机会成为追逐者。

教学提示

▶ 和学生一起讨论健康体适能。回顾健康体适能定义海报，这样学生就能了解每个站点训练所针对的体适能领域。

▶ 让所有学生完成每个领域里的训练，确保他们理解所做的练习及其对应的体适能领域。

▶ 定义每个体适能领域，这样学生可以很好地理解每项练习所培养的体适能成分。

　• 心脏、肺和肌肉在较长时间里通力运作时，就产生了有氧体适能。

　• 肌肉共同运作产生力，或者说学生反复移动物体又不觉得累的情况下，就产生了肌肉力量和肌肉耐力。

　• 柔韧性训练指有助于身体在全部活动范围内轻易地弯曲、扭动和移动身体的练习。

　• 身体成分是指去脂总体重（除脂肪外的所有身体组织，如骨骼、肌肉、器官和血液）与体脂总量的对比。体适能训练和营养平衡能让儿童健康成长，培养健康的身体成分。

示范及建议

▶ 用彩色纸打印图片，方便所有儿童理解海报内容。

▶ 对于行动不便的儿童，可以提供适宜的练习和设备，用来加强他们的肌肉力量和肌肉耐力，如手臂重量训练器、拉伸带和瑞士球。

多样化活动

▶ 增加追逐者数量，这样可以抓到更多的人。

▶ 选择不同的动作（如跳绳、奔跑和跳跃）。每次更换追逐者时，都改变一下运动动作。

▶ 站点训练时使用瑞士球或波速球。

家庭拓展任务

允许学生在休息时借出泡沫棒，以便在特定领域进行训练。学生被抓到后，追逐者指定他们应完成的练习。学生可以在家完成此训练，并向教师报告所做的练习和训练次数。

评估

▶ 提问与肌肉力量和肌肉耐力、柔韧性和有氧体适能定义有关的问题。

▶ 提问学生，今天他们做的训练是针对健康体适能的哪个部分。

▶ 让学生说出每个体适能领域的训练名称。

7.2　体适能正方形传球

中级

专门性原则：学生亲身体验各种体适能训练并进行讨论，理解专门性训练原则。

教学目标
▶ 学生能明确培养健康体适能特定领域的训练。
▶ 学生能将各种训练归类到健康体适能的各个领域。

与美国国家标准的关系
▶ 体适能教育标准 1：能展示各种体适能训练项目，以证实自己掌握了相应的运动技能与方式。
▶ 体适能教育标准 3：定期参与体适能训练。
▶ 体适能教育标准 4：达到并维持一定的健康体适能水平。

设备
4 位学生一组，每组需要以下设备。
▶ 皮吊球（拳击练习用），排球练球员或沙滩排球。
▶ 用胶带或粉笔设定正方形训练领域。
▶ 每个正方形区域内放一个圆锥体。
▶ 每个正方形区域内的学生配一个色子。
▶ 计步器（可选），用来记录训练中的步数。
▶ 垫子。

活动流程
1. 如果学生不熟悉清单上的练习，教师可以向学生示范并解说。每个正方形训练区域有一个色子和一个圆锥体，圆锥体上有一张体适能正方形传球练习卡。
2. 学生分组，4 人一组。学生在方格 4 时，每位学生都要有一次滚色子的机会。
3. 学生在方格 1 时，是发球者，把小组选择的球发给正方形其他区域里的组员。发球者先问"准备好了吗？"然后组员回复"准备好了，发球！"
4. 训练目标是使用前臂传球或发球，持续传球，尽量不要让球落地。向学生说明，他们不能连续触球两次，而且人必须待在正方形区域里传球。
5. 球落地后，方格 4 里的学生滚色子。色

复用图

Fitness Four-Square Exercise Card

1. Do 10 squats.
2. Power walk around your square once.
3. Do 10 jumping jacks.
4. Touch your knee to your opposite elbow 30 times.
5. Do a cross-chest stretch for a count of 20. Switch arms.
6. Do 20 high knees.

Activity 7.2　Fitness Four-Square Exercise Card
from HASPE, 2011, *Physical best activity guide: Elementary level*, 3rd edition (Champaign, IL: Human Kinetics).

Fitness Four-Square Exercise Card

1. Do 10 lunges.
2. Do 10 calf raises with both feet (go up on your toes and then lower yourself back down again).
3. Touch your knee to your opposite elbow 10 times on each elbow.
4. Do 10 push-ups.
5. Do 10 mountain climbers.

Activity 7.2　Fitness Four-Square Exercise Card
from HASPE, 2011, *Physical best activity guide: Elementary level*, 3rd edition (Champaign, IL: Human Kinetics).

体适能正方形运动卡，挂在圆锥体上

正方形传球是学生学习专门性原则和健康体适能的一种新方式。

子停止后的数字对应正方形区域里圆锥体上的练习卡。学生要确认该练习针对的是体适能的哪个领域，然后开始练习。

6. 学生完成练习后，转移到下一个正方形区域。方格 3 里的学生转移到方格 4，变成新的滚色子者。方格 4 的学生转移到方格 1 里，变成新的发球者。所有其他组员绕着正方形移动。

教学提示

▶ 先指导学生运动技能，允许学生先练习一段时间。

▶ 讨论健康体适能，以及增强或拉伸特定肌肉群促进有氧体适能和心脏健康的特定练习。

▶ 帮助学生按照健康体适能的特定领域对练习进行分类，即肌肉力量和肌肉耐力、柔韧性和有氧体适能。

示范及建议

▶ 对于坐轮椅的学生或运动技能水平较低的学生，如有需要，可以采用抓球和扔球的形式。

▶ 学生可以抛球或弹球给有特殊需求的学生。

多样化活动

▶ 设计属于自己的练习，每个正方形区域就代表一个特定体适能领域。

▶ 让学生在完成 3 轮之后，转移到下一个正方形。

▶ 让学生设计练习项目。

▶ 使用游乐场球，允许弹球。

家庭拓展任务

让学生在家设置一个正方形训练区域，可以使用课堂上的训练原则，编排出适合自己的练习。可以和一个朋友一起训练，但是如果是 4 个人一起玩，就更有意思。

评估

▶ 学生能确定每项练习所对应的体适能领域。评估学生的答案。

▶ 给学生分发笔和纸。让他们列出 3 种练习，确认每种练习锻炼的身体部位，以及主要培养的健康体适能领域。

体适能和营养组合

中级

营养物质：身体成分可通过食物摄入和体适能训练发生改变。如果了解自身营养状况，就可以更容易地补给身体所需的高质量的能量。结合营养知识和有效的训练，可以拥有健康积极的生活方式。

教学目标

▶ 学生进行小组训练时，能评估与有氧体适能相关的训练强度的级别。

▶ 学生能说出所有 6 种营养物质，并说出提供每种营养物质的食物。

与美国国家标准的关系

▶ 体适能教育标准 3：定期参与体适能训练。

▶ 体适能教育标准 4：达到并维持一定的健康体适能水平。

▶ 体适能教育标准 5：展示有责任的个人行为和社会行为，在体适能训练过程中尊重自己，尊重他人。

设备

▶ 12 个飞盘，其中 6 个一种颜色，其他 6 个为另一种颜色。每个飞盘上贴一种营养物质的名称，即水、碳水化合物、矿物质、维生素、蛋白质和脂肪.

▶ 如果是室外训练，用 4 个大圆锥体标出中心线。

▶ 每队 4 个圆锥体，标出营养区域（见图 7.1）。

复用图

体适能和营养组合拉伸训练标识，每组圆锥体处放置一套中的一张卡

营养物质挂图

体适能和营养组合家庭训练表，每位学生一份

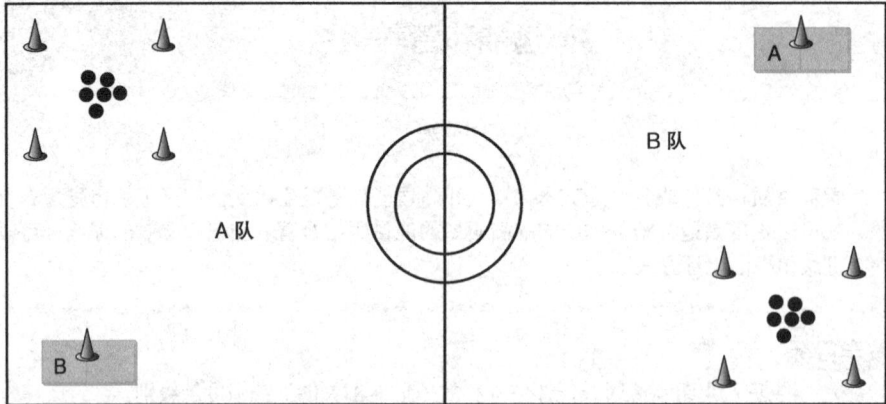

关键：●－飞盘

图 7.1　体适能和营养组合的场地设定

- ▶ 学生进行拉伸训练的等待区域，配 2 个圆锥体。
- ▶ 休息区域放 2 个垫子。
- ▶ 每组配有彩色背心。
- ▶ 心率监测器（可选），用来记录训练中的心率平均值。
- ▶ 计步器（可选），用来确认强度级别。

活动流程

1. 每队 6 个飞盘，代表 6 种营养物质，即水、碳水化合物、矿物质、维生素、蛋白质和脂肪。
2. 每队要保护自己队里的营养物质。
3. 此训练的目标是，每队学生要从另一队那里拿到所有 6 个营养物质飞盘。训练场地的大小和篮球场相同。
4. A 队在训练场地的一边，B 队在另一边。
5. 学生跑到另一队的区域，另一队里的人就可以开始追他。如果进入的学生被抓到，就进入 A 和 B 标记的另一队等待区域。被抓到的学生至少要做一项柔韧性练习，直到下一位学生被抓到。学生从体适能和营养组合拉伸训练标识里选择自己要做的拉伸训练。
6. 如果被抓到的学生拿到了一个飞盘，被抓到后，就要把飞盘放回原来的位置。
7. 圆锥体标记的等待区域里有 3 位学生时，才能释放其中的一位。但是要等到再有一位学生被抓到，才能取代之前已经在等待区域的学生。等待区域学生返回自己队里时，另一队的学生不能追他们。
8. 对每轮游戏进行计时。每轮（5 分钟）结束时，队里学生检查一下自己队里缺少了什么营养物质。队里学生必须说出一种食物，以便再次获得该营养物质。比如，想要代表脂肪的飞盘，学生必须说出一种脂肪，比如黄油。

教学提示

▶ 按以下方式讨论训练强度。

- 讨论学生在此训练中应做些什么来提高心率。
- 讨论心跳加速的益处。
- 训练的最后让学生确认他们的心率。讨论学生训练的强度级别。询问学生是做了很多活动，还是只是站在旁边。
- 学生如果努力训练，他们有没有注意到身体给出了哪些信号？（答案：脸变红、呼吸困难、疲惫、流汗。）

▶ 复习营养物质的知识，列出能提供身体各种营养的几种食物。训练室可以放营养物质挂图以供参考。

示范及建议

▶ 学生可以轮流推那些坐轮椅的学生。如果轮椅没有移动，坐轮椅的学生就不能被抓。

▶ 使用手杖或助行架的学生，或者是行动不便及协调性差的学生，可以按照他们自己的速度移动。学生快被抓到时，可以举手或在原地不动，以保安全。只有放下双手或者移动时，别的学生才能追他们。

多样化活动

▶ 在放有垫子的区域，学生可以做肌肉力量和肌肉耐力练习。

▶ 等待区域增加波速球用于练习。

家庭拓展任务

学生一周应该参与 3 次以上的有氧训练。学生需要达到适当的训练强度级别，才能有益心脏。他们可以利用体适能和营养组合家庭训练表，列出课外参与的训练以及表示强度级别的身体信号。

评估

▶ 一定时间（可以是 5 分钟）后，检查学生心率，开始讨论强度级别。让学生说出努力训练的身体信号，例如，心跳加快、呼吸困难、脸变红、流汗和感觉疲惫。

▶ 让学生说出一项柔韧性练习。

▶ 说出几种食物，让学生回答这些食物给身体提供了什么营养物质。

7.4 肌肉塑形

中级

专门性原则：学生应理解专门性原则，以便加强肌肉力量和柔韧性。学生可以通过学习肌肉的名称和位置，以及特定的肌肉力量和拉伸练习，制订符合个人需求的训练计划。

教学目标

▶ 学生明确针对特定肌肉群的拉伸练习和肌肉力量练习。
▶ 学生能确认身体不同肌肉群的位置。

与美国国家标准的关系

▶ 体适能教育标准4：达到并维持一定的健康体适能水平。
▶ 体适能教育标准5：展示有责任的个人行为和社会行为，在体适能训练过程中尊重自己，尊重他人。

设备

▶ 每组一个圆锥体。
▶ 垫子。
▶ 欢快的音乐和音乐播放器。
▶ 计步器，用来记录步数。
▶ 有氧训练的台阶或凳子。
▶ 心率监测器（可选的），用来检测学生训练过程中的心率。

复用图

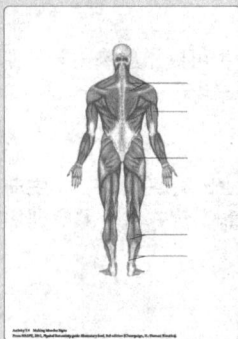

肌肉塑形标识，每组一份

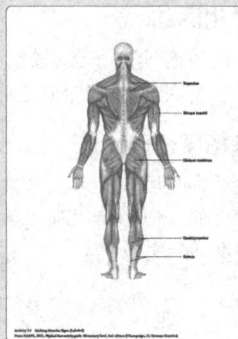

肌肉塑形标识（标签）

肌肉塑形站点标识

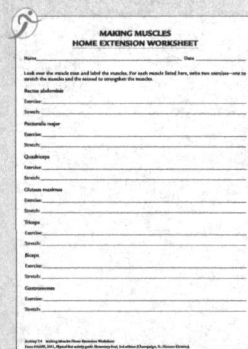

肌肉塑形家庭拓展任务表，每位学生一份

活动流程

1. 学生按照相同的人数进行分组，每组分发肌肉塑形标识。
2. 学生移动到站点，针对每块肌肉进行力量练习和拉伸练习。
3. 学生完成一个站点的训练时，应在肌肉标识上的正确位置写下所锻炼肌肉的名称。
4. 学生按照教师指示移动到下一个站点。
5. 学生完成所有站点的训练后，利用肌肉塑形标识（标签）核对答案，确认是否填写正确。

教学提示

▶ 告诉学生此训练强调的两个健康体适能领域，即此训练有助于提升柔韧性及肌肉力量和肌肉耐力。
▶ 让学生查看肌肉塑形卡，复习肌肉位置。
▶ 此训练要求学生通过完成一项练习来帮助定位肌肉。学生通过练习使用肌肉，并且在肌肉塑形标识上标出肌肉位置。

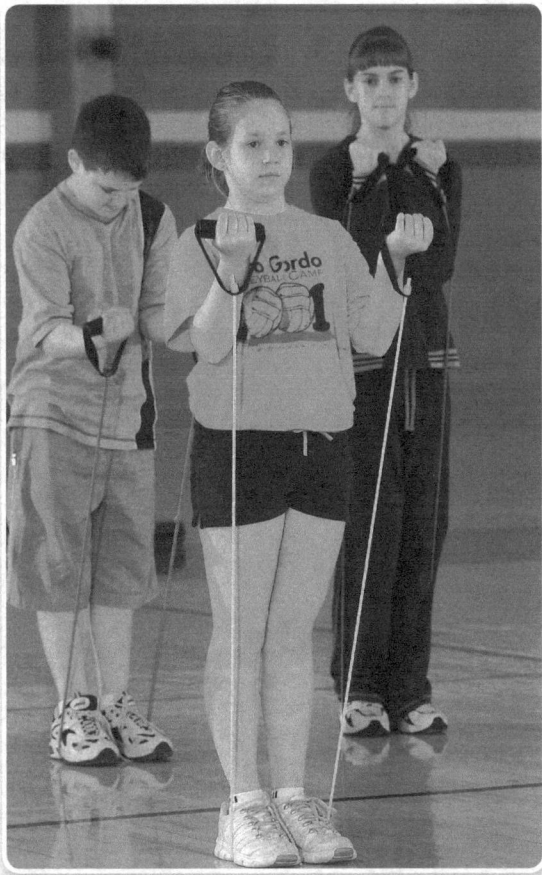

肌肉塑形训练中，学生通过锻炼特定的肌肉，学会定位身体的肌肉群。

▶ 有些练习可以拉伸肌肉，另外一些练习是增强肌肉力量和耐力的。
▶ 课程最后，提问学生哪些练习是增强肌肉的练习，哪些练习是拉伸练习。

示范及建议

▶ 按照学生的受限情况，更改练习项目。
▶ 根据需要调整场地，以便学生单独运动。

多样化活动

让学生在站点完成不同的拉伸训练或肌肉训练。

家庭拓展任务

把肌肉塑形家庭拓展任务表分发给学生，让他们在家练习不同的肌肉群。

评估

▶ 教师在课堂上可以使用任务表对学生进行评估。

▶ 在训练的最后，教师说出一块肌肉，让学生把手放在该肌肉的位置上。

▶ 在训练的最后，教师说出一项练习，让学生说出该练习锻炼的主要肌肉。

▶ 在训练的最后，教师说出一项练习。如果练习是用于锻炼肌肉力量，则让学生大拇指朝上；如果练习是用于锻炼柔韧性，则让学生大拇指朝下。

全身训练

中级

FITT 原则：加强有氧体适能、肌肉力量和肌肉耐力、柔韧性的训练时，需要遵守 FITT 原则。其中，F 为频率，I 为强度，第一个 T 为时间，第二个 T 为类型。

教学目标

▶ 学生能参与全身训练，培养有氧体适能、肌肉力量和肌肉耐力、柔韧性。

▶ 学生能将训练归类于有助于提升健康体适能的特定领域。

▶ 学生理解和回顾 FITT 原则。

与美国国家标准的关系

▶ 体适能教育标准 2：证实自己了解各种运动项目的理念、规则、策略和战术，并能用于体适能训练的学习和展示过程。

▶ 体适能教育标准 4：达到并维持一定的健康体适能水平。

设备

▶ 20 个圆锥体。

▶ 10 个呼啦圈。

▶ 3 位学生一组，每组 1 根跳绳。

▶ 垫子。

▶ 欢快的音乐和音乐播放器。

活动流程

1. 学生 3 人一组。学生 1 和学生 3 在线的一端，学生 2 在另一端。场地中间放一个呼啦圈（见图 7.2）。

2. 此训练的基本形式如下所述。音乐响起时，学生 1 跑到中间，在呼啦圈里完成一项练习，然后开始追学生 2。抓到学生 2 后，学生 1 取代学生 2 的位置。学生 2 跑到中间，在呼啦圈里完成一项练习，然后开始追学生 3。如此继续。一分钟后，音乐暂停，换一种练习。

3. 从第 211 页的班级全身训练清单中选择一项练习，告诉学生每轮练习他们应该在呼啦圈里完成什么动作。

复用图

全身挑战性拓展训练，每位学生一份

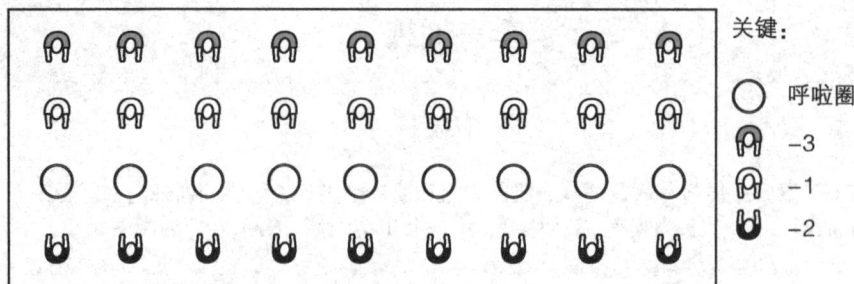

关键：

○ 呼啦圈

⌂ −3

⌂ −1

⌂ −2

图 7.2 全身训练的场地示意图

教学提示

▶ 讨论全身训练的重要性。

▶ 每项一分钟挑战训练都要保持快速，让训练效果最大化。

▶ 每项一分钟训练前，参考 FITT 指南，回顾健康体适能领域。例如，学生做仰卧起坐训练前，回顾所对应的体适能领域。

▶ 每章里的介绍都有 FITT 指南（见表 3.1；见表 4.1；见表 5.1）。

▶ 在每轮练习最后，回顾相应体适能领域的 FITT 原则。

示范及建议

▶ 把行动不便的学生分在 4 人组，这样两位学生可以同时运动。训练时，行动不便的学生可以按照自己的方式运动。

▶ 坐轮椅的学生可以完成轮椅俯卧撑练习，替代一些特定的俯卧撑练习。学生也可以使用小或者不用楔形物支撑，维持静态俯卧撑姿势。

▶ 学生进行仰卧起坐练习时，可以用小楔形物放在背后，支撑背部。

多样化活动

▶ 学生在等待时可以原地完成一项练习，如拉伸、仰卧起坐或慢跑。

▶ 进行腹部力量和耐力训练时，学生可以使用游乐场球。

  • 躺下，双手握球举过头顶，做仰卧起坐运动。然后握球举过头顶，重复训练。

  • 躺下，球在双脚中间，用脚夹住球，抬高脚，把球传到手里。腿和脚向外拉伸，重复训练，脚不能碰到地面。

▶ 进行柔韧性训练时，学生可以使用游乐场球。

  • 分腿跨坐，球在两腿之间，双手轻轻往前滚动球，直到感觉肌肉拉伸。维持拉伸姿势并数到 10，慢慢把球滚回。重复训练。

  • 坐姿蝴蝶拉伸（坐着，脚底并拢在一起）。围绕身体慢慢滚动球，然后反方向滚回去。

班级全身训练

上肢力量和耐力

- 学生双手放在呼啦圈里，做 3 个俯卧撑。
- 学生膝盖放在呼啦圈里，做 3 个改编的俯卧撑。
- 学生以螃蟹走路的姿势，绕着呼啦圈行走两次。
- 学生双脚放在呼啦圈里，以俯卧撑姿势做好准备。手往右移 4 次，再往左移 4 次。
- 学生双手放在呼啦圈里，以俯卧撑姿势做好准备。模拟漏气的轮胎，身体慢慢上下移动 3 次。
- 学生双脚放在呼啦圈里，以俯卧撑姿势做好准备。举起一只手，拍一下头顶。再换另一只手拍头顶。做 3 次。
- 学生双手放在呼啦圈里，以俯卧撑姿势做好准备。完成单手俯卧撑，维持右侧俯卧撑姿势 10 秒。
- 学生双手放在呼啦圈里，以俯卧撑姿势做好准备。地面上有学生的姓名，学生把手移动到姓的第一个字母处。
- 学生双手放在呼啦圈里，以螃蟹走路的姿势做好准备。完成 3 次蟹式俯卧撑。

腹部力量和耐力

- 学生坐在呼啦圈里，然后躺下来，做 3 个仰卧起坐。
- 学生坐在呼啦圈里，身体维持 V 字形 5 秒。身体上半身和双腿重量保持平衡，笔直地抬起腿，手臂朝外或朝前（要求用手指碰脚趾保持平衡）伸直。
- 学生躺在呼啦圈里，膝盖和手臂往胸前移动 3 次。
- 学生躺在呼啦圈里，尽量往上抬头看脚趾，做 3 次。

柔韧性

- 学生以跨栏姿势坐在呼啦圈里。慢慢拉伸一条腿 10 秒，换另一条腿再拉伸 10 秒。
- 学生躺在呼啦圈里，腹部着地。保持脚放在地上，慢慢做 3 次身体抬升训练。
- 学生以改编的跨栏姿势坐在呼啦圈里（坐着时，一条腿伸直但不是固定不动，另一条腿弯曲，弯着的那条腿靠着伸直的那条腿）。伸着的那条腿先慢慢拉伸 10 秒。两腿互换，另一条腿再慢慢拉伸 10 秒。
- 学生躺在呼啦圈里，背部着地。一侧膝盖慢慢移动到胸前，维持 5 秒。再换另一侧膝盖继续。

有氧体适能

- 跳进跳出呼啦圈 3 次。
- 用呼啦圈跳绳 3 次。
- 沿着呼啦圈跑 3 圈。
- 绕着呼啦圈跑的时候，沿着呼啦圈的直径跳进跳出。
- 在呼啦圈里持续上下跳跃。

▶ 针对其他训练，学生可以使用游乐场球。站着时，可以进行控球技能训练或只是运球。

- 在球上方做 3 个俯卧撑，胸部碰球。
- 绕着球以螃蟹走路的姿势走 3 圈。
- 每只手运球 5 次。
- 把球扔向空中，拍手 2 次，然后接球。重复训练。
- 双脚分开站立。绕着脚，8 字形滚球 3 次。
- 扔球，让球在地上弹起，落回时接球。重复训练。
- 运球时，一条腿抬高。
- 用非惯用手运球 10 次。

家庭拓展任务

让学生把全身挑战性任务表带回家进行练习。学生应找 1 个同伴一起训练。

评估

▶ 让学生按照特定的健康体适能成分对练习进行分类。

▶ 让学生举出针对不同体适能成分的其他练习示例。

▶ 给学生指定健康体适能的特定领域，让他们浏览 FITT 原则。比如，学生可以回答下列有氧体适能方面的问题。

- 每周应做多少次训练？
- 训练需要多努力？
- 每个体适能领域花费了多少时间？
- 举出有氧训练的一个例子。

滚色子体适能运动

7.6

中级

平衡训练: 体适能路线提供给学生平衡训练的机会,覆盖了所有体适能成分,即有氧、肌肉力量和肌肉耐力,以及柔韧性。

教学目标

▶ 学生能确认与健康体适能相关的全身训练所针对的 3 个成分。
▶ 学生能确认与健康体适能每个成分相对应的训练或日常生活活动。

与美国国家标准的关系

▶ 体适能教育标准 3:定期参与体适能训练。
▶ 体适能教育标准 4:达到并维持一定的健康体适能水平。

设备

每个站点需要以下设备。

▶ 每位学生 3 条围巾。
▶ 每位学生或每组 1 个篮球。
▶ 篮球筐或投篮目标。
▶ 每位学生 1 根跳绳。
▶ 每位学生 1 个呼啦圈。
▶ 每组 1 个飞盘。
▶ 每位学生 1 个有氧训练的台阶或凳子。
▶ 每个站点放置圆锥体,以固定指示标记。
▶ 每组 1 个色子。
▶ 垫子。

活动流程

1. 在训练室四周张贴滚色子标识。每个站点标识上有 6 项训练。

复用图

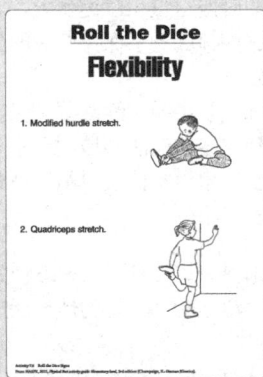

Roll the Dice

Flexibility

1. Modified hurdle stretch.

2. Quadriceps stretch.

滚色子标识。可以把标识贴在海报板上,压紧,然后在后面粘一张宽 8 厘米的纸,用来固定在圆锥体上

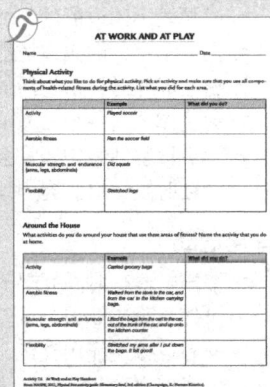

AT WORK AND AT PLAY

训练和游戏手册,每位学生一份

2. 分组，4位学生一组。

3. 每个站点指定一位学生滚色子。

4. 学生要做与飞盘中色子显示数字相应的训练。（如果学生滚色子数字为1，则该组学生完成标识上的1号训练。如果学生滚色子数字为6，则该组可选择完成标识上所列出的任意一项训练。）

5. 播放音乐未停（持续30秒），学生要持续进行训练。

6. 音乐停止，学生停止训练。教师说："继续！"学生回复："我们继续！"然后每组移动到下一个站点，另外指定一位学生滚色子。

在体适能各个方面，平衡都很重要。学生通过滚色子，结合体适能训练亲身体验这一点。

7. 站点训练为柔韧性训练、有氧训练以及肌肉力量和肌肉耐力训练。

教学提示

▶ 回顾健康体适能的领域，即肌肉力量和肌肉耐力、柔韧性和有氧体适能。

▶ 提醒学生，健康体适能的这些领域对于保持健康的生活方式来说非常重要。讨论这些训练对日常生活的益处。

▶ 通过体适能各个领域的训练，学生能持续改善并保持体形。

▶ 学生日常训练中经常会用到这些体适能领域。提问学生："什么时候使用柔韧性？什么时候使用肌肉力量和肌肉耐力？什么时候使用有氧体适能？"

多样化活动

▶ 编排一段有时间间隔的音乐，播放30秒，暂停15秒为一个间隔，共有7~9个间隔。

▶ 可使用彩色标识，巩固体育活动金字塔里的体适能成分。

• 有氧体适能用红色

• 肌肉力量和肌肉耐力用紫色

• 柔韧性用蓝色

示范及建议

根据个人需求调整训练方式。坐轮椅的学生可以不用跳绳，改成转动手柄，或者把绳子放在地上。坐轮椅的学生或技能水平较低的学生，可以让轮椅或自己在绳子上前后滚动、前后踏过。另一种方案是，把绳子对半折叠，这样可以一只手握住绳子两端，然后挥动。

家庭拓展任务

分发训练和游戏手册。让学生观察自己的训练，看看健康体适能在日常生活中的应用。学生在表上记录他们的训练。

评估

▶ 在课程的最后，让学生展示当天所做的一项腹部练习。

▶ 让学生指出力量训练的一个站点。

▶ 提问学生他们今天最喜欢的有氧训练是什么。

▶ 提问学生与健康体适能相关的全身训练，需要针对哪 3 个领域。

▶ 提问学生这些训练如何应用于日常生活。

7.7 迷你铁人三项

中级

节奏：训练中的节奏有助于身体持续运动更长的时间，从而增加训练时间。有氧训练的目标是：长期保持高强度的训练，最终达到每次训练15分钟或20分钟。

教学目标
▶ 学生能说明有氧体适能训练过程中心率发生的变化。
▶ 学生明确参与有氧训练的目的。

与美国国家标准的关系
▶ 体适能教育标准2：证实自己了解各种运动项目的理念、规则、策略和战术，并能用于体适能训练的学习和展示过程。
▶ 体适能教育标准4：达到并维持一定的健康体适能水平。

设备
3位学生一组，需要以下设备。
▶ 2个圆锥体，标记起点-终点线和转折点。
▶ 1个美式足球。
▶ 1个英式足球。
▶ 秒表，用来计算心率。
▶ 心率监测器（可选），用来记录心率。

活动流程
1. 学生3人一组。目标不是第一个完成训练，而是在整个训练中匀速地持续训练。
2. 每位学生做3种不同的训练：慢跑，英式足球运球，美式足球投球。
3. 学生在开始训练前，记录休息状态下的心

复用图

迷你铁人三项训练节奏记录表，每组学生一份

心脏是否在锻炼表

率。训练完成后也记录心率。把心率填写在迷你铁人三项节奏记录表上。

4. 学生 1 前面放有英式足球，后面放有美式足球，排成一行。

5. 开始信号响起，学生跑到转折点，然后返回到起点 – 终点线。教师可以自己决定距离长短，但最好有足球场一半的距离。

6. 学生 1 用脚向着转折点对英式足球进行运球，然后返回起点。

7. 学生 1 拿起美式足球，朝转折点投球，然后跟着球跑过去，捡起球再投一次，直到跑到转折点。之后再返回起点。

8. 学生在起点 – 终点线完成训练后，要检测心率，把每分钟心脏跳动次数记录在迷你铁人三项节奏记录表上。

9. 学生 2 和学生 3 按同样的顺序进行训练。学生在等待训练的时间里，应该进行热身运动和放松运动。

10. 所有学生完成训练后，要讨论每位学生心率的不同，以及为什么。

11. 让学生描述身体努力运动时出现的信号。利用"心脏是否在锻炼？"表辅助讨论。（答案：流汗、脸变红、心跳加速、呼吸变困难、肌肉酸痛。）

12. 让学生讨论他们是如何调整节奏以便在不走路的情况下持续训练的。

教学提示

▶ 讨论，铁人三项是一项由 3 种运动组成的竞赛。通常由骑自行车、游泳和跑步 3 个部分组成。

▶ 讨论节奏和目标心率。有节奏地完成一项训练，运动员就有足够的精力在中途不停止的情况下连续完成所有 3 种运动。这也是节奏之所以重要的原因。每个人的节奏速度都不同，这取决于个人的体形，及其对自己身体适应能力的了解程度。

训练和体育运动相结合，使训练保持新鲜感和趣味性。大脑和身体不会因为习惯于单一训练（如跑步）而感到枯燥。迷你铁人三项让学生可以有节奏地完成不同的训练。

▶ 让学生记录休息时的心率和完成铁人三项后的心率，这样他们可以了解训练对于心脏的影响。

▶ 为了计算心率，学生可以使用秒表，数出 6 秒内心脏跳动的次数，乘以 10。然后对比目标心率图表，确认自己的心率是否在目标心率的范围内。

示范及建议

▶ 缩短起点 – 终点到转折点的距离。

▶ 让同龄人提供帮助。

多样化活动

选择 3 种不同的体育运动，让学生编排每种运动的训练方式，设计出一组铁人三项。这项铁人三项训练应涵盖健康体适能的所有领域。

家庭拓展任务

让学生自己设计铁人三项并在家训练。学生返校时，尝试完成自己设计的铁人三项，作为热身训练。

评估

向学生提出以下问题。

▶ 为什么说节奏很重要？

▶ 训练过程中，你的心率发生什么变化？有氧训练对身体产生了什么影响？

▶ 你是否在铁人三项的所有训练过程中都保持稳定的节奏？为什么是？或者为什么不是？

▶ 是保持了目标心率还是在目标心率之上或之下浮动？如果是在目标心率之上或之下，要如何调整，以便使心率达到目标心率的范围？

体适能游戏

7.8

中级

综合体适能训练：学生常年参加训练，就可以评估运动的益处。了解健康体适能和技能体适能之间的不同之处，有助于学生对这两者的理解和评价。

教学目标

▶ 学生能完成所有体适能训练的练习，以达到锻炼全身的目的。

▶ 学生能对训练进行评估和归类，明确训练是主要培养健康体适能，还是主要培养运动体适能。

与美国国家标准的关系

▶ 体适能教育标准 4：达到并维持一定的健康体适能水平。

▶ 健康教育标准 3：学生能够展示自己具有实施促进健康行为、减少健康风险的能力。

设备

▶ 3~6 个排球。

▶ 3~6 个英式足球。

▶ 3~6 个瑞士球。

▶ 3~6 个篮球。

▶ 3~6 根跳绳。

▶ 6 个往返跑的标记物。

▶ 垫子。

活动流程

1. 学生 3 人一组，给每组分发体适能游戏卡。学生要完成所有的练习。

2. 在训练室放置所需的设备，学生需要时可以使用。

3. 完成练习后，学生要确定该练习是培养技能体适能，还是培养健康体适能，并在体适能游戏卡上圈出答案。完成后，让教师检查答案。

复用图

体适能游戏卡，每组学生一份

教学提示

▶ 和学生一起回顾健康体适能和技能体适能的不同成分。

• 健康体适能包括有氧体适能、肌肉力量和肌肉耐力、柔韧性和身体成分。

• 技能体适能包括协调性、敏捷度、反应时间、平衡性、爆发力和速度。

▶ 让学生说出培养每个体适能领域的一项训练。

▶ 学生填写体适能游戏卡，并绕着训练室运动，教师检查他们对运动的理解。

示范及建议

调整训练方式，以适应有特殊需求的学生。

多样化活动

让学生在空白卡上设计健康体适能和技能体适能的体适能游戏卡。

家庭拓展任务

让学生在家自己设计体适能游戏卡。可以跟朋友和家人一起练习，并填写体适能游戏卡。

评估

▶ 浏览课堂上完成的表，并进行更正。

▶ 课堂上，让学生在表上写下自己的名字，评估他们的填写结果。

学生在体适能训练中对比健康体适能和技能体适能运动，从而锻炼全身。

第 8 章

特色训练

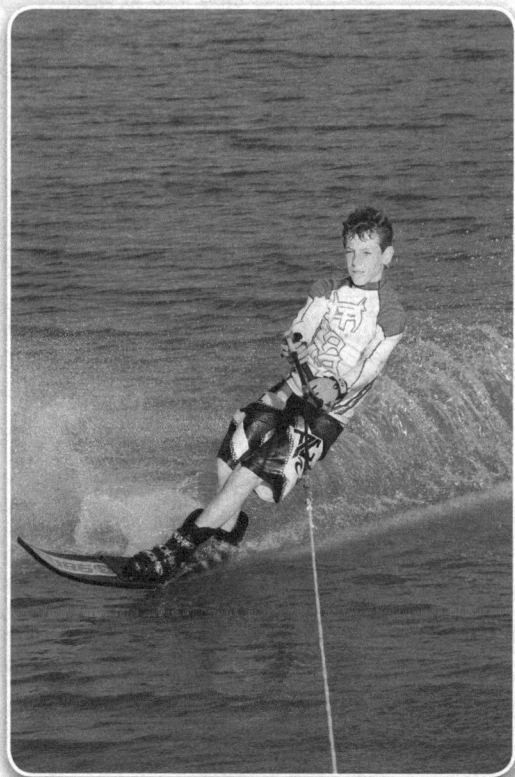

221

前面章节的重点在于，通过各种强调健康体适能成分的训练，让我们学习并掌握有关健康体适能的概念和原则，达到并保持提升身体健康的体适能水平，这是美国国家体适能教育标准里第 4 条的核心。因此，不管是课内训练，还是课外拓展训练，养成健康、活跃的生活方式都非常重要。本章的重点是将学生在体适能课程内所完成的训练，和他们课外的生活联系在一起。对学生自身而言，如果有机会培养极具个人意义的兴趣和爱好，他们会更加积极地参加各种体适能训练。庆祝节假日、传统节日，以及举行特定的健康和体适能教育纪念活动时，学生们可以选用本章提供的既有趣又富有意义的训练来展示。

我们把本章的一些训练与课堂学习内容结合在一起，运用了许多高质量体育教育课程中常用的多元智能策略（GTardner，1993）。多元智能理论与学习的过程有关，学生可以通过许多不同的方式进行学习。在培养体适能方面，多样化是生活的调味剂，学生所做的也是他们所理解的。

为了与最佳体适能教育课程的理念保持一致，本章将通过运动智能并结合其余智能（音乐、语言、自省、人际、数学逻辑以及空间智能）来完成课堂教学，为所有的学生增加成功的机会。很多与健康有关的组织机构会定期更新全民健康纪念活动清单，这些都可以为学生创造更多的乐趣和富有教育意义的运动理念。美国健康和人类服务部的搜索网站，就是这样一种资源。

学生可以通过该网站获得全民健康活动日历。NASPE 教师工具箱里也会安排许多特殊的活动。

本章除了特殊的训练活动，你还会发现附赠资源上有一份体适能 ABCs 复用图（见图 8.1）。字母表是学会读和写的基石。因此，教师也可以把体适能 ABCs 作为体适能教育课程的基石。每一个字母表里的字母都与包含在最佳体适能和美国青少年体质健康测评系统里的概念一一对应。在日常提升体适能水平的训练中，教师可以利用这份字母表强化课堂上所教授的概念和原则，或者在一节课接近尾声时，把字母表游戏作为这节课的结束内容。周而复始，教师将通过最佳体适能训练指南，帮助学生们达到他们体适能的高峰。本章的训练项目请参见表 8.1。

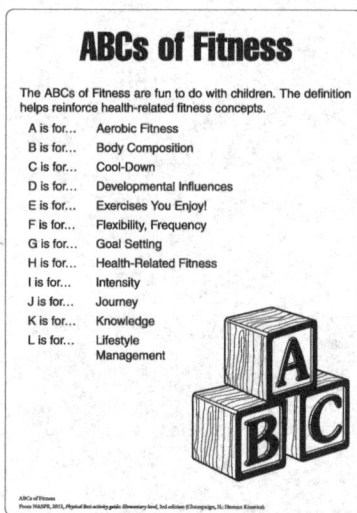

ABCs of Fitness

The ABCs of Fitness are fun to do with children. The definition helps reinforce health-related fitness concepts.

A is for...	Aerobic Fitness
B is for...	Body Composition
C is for...	Cool-Down
D is for...	Developmental Influences
E is for...	Exercises You Enjoy!
F is for...	Flexibility, Frequency
G is for...	Goal Setting
H is for...	Health-Related Fitness
I is for...	Intensity
J is for...	Journey
K is for...	Knowledge
L is for...	Lifestyle Management

ABCs of Fitness
From NASPE, 2011, *Physical Best activity guide: Elementary level, 3rd edition* (Champaign, IL: Human Kinetics).

图 8.1　体适能训练 ABCs

表 8.1　第 8 章训练项目列表

训练编号	训练名称	训练页码	概念	小学	中学	月份	复用图
8.1	环球体适能	224	体适能开发领域		•	九月	环球体适能站点标识
8.2	扫树叶	226	体适能益处	•		十一月	有氧体适能健康益处海报
8.3	趣味家庭之夜运动	229	训练益处和不训练的风险因素	•	•	全年任何时间	给监护人的信 趣味家庭之夜运动站点标识 风险因素卡 趣味家庭之夜运动调查问卷
8.4	合作式疯狂体适能	231	专门性原则		•	一月	合作式疯狂体适能标识 合作式疯狂体适能任务表
8.5	追逐游戏风险因素	233	有氧体适能		•	二月	心脏健康风险因素卡 心脏是否在锻炼表
8.6	上下跳绳	237	有氧体适能和柔韧性	•	•	二月	训练卡
8.7	心脏智能定向	239	有氧体适能和FITT 原则		•	二月	趣味定向越野活动表 心脏智能定向问题卡 FITT 家庭体适能任务表
8.8	三月体适能	242	FITT 原则		•	三月	三月体适能站点标识 心脏是否在锻炼表
8.9	行使你的权利	245	全校训练	•	•	四月	行使你的权利卡 健康益处标识 给监护人的行使权利书
8.10	激励运动	248	合作学习	•	•	五月	激励运动规则
8.11	夏季肌肉塑形	251	专门性原则		•	五月	夏季肌肉塑形站点标识 肌肉示意图
8.12	冲向金钱	253	健康体适能成分	•	•	五月或六月	冲向金钱体适能站点标识
8.13	趣味夏季——夏季塑形挑战	256	FITT 原则	•	•	六月、七月或八月	趣味夏季——夏季塑形挑战训练表

8.1 环球体适能

中级

体适能开发领域：涵盖所有健康体适能领域的训练，有助于锻炼全身。

背景知识

9月21日是国际和平日。设立这一节日的目的是增强世界各国人民彼此和平共处的理念。这一天也提醒人们勿忘战争的代价。

教学目标

为了纪念国际和平日，教师和学生分享历史背景知识。告诉学生，为了庆祝这一天，学生要绕着训练室完成环球体适能。学生应绕着东南西北4个方位运动，说出加强特定肌肉的一项练习。

与美国国家标准的关系

- 体适能教育标准4：达到并维持一定的健康体适能水平。
- 体适能教育标准5：展示有责任的个人行为和社会行为，在体适能训练过程中尊重自己，尊重他人。
- 健康教育标准3：学生能够展示自己具有实施促进健康行为、减少健康风险的能力。

设备

- 6~8根跳绳，每个站点的每位学生配1根。
- 5个塑料片或胶带，在地板上做1个X的标识，用于标记训练区。
- 4个飞盘，用来放游戏数字。
- 游戏卡和数字（如果没有，可以向任课教师要）。
- 每个站点的每位学生配1个泡沫球或1个沙包。
- 每个站点的每位学生配1条毛巾。
- 每个站点的每位学生配1条拉伸带。
- 每个站点的每位学生配1个滑板。
- 垫子。

活动流程

1. 在训练室周边按照东西南北方向的大陆位置设定站点。
2. 4位学生一组，然后绕着体适能站

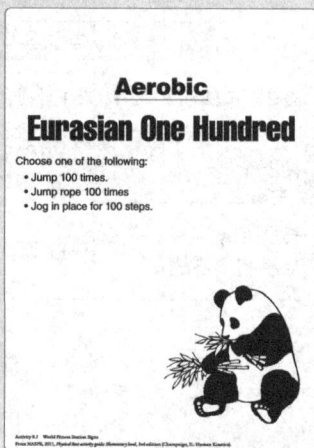

复用图

Aerobic

Eurasian One Hundred

Choose one of the following:
- Jump 100 times.
- Jump rope 100 times
- Jog in place for 100 steps.

环球体适能站点标识

点环游世界。

3. 学生向每个站点移动时，应注意使用的肌肉。站点应包括：
- 欧亚大陆，训练有氧体适能；
- 北美大陆，训练有氧体适能；
- 非洲大陆，训练肌肉力量；
- 澳大利亚大陆，训练肌肉力量；
- 南极大陆，训练肌肉力量；
- 南美大陆，训练柔韧性 。

环球体适能是按世界各大陆建立一套站点来完成训练，庆祝 9 月 21 日国际和平日。

教学提示

▶ 教师先在训练室内挂一张世界地图，让学生了解训练室里东西南北各大陆的位置，并大声说出各大陆的名称。

▶ 学生先在每个大陆站点做一些练习。了解各大陆人们也会在日常生活中涉及各种体适能的领域，和学生一样。

▶ 每个大陆站点针对一种特定的体适能领域。教师利用墙上的全球体适能训练站点标识向学生解说练习活动。

▶ 北美大陆点的训练，用 5 个塑料片或在地面上用胶带做 4 个 X 标识，作为正方形的 4 个角，然后在正方形中间标识第 5 个 X。5 个 X 之间不要太远，以确保学生在不同的 X 处跳跃时不会跳到正方形的外面。

示范及建议

改编训练，以适应不同能力学生的需求。比如，让坐轮椅的学生帮另一位学生摇动跳绳的一端，单手或双手模仿绳子转动。或者把绳子对折，单手拿两个手柄，像跳绳那样摇动绳子。

多样化活动

▶ 学生学习大陆知识时，和任课教师一起进行训练。

▶ 把每个大陆的实际情况及其相关国家整合到站点训练里，建立更深刻的文化联系。

家庭拓展任务

让学生和监护人分享 9 月 21 日的意义。学生可以向监护人解说他们如何通过练习来纪念这个节日的，请监护人晚上和学生一起练习。学生反馈所做的训练类型。

评估

说出一个特定的体适能领域，让学生说出一种该领域的练习。

8.2 扫树叶

初级

体适能益处: 学生通过训练了解体适能的多种益处,例如拥有强壮的骨骼、感觉更好、缓解压力、精力充沛、强化心脏,以及更好的学习能力。

背景知识

季节变化引起气候变化。秋天是适合课外活动和训练的季节。

教学目标

▶ 学生能说出体适能的益处。

▶ 学生思考用到各种健康体适能成分的日常活动或训练。

与美国国家标准的关系

▶ 体适能教育标准 1:能展示各种体适能训练项目,以证实自己掌握了相应的运动技能与方式。

▶ 体适能教育标准 3:定期参与体适能训练。

▶ 体适能教育标准 4:达到并维持一定的健康体适能水平。

设备

▶ 30~40 个网球,上面写着各种健康益处,即强壮骨骼、感觉更好、缓解压力、精力充沛、强化心脏、学习更好。

▶ 2 个桶或 2 个牛奶箱,作为目标。

活动流程

1. 向学生介绍适合秋天的练习。秋天,树叶从树上落下来,人们需要打扫落叶。扫树叶就是一种练习形式,能加快心跳、增强肌肉,也能提高柔韧性。和学生一起讨论:各种室外训练如何促进有氧体适能以及肌肉力量和柔韧性。人们积极活动,就可以获得许多健康益处,也可以提高心率。详情见有氧体适能健康益处海报。

2. 让学生阅读网球上标明的各种益处,即强壮骨骼、感觉更好、缓解压力、精力充沛、强化心脏、学习更好。

3. 网球代表树叶,塑料桶代表用来装树叶的袋子。

4. 学生采用下手投球的形式,或练习下

复用图

Aerobic Fitness Health Benefits

- Feel better
- Stronger muscles
- Healthy heart
- More energy
- Learn better
- Healthy body composition
- Healthy breathing
- Play harder

Activity 8.2　Aerobic Fitness Health Benefits Poster
From NASPE, 2011, *Physical Best activity guide: Elementary level, 3rd edition* (Champaign, IL: Human Kinetics).

有氧体适能健康益处海报

学生一边学习训练所带来的健康益处，一边练习打扫"树叶"。

手投球的技能。回顾下手投球的正确形式。教师通过此训练，可以一次实现两个目标：提高下手投球的技能和教授有氧体适能的健康益处。训练目标是把网球投入桶里或箱子里，但是人要站在投球线之后。

5. 学生站在投球线后，将球投向任何一个目标。如果把目标放在篮球场的中间，学生就要站在 3 分线之后投球。

6. 学生把所有球投进目标后，停止训练，讨论体适能训练的益处。

教学提示

▶ 可以从社区不同的网球队借网球，或者联系高校网球教练要一些旧的网球。

▶ 告诉学生进行体适能训练的益处。把网球上标明的益处展示给学生。

▶ 课程结束时，告诉学生要了解体适能训练的益处。学生投球前，一定要先看网球上所写的健康益处。学生在把球投进目标前，可以大声念出体适能训练的益处。

▶ 回顾下手投球的基本步骤。

示范及建议

▶ 让一位学生拿起两个网球，把其中一个给活动有困难的学生。

▶ 对于长距离投球有困难的学生，可以把目标设定得尽量离学生近一些。

▶ 提供几种袋子给学生，学生可以把代表不同类型健康益处的球分别投进相应的袋子里。

多样化活动

▶ 采用上手投球重复训练。这样教师可以同时关注学生的投球技能，给学生提供反馈意见。

- ▶ 用不同的主题进行长期训练，如给火鸡喂食或收拾房间。
- ▶ 用不同的动作收集球，如单脚跳、双脚跳或蟹姿步行。
- ▶ 记录学生收集所有的球所需的时间。向学生教授有氧体适能和时间的概念。更多信息请参考关于此领域的有氧体适能章节。

家庭拓展任务

让学生找出合适的室外体适能训练，并做一些练习。他们可以设计自己的训练，邀请朋友或者家人一起做练习。比如，用扫把清理自家或邻居家的庭院，或者在附近捡拾垃圾。学生应把训练结果反馈给教师。

评估

- ▶ 检查学生是否能理解并说出体适能训练的益处。
- ▶ 说出一种体适能训练的益处。如果学生认为教师说的是正确的，则大拇指朝上；反之，则大拇指朝下。

趣味家庭之夜运动

8.3

初级和中级

训练益处和不训练的风险因素：家长和学生一起回顾训练益处和不训练的风险因素。

背景知识

趣味家庭之夜运动是把学生、教师和监护人联系起来的一种合理方式。这项趣味活动将体适能活动与训练建立起良好的联系。监护人和学生能了解训练的益处和不训练的风险因素。训练室是学生和监护人共同参与训练的地方，也能鼓励学生和监护人在课外一起参与训练。

教学目标

▶ 学生向监护人展示课堂上的训练活动，这些训练有益于形成健康的生活方式。
▶ 让学生和监护人意识到不健康生活方式的风险因素。

与美国国家标准的关系

▶ 体适能教育标准 4：达到并维持一定的健康体适能水平。
▶ 健康教育标准 3：学生能展示出增强健康的行为，具备降低健康风险的能力。
▶ 健康教育标准 7：学生能够做到倡导个人健康、家庭健康和社会健康。

设备

每个站点的设备数量取决于训练室的大小以及参与训练的人数。建议每个站点配 5~10 个以下物品。

▶ 拉伸带。
▶ 瑞士球。
▶ 篮球。
▶ 英式足球。
▶ 跳绳。

复用图

给监护人的信，每位学生一份

趣味家庭之夜运动训练站点标识

风险因素卡，挂在墙上，配合趣味家庭之夜站点卡 9 使用

趣味家庭之夜运动调查问卷，一位监护人一份

- ▶ 沙包。
- ▶ 1~2 个箱子，学生能坐着把手伸到箱子里。
- ▶ 呼啦圈。
- ▶ 地面上放置 1~2 个体适能绳梯（也可以在地面上用胶带来设定）。
- ▶ 欢快的音乐和播放器。

活动流程

1. 给监护人发信，邀请他们加入趣味家庭之夜运动。课堂计划和学校计划都选在一年中最好的时间段。
2. 绕着训练室设定 10 个站点。每个站点放置一份趣味家庭之夜运动站点标识，在站点 9 的墙壁上，挂上风险因素卡。
3. 监护人和学生到达训练室时，把他们分配到开放式站点。
4. 监护人和学生一起做趣味家庭之夜运动站点标识上的练习，然后转移到下一个站点。鼓励学生指导监护人完成训练。用欢快的音乐作为背景。
5. 当监护人和学生完成所有站点的训练后，教师要邀请监护人完成趣味家庭之夜运动的问卷调查。

教学提示

让学生在校进行站点训练，这样他们就会了解每个站点需要做什么练习。和学生一起讨论，告诉他们要先完成站点训练，之后再指导他们的监护人如何训练。

示范及建议

- ▶ 不能跳绳的参与者，可以摇动跳绳。如有需要，可以让另一个人帮助他们摇动跳绳。
- ▶ 跳离地面有困难的参与者，可以把跳绳放在地上，踏过跳绳完成训练。
- ▶ 对于坐轮椅的学生，可以让他们移到跳绳中间。用跳绳越过其头顶前后摇动。跳绳落下时，手臂落下；跳绳往上摇时，手臂也向上。用这些动作代表脚的跳跃动作。

多样化活动

- ▶ 训练形式多样，以便配合设备的尺寸型号和学生的技能。
- ▶ 提问学生，他们今天晚上想要指导监护人做什么练习。体适能教育课程上有哪些他们想让监护人尝试的练习？
- ▶ 设计一种集体舞蹈动作，让每位学生都能参与。比如，给每位学生分发两个纸板，播放音乐，用纸板进行练习。用两块纸板合拍，可以举过头顶前合拍，也可以放在腿下合拍；转圈合拍；把纸板放在脚下，在地面滑动，等等。在趣味家庭之夜运动前，可以让学生帮助制定规则。
- ▶ 可以让家长教师联合会协助安排运动项目。

家庭拓展任务

让学生与监护人讨论设计家庭练习计划。

评估

- ▶ 在训练的最后，让监护人填写趣味家庭之夜运动调查问卷。
- ▶ 提问学生今夜感觉最好的是什么事。

合作式疯狂体适能

8.4

中级

专门性原则：学生需要花时间锻炼，才能改善体适能，了解有助于每个体适能领域的训练。

背景知识

学生需要学会与他人共同训练，这样不但能改善体适能，也能让锻炼更有趣。一年之计在于春，所以说一月份是开始体适能规范训练的良好时机。学生可以开始制订训练计划，了解训练的重要性。

教学目标

学生能说出与特定的健康体适能领域相关的一项练习。

与美国国家标准的关系

- ▶ 体适能教育标准 3：定期参与体适能训练。
- ▶ 体适能教育标准 4：达到并维持一定的健康体适能水平。
- ▶ 体适能教育标准 5：展示有责任的个人行为和社会行为，在体适能训练过程中尊重自己，尊重他人。

设备

- ▶ 8 根跳绳。
- ▶ 4 个滑板。
- ▶ 垫子。
- ▶ 轻的哑铃。
- ▶ 计步器（可选），用于记录步数。
- ▶ 心率监测器（可选），用于记录心率。
- ▶ 欢快的音乐和音乐播放器。

活动流程

1. 在音乐播放时，学生使用各种运动技能进行运动。
2. 在音乐停止时，学生找到他们

复用图

合作式疯狂体适能标识

合作式疯狂体适能任务表，每位学生一份

和同伴一起学习体适能训练中的专门性原则会更有意思。

　　的搭档，和搭档从疯狂体适能标识中选择体适能训练项目，然后做相应的训练。
3. 学生在重复体适能特定领域的训练前，必须移动到不同的标识前。

教学提示

▶ 和学生一起回顾日常体适能训练的重要性。

▶ 和学生一起讨论，在冬季应如何把训练融入生活中。和朋友一起锻炼，能够增加趣味性。这也是抵御冬天惰性的一种方式。

▶ 回顾专门性原则，把当天的练习与相应的健康体适能领域联系在一起。

示范及建议

　　3 位学生一组进行训练。学生可以互相帮助，轮流执行力所能及的训练任务。

多样化活动

　　在开始训练前，让班里的学生设计合作式疯狂体适能标识。

家庭拓展任务

　　让学生把合作式疯狂体适能任务表带回家，设计他们自己的体适能训练，分别对应不同的健康体适能领域进行锻炼。

评估

　　让学生完成特定的练习，并说出该练习所开发的体适能领域。

追逐游戏风险因素

中级

有氧体适能：有氧体适能有助于人们控制可能会引起心血管疾病的风险因素。

背景知识

　　二月是世界心脏月。在美国，心脏病是导致死亡的主要原因之一。为了保持心脏健康，学生可以学习一些预防措施，同时做一些有氧体适能训练。让学生积极参与训练，尤其是有氧训练（从中等强度到高强度），可以帮助他们预防或控制许多可能会引起心血管疾病和其他健康问题的风险因素。风险因素常用于确认某些可能引发更严重后果的健康问题，例如心脏病和心脏病发作的行动或健康问题。

教学目标

▶ 学生能够确认对心脏和身体健康产生消极影响的多种风险因素。

▶ 学生将明白有氧体适能训练可以让他们的心脏和心血管系统更加强健，这些训练也有助于控制与心血管疾病有关的风险因素。

▶ 学生能够确认他们是否在做有氧训练，并且可以和其他人一起讨论在训练过程中自己的努力程度。

与美国国家标准的关系

▶ 体适能教育标准 2：展示自己理解了运动的概念、原则、策略和手段，并能将其应用于体适能训练的学习和实施。

▶ 体适能教育标准 4：达到并维持一定的健康体适能水平。

▶ 体适能教育标准 6：体适能训练对于健康、娱乐、挑战、自我表现和社会交往的作用与意义。

▶ 健康教育标准 1：学生

心脏健康风险因素卡，每两位学生一组卡

心脏是否在锻炼表

能理解与促进健康和预防疾病相关的概念。

设备

▶ 泡沫球(如果可能的话,用黄色的泡沫球代表胆固醇),每个追逐者一个泡沫球(大约每 8 个学生中有一个追逐者)。

▶ 用来装心脏健康风险因素卡的箱子。

▶ 7~12 个可以拍的球。

▶ 5 个塑料片。

▶ 5 个圆锥体。

▶ 记录步数的计步器(可选)。

▶ 训练时,记录心率的心率监测器(可选)。

活动流程

1. 在训练室周围放 5 张心脏是否在锻炼表,供学生在训练时使用。教师应在图表下面放一个圆锥体,这样学生就知道图表放在哪个位置。

2. 活动开始时,所有的追逐者持有 5~10 张心脏健康风险因素卡。把装有更多心脏健康风险因素卡的箱子放在训练室的中间,这样易于追逐者在需要时获取更多的卡片。在训练室周围放 5 个塑料片,塑料片所处的位置是安全区域,在这里面的学生是不能被追逐的。每一个塑料片,每次只能有一个学生可以站在它的上面。在训练室的角落放一些球,让那些被追到的学生在训练室周围拍球。

3. 让学生讨论有氧体适能的作用,以及如何确认其做有氧训练的努力程度;教师使用心脏是否在锻炼表。

4. 明确有关有氧训练的强度。对于有氧体适能来说,强度指的是一个人做体适能训练时努力的程度。

5. 让学生站在图表下方,并判断他们目前的训练强度在哪个级别。因为大部分的学生还没开始跑动,心率还没提高,所以他们都应该处于相同的等级。

6. 复习心脏健康风险因素卡,这些卡片代表那些人们通过健康饮食和适当的锻炼就能够控制的风险因素。

7. 向学生说明,追逐者在跑的过程中要携带代表胆固醇的泡沫球。因为胆固醇会堵塞心脏动脉,所以它是影响心脏健康的风险因素。如果追到一个学生,这个学生就要拿一张风险因素卡,当他们继续活动时,要携带这些卡片。

8. 告诉学生,他们每多拿一张卡片,就意味着他们距离心脏问题更近了一步。当学生被追到 4 次,且收集了 4 张心脏健康风险因素卡后,他或她需要把这 4 张卡片都读一遍,然后把卡片放回箱子里。放回箱子后,学生应该在训练室周边做运球训练,左右手交替各做一次。

9. 因为在课程的最后,教师会要求学生对这些风险因素进行讨论,所以教师应鼓励学生记住这些风险因素。让学生核对心脏是否在锻炼表,以确认他们正在做哪个级别的心脏训练,然后再回到训练中。

10. 一分钟或适当的休息后,换其他的同学来做追逐者。

11. 在换追逐者时,让所有的学生站到"心脏是否在锻炼"表的下方,并确定他们的训练强度等级。

通过追逐游戏，帮助学生了解心血管疾病的风险因素。

教学提示

▶ 教师概述二月是世界心脏月，在这段时间里，人们应该把他们所能做到的有利于心脏健康的行动都考虑在内，以保持身体健康。比如，他们可以减少甜品和高脂肪食物的摄入，多做体适能训练。

▶ 教师在课程开始前以及课程最后，将卡片上的内容读给学生听，帮助他们了解那些可以控制的风险因素。

▶ 和学生讨论那些无法控制的健康风险因素，比如遗传因素、年龄以及性别。

▶ 注重事实，适当的训练可以让我们的心脏更加强健。

▶ 教师应向学生强调完成强度适当的训练的重要性。使用心脏是否在锻炼表，帮助学生实现这个目标。

▶ 训练期间，教师可以在任何时间要求学生停止训练，并用图表监测他们的训练强度等级。学生可以根据图表上的等级数，伸出手指显示他们正在做哪个强度等级的训练。

示范及建议

▶ 移动困难或有视觉障碍的学生作为追逐者时，其他学生应该用走路的形式活动。

▶ 把箱子放在足够高的位置，便于那些平衡能力和移动能力相对较差的追逐者从箱子里拿起卡片。

▶ 如有必要，可以让学生在训练室周围只拍一次球、在固定的位置拍球、拍几次球，或者用双手而不是单手拍球。

多样化活动

▶ 学生在训练过程中，可以使用多种技能。例如，学生可以用手顶住冰球、用脚踢足球、用手投球再接住球。

▶ 在箱子里放更多的心脏健康风险因素卡。

▶ 教师在软质球上写上不同的健康风险因素，便于追逐者使用。

▶ 增加一些不可控的健康风险因素，让学生了解可控因素与不可控因素之间的区别。

▶ 在塑料片上放置所设计的一些健康标识选项，例如吃新鲜的水果和蔬菜，摄入足够的纤维素，多喝水或者多吃健康的点心，这样学生可以掌握有助于控制或预防风险因素的更多方法。

家庭拓展任务

要求学生在校外至少完成一项有氧训练，并根据"心脏是否在锻炼"表确认他们的训练等级。

评估

▶ 提问学生，他们应该完成图表上哪个强度等级的训练，才既能保证训练的安全性，又能让心脏越来越健康。（答案：等级 2 到等级 4。）

▶ 训练后，让学生转向他们旁边的学生，并和他们尽可能多地分享自己记住的心脏疾病风险因素。

▶ 让学生说出风险因素的定义，并告诉教师，他们可以通过什么方式来控制或预防风险因素。

上下跳绳

初级和中级

有氧体适能和柔韧性：在体适能训练中，有氧体适能和柔韧性是被强调最多的两个方面。有氧意为"有氧代谢能力"。当心脏、肺、肌肉共同维持较长时间的运动时，就会产生有氧体适能。经常做体适能训练可以增强心肺功能、肌肉力量与肌肉耐力，全面提升身体素质。建议孩子们每天的训练时间至少累计 60 分钟。柔韧性是指身体弯曲、拉伸和扭转的能力。建议孩子们每周至少有两三天进行柔韧性训练，如果每天都能做则效果更好。

教学目标

▶ 学生能识别柔韧性训练。
▶ 学生将能够完成一项有氧训练。

与美国国家标准的关系

▶ 体适能教育标准 3：定期参与体适能训练。
▶ 体适能教育标准 4：达到并维持一定的健康体适能水平。
▶ 健康教育标准 3：学生能够展示自己具有实施促进健康行为、减少健康风险的能力。

设备

▶ 每 2 个人 1 根跳绳。
▶ 垫子。
▶ 跳绳时，用来记录步数的计步器（可选）。

活动流程

1. 在训练开始前，让学生在训练室周围至少走或慢跑 3 圈。
2. 让学生和搭档一起训练。一个人拿着 1 根绳子站在训练室的中心，另外一个人靠着墙。
3. 教师指定学生完成训练卡里的一项拉伸练习。音乐开始，拿着绳子的学生开始跳绳，另外一个学生则做拉伸训练。1 分钟后，暂停音乐，同伴之间交换位置，然后继续训练。

教学提示

▶ 和学生讨论他们将要做的训练应该

复用图

Modified Hurdle Stretch

Sit with one leg straight, the other leg bent, and the foot of the bent leg touching the thigh of the straight leg. With one hand on top of other and the arms straight, bend forward toward the foot to stretch out the hamstrings of the straight leg.

Activity 8.6 Exercise Cards
From NASPE, 2011, *Physical education activity guide: Elementary level, 3rd edition* (Champaign, IL: Human Kinetics).

Reach for Toes While Sitting

Activity 8.6 Exercise Cards
From NASPE, 2011, *Physical education activity guide: Elementary level, 3rd edition* (Champaign, IL: Human Kinetics).

供教师使用的训练卡

归类为哪个体适能领域，并告诉学生为什么每项训练都很重要。

▶ 向学生说明拉伸之前做热身运动的重要性。

示范及建议

▶ 坐轮椅的学生，可以把绳子对半折叠，然后像跳绳那样摇动绳子，或者用手做开合跳动作，让心跳加速。

▶ 为满足学生的需求，教师可以适当调整拉伸训练。

多样化活动

调整训练方式，当学生在跳绳的时候，教师可以让那些没有跳的搭档完成肌肉力量和肌肉耐力训练。

家庭拓展任务

鼓励学生在休息期间或在家时，或独立、或和同伴一起跳绳。如果学生自己没有跳绳，他们可以从学校借一根回去。

评估

▶ 提问学生，在准备拉伸训练前他们应该做什么。（答案：做 5 分钟或者更长时间的全身热身运动。）

▶ 让学生说出一项柔韧性训练的名称。

▶ 让学生说出一项训练的名称以及它所属的体适能领域。如果它们之间的关系正确，让学生大拇指朝上；如果是错误的，则大拇指朝下。

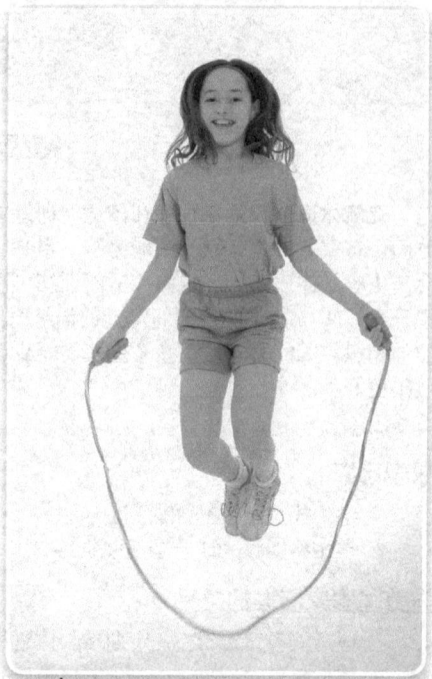

用上下跳绳这项有氧训练以及柔韧性训练来增强心脏功能。

心脏智能定向

8.7

中级

有氧体适能和 FITT 原则：和学生一起复习一年内所学到的健康体适能概念。

背景知识

最佳体适能教学计划的三大目标分别是：促进体适能训练的发展、培养学生认知方面的知识，以及鼓励学生积极参与增强健康的训练活动。心脏智能定向训练，是心脏健康月结束时的一种有趣的训练方式，通过这种方式，教师检查并确认学生是否理解了有氧体适能的概念、FITT 原则，以及心脏病发作和中风的警告信号。

教学目标

让学生以小组的形式一起锻炼，他们可以一起复习健康体适能的相关信息和概念。

与美国国家标准的关系

▶ 体适能教育标准 4：达到并维持一定的健康体适能水平。
▶ 体适能教育标准 5：展示有责任的个人行为和社会行为，在体适能训练过程中尊重自己，尊重他人。
▶ 体适能教育标准 6：重视体适能训练的健康、娱乐、挑战、自我表达和 / 或社会交往目的。
▶ 健康教育标准 3：学生能够展示自己具有实施促进健康行为、减少健康风险的能力。

复用图

趣味定向越野活动表（总共 6 张），每组应收到一张不同的表，这样学生就可以在不同的时间去不同的站点

心脏智能定向问题卡

FITT 家庭体适能任务表，每位学生一份

设备

▶ 6~8 个圆锥体。

▶ 铅笔和写字板,供每组学生使用。

▶ 有趣、连续的快节奏音乐和音乐播放器。

▶ 体适能训练设备,供先完成训练的小组使用。

▶ 记录步数的计步器(可选)。

活动流程

1. 让学生从一个站点移动到另外一个站点,并回答教师在课堂上所教的、与体适能的主要概念有关的问题。

2. 教师根据训练所需要的站点数量、要用到的位置,设计一张定向越野活动表。或者,使用附赠资源中的模板,通过调整每张定向越野活动表,使定向课程上指定使用的标志独具特色。学生将以不同的顺序,按照每张定向越野活动表上的指示,从一个位置移动到另外一个位置。

对学生来说,定向越野是一种有趣又富有挑战性的活动,也是他们复习健康体适能概念的一种方式。

3. 教师应确保所有学生都知道东、西、南、北 4 个方向。学生还要知道,在学校或操场周围,从哪里可以找到定向越野活动表里的关键位置,例如篮球场、足球网、小滑梯、饮水机等。

4. 教师在每个站点放置心脏智能定向问题卡。

5. 学生以 4~6 人为一个小组参与训练,或者以小班的形式。教师应指定一个组长 / 班长。

6. 每个小组需要一张定向越野活动表和一支铅笔。

7. 学生一起慢跑到定向越野活动表上的第一个站点,开始活动。学生将要在这个位置回答心脏智能定向的相关问题。当同学们一致同意某个答案后,才能把答案写到表格里,然后把表格交给教师判断正误;回答正确后,学生才能移动到下一个位置。学生要在定向越野活动表里列出题目,便于教师评分。

8. 教师准备一项有氧训练,例如个人或同伴一起跳长绳、跳皮筋等。当学生完成越野活动时,可以让他们做这些训练。

教学提示

▶ 教师可以把定向越野活动和走路、慢跑以及查地图等技能结合在一起。在这项训练中,我们已经用方向和操场标志物作为检查点,而不是用指南针。如果教师已经使用指南针教过中级水平的学生完成了定向越野训练,那么教师需要调整位置和检查点,使训练更具挑战性。

▶ 给每张定向越野活动表一个颜色代码或者编号，这样教师就可以制定一个答案表，当学生过来分享他们的答案时，教师可以很快评出分数。

▶ 定向越野活动适用于不同水平的学生。教师可以让学生自己分组。学生喜欢和自己的朋友，或者与自己的慢跑步速一样的学生一起训练。

▶ 教师应尽量让每个站点的活动充满乐趣，比如在站点喝水、滑滑梯等，使得学生更愉快地参加训练。

▶ 调整定向越野活动表上的标志（位置），使其与学校操场或室内的实际位置相匹配。

示范及建议

▶ 小组每次要向新的位置移动时，有视觉障碍的学生可以使用拐杖、接力棒，和不同的学生一起慢跑。

▶ 当学生们一起抓住一根跳绳时，有视觉障碍的学生也可以参与其中。

多样化活动

在跳绳上打个结，形成一个圆圈。当学生从一个位置转移到另一个位置时，他们要抓住绳子，一起过去。

家庭拓展任务

▶ 让学生和他们的朋友或者家庭成员一起讨论定向越野活动。鼓励学生设计定向越野活动的内容，活动至少包括 4 个不同的位置，以及他们的朋友或家庭成员必须回答的有关体适能的问题。

▶ 使用 FITT 家庭任务表将所学的概念学以致用。

评估

定向越野活动本身就是一项评估活动。在训练当天，当学生靠边排队时，为了检验所有学生一起训练的效果，向他们提问一些有关心脏智能定向的问题：

▶ 哪位学生可以告诉大家，FITT 的每个字母代表什么？

▶ 心脏病或中风的一个警告信号是什么？

▶ 说出 3 个有氧训练的名称。

8.8 三月体适能

中级

FITT 原则： 即用于培养健康体适能的四大原则——频率、强度、时间和运动类别。有时，确认训练所需的具体时间会稍有难度。

背景知识

三月体适能是一项非常适合在春天进行的训练。教师通常在四月完成体适能效果评估，所以这项训练也是帮助学生为四月的评估做准备的一种方式，让学生在评估时尽量达到最佳状态。在校期间，教师可以设定健康体适能各个领域的训练，让学生在学习间歇时有机会参加训练。

教学目标

▶ 在每个体适能领域，学生在自己所能达到的强度等级完成健康体适能的训练和评估。
▶ 学生将了解体适能特定领域的评估方式。

与美国国家标准的关系

▶ 体适能教育标准 3：定期参与体适能训练。
▶ 体适能教育标准 4：达到并维持一定的健康体适能水平。
▶ 健康教育标准 2：学生能够展示自己具有获取有效健康信息及获取增强健康的产品和服务的能力。

设备

▶ 垫子。
▶ 坐位体前屈训练用的箱子。
▶ 单杠，用来做单杠悬挂或引体向上。
▶ 计时器。
▶ 6 个短拍（如乒乓球拍）和塑料空心球（儿童作为棒球玩）。
▶ 6 个篮球。
▶ 6 个排球。
▶ 秒表。
▶ 记录步数的

复用图

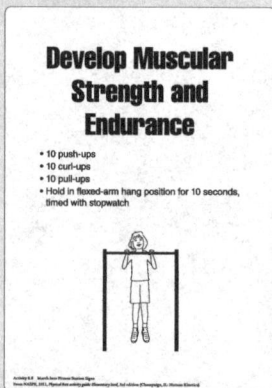

三月体适能站点标识

心脏是否在锻炼表，每位学生一份

计步器（可选）。
▶ 记录心率的心率监测器（可选）。

活动流程

教师在执行这项训练计划之前，务必要请校长和任课教师也参与其中。在训练开始之前，需要有人监督安全问题，处理设备的安装和拆卸，以及制定训练的日程。设备室门口要挂一份登记表，学生想用迷你训练室进行训练时，教师要在登记表上做登记。

1. 给任课教师设定 6 个体适能站点，这样任课教师就可以给学生安排训练和休息的时间。站点可以设在室外、自助餐厅、舞台区，或当天无其他班级使用的地点。教师需在早上安装好设备，并根据需要移除或保存。

2. 如果有足够的监护人，学生可以在适合个人的时间段离开核心训练课堂，到其他体适能领域训练。给任课教师提供登记表，当学生使用迷你训练室时，有助于他们安排课程计划。

3. 教师可以把班级分成两个小组。在一组学生完成体适能训练的同时，让另一组学生在迷你训练室完成训练。在课程的最后，两个组交换训练地点。根据课程内容，任课教师或体育教师可灵活运用这种方法。

4. 先让学生在站点做 1 分钟的训练活动，然后移动到下一个站点。在计时器上设定 1 分钟的时间。

5. 每个学生应在课堂上至少做 2 次训练。

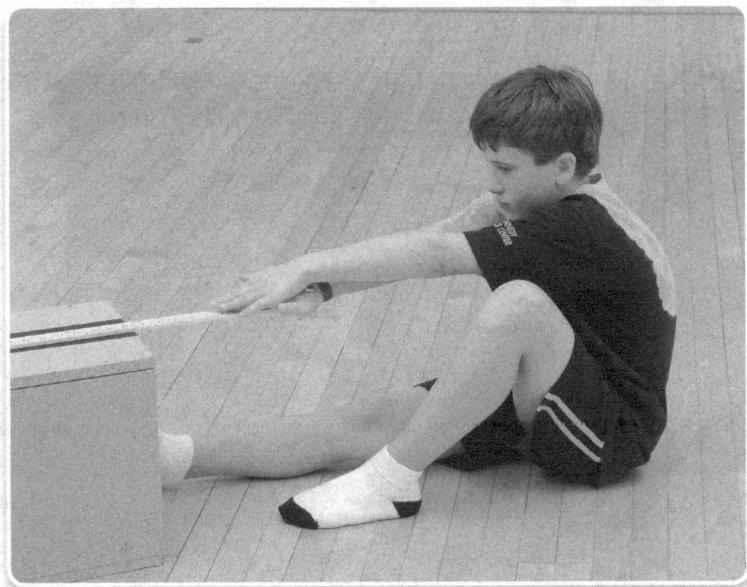

三月的训练通常是为四月的体适能测试做准备。任课教师通过设定的训练环节，帮助学生为测试做好准备。该训练环节，可以选择一周的任何一天。学生通过这种方式可以进行体适能训练，以及在体育课后做测试性练习。

教学提示

▶ 提醒学生，他们正在完成健康体适能各领域的训练——这些领域的训练能让他们变得更加强壮。

▶ 复习 FITT 原则，并鼓励学生尽最大努力来提高他们的能力。

示范及建议

▶ 确保教师或教学助手已制订监护区域的日程计划，并提前发给所有监护员。在训练计划开始的前一天，提醒监护员，并和他们一起确认他们的工作职责。确保所有的学生都知道，他们不能在没有监护员的地方训练。

▶ 给有特殊需求的学生准备训练用的魔术贴和手套。

▶ 给学生安排同伴一起做篮球和排球训练，他们可以在训练过程中帮忙捡球。还可以用重量较轻的篮球投球，用沙滩排球投球或接球。

▶ 用小的哑铃或里面装有重物的手套做向上推举。

多样化活动

做游戏或训练时，如果把班级分成几个小组，教师可以让其中一组学生在体适能站点做训练。

家庭拓展任务

和学生一起讨论在家里设定站点的可能性，站点可以容纳全家人一起进行有效的体适能训练。要求学生向教师反馈他们的表现。

评估

▶ 提问学生，确认他们是否知道每项测试评测的是哪个领域的健康体适能。

▶ 让学生使用心脏是否在锻炼表对他们所做的训练做自我评估。

行使你的权利

8.9

初级和中级

　　全校训练：此训练的目标是，和学生或者学校全体人员一起创立一项运动，强调体适能训练融入整个学校锻炼环境里的重要性。此项运动称为训练权利日。

教学目标
▶ 学生意识到将训练融入日常生活习惯中的重要性。
▶ 学生了解训练的健康益处。

与美国国家标准的关系
▶ 体适能教育标准 3：定期参与体适能训练。
▶ 体适能教育标准 6：重视体适能训练的健康、娱乐、挑战、自我表达和 / 或社会交往目的。
▶ 健康教育标准 5：学生能够展示自己运用人际交流技巧来提升健康的能力。
▶ 健康教育标准 7：学生能展示提倡个人、家庭和社区健康的能力。

复用图

Exercise Your Rights

Activity 8.9 Exercise Your Rights Cards
From NASPE, 2011, Physical best activity guide: Elementary level, 3rd edition (Champaign, IL: Human Kinetics).

Exercise Your Rights

Activity 8.9 Exercise Your Rights Cards
From NASPE, 2011, Physical best activity guide: Elementary level, 3rd edition (Champaign, IL: Human Kinetics).

行使你的权利卡。老师需要决定应该完成哪些练习，将它们写到每张卡片的前面。卡片背面，列出每项练习带来的益处，比如强健骨骼、健康的心脏、更好地学习、更充沛的精力、强化的肌肉

Aerobic Fitness Health Benefits

• Feel better
• Stronger muscles
• Healthy heart
• More energy
• Learn better
• Healthy body composition
• Healthy breathing
• Play harder

Activity 8.9 Health Benefits Signs
From NASPE, 2011, Physical best activity guide: Elementary level, 3rd edition (Champaign, IL: Human Kinetics).

健康益处标识

Dear Guardian,

December 15, 1791 is the day the Bill of Rights was adopted. To celebrate this day, students are given the "right" to exercise during the school day. At various times throughout the day, the classroom teacher has students select an exercise to perform. The exercise card also provides a health benefit statement of the value of exercise.

Our school would like you to carry this activity over at home. On this day, please have your family select an exercise that you can do together. Your child may then choose to report back to class about the experience by writing down which exercise was chosen and drawing a picture of the family members performing the exercise.

Thank you for your help in making physical activity fun and meaningful for the health of all.

My family chose _____ for our exercise.

Here is a picture of us performing the exercise.

Activity 8.9 Exercise Your Rights Letter to Guardians
From NASPE, 2011, Physical best activity guide: Elementary level, 3rd edition (Champaign, IL: Human Kinetics).

给监护人的行使权利书，每位学生一份

设备

　　每位任课教师和学生一起决定要完成的训练，如果学生需要的设备教室里没有，可以联系教师。

活动流程

1. 每个教室配 5 张不同的权利卡。
2. 任课教师和班里学生决定课堂上想做的练习。
3. 任课教师在权利卡背面写下练习的名称。如果任课教师没办法安排练习，其他教师可以提供指导或帮忙准备卡片。
4. 在合适的时间里，任课教师可以让学生画一张卡片，全班学生完成卡片上的练习。

学校里所有的学生进行锻炼，学着做决定，体验训练时自由选择的权利。

教学提示

▶ 给每位任课教师一张海报，帮助他和学生讨论训练的益处。

▶ 在一天训练开始前，任课教师应向学生展示海报并讨论上面的益处。

▶ 提醒任课教师，所选择的练习应使用室内设备来完成。

示范及建议

　　训练应包含一项练习，可以让有特殊需要的学生轻松地参加。

多样化活动

▶ 让每位学生设计一张海报，帮助学生记忆当天的训练及健康益处。

▶ 制作一份练习清单供学生选择。清单有助于任课教师和学生一起设计练习卡。

家庭拓展任务

准备一封信，一天训练结束后，发给学生带回家交给监护人。信的内容是解说权利日的练习。

评估

▶ 询问任课教师当天学生的训练效果。

▶ 询问任课教师学生是否理解有益于身体健康的训练方式。

8.10 激励运动

初级和中级

合作学习：以集体或群组形式参加体适能训练。

背景知识

ACES 是指所有儿童同时练习。每年五月份的第三个星期三，全世界的年轻人纪念 ACES 日。许多学校在这天执行不间断的体适能训练计划。设计 ACES 日训练活动，可搜索 ACES 网站，参考其中建议的训练，或别人推荐的简单训练方式。

在有些训练类型中，每个学生要参与至少 15 分钟的训练。许多学校也试着在早上 10 点进行训练，在这个时间，世界上很多学校也有成百上千的学生在进行训练。如果学生不能在 10 点进行训练，或者是不能在指定的 ACES 日进行训练，学生和教师可以另选一天或别的时间，设计自己独特的 ACES 计划。学校的目标是设计一种颇具特色的趣味体适能训练，尽可能让很多教师、工作人员和学生参与其中。

训练可以在教室、体育馆或室外进行，或者是任何有运动空间的地方。同学间的友爱互助有助于训练，所以最好是选择几个班级的学生能共同训练的地方，比如体育馆。

教学目标

▶ 学生能意识到训练规则是提升体适能的一种方式。

▶ 学生和他人共同训练时，理解了从中等强度到高强度体适能训练的重要性，就能激励自己更加积极主动地参加训练。

▶ 学生具有集体随音乐节拍进行运动的经验。

与美国国家标准的关系

▶ 体适能教育标准 3：定期参与体适能训练。

▶ 健康教育标准 3：学生能够展示自己具有实施促进健康行为、减少健康风险的能力。

设备

▶ 快节奏的音乐和音乐播放器。

▶ 领队学生配一个麦克风。训练也可以通过公共广播 PA 系统，或各个教室里的校园闭路电视进行播放。

复用图

激励运动规则，每位领队一份

活动流程

1. 简要说明体适能训练和集体训练对于保持学生积极性的重要性。
2. 讨论 ACES 日，讲述相关背景知识。"激励运动"，可以让全班或全校学生积极运动 15 分钟。
3. 指定 ACES 训练的时间和地点，邀请领导、教师和行政人员协助制订训练计划或提供建议，并共同参与训练。
4. 指定一位领队，号召学生们做复用图中不同的动作，并且向大家示范复用图中所列出的 15 分钟训练的各种动作。教师也可以兼领队，或请校长、受欢迎的工作人员当领队。领队可以修改规则，以满足参与者的需求。
5. 让领队学会运动规则，以便及时切换训练动作。
6. 所有参与人员面向领队，先双手向前平举，再向两侧平举散开列队。如果训练需要广播宣传，让参与者站在一个位置上，向各个方向都能自由移动几步。
7. 音乐开始，领队浏览"激励运动"中所列出的每个步骤，以便写下数字，并完成指定的重复训练次数。
8. 训练完成后，领队可建议参与人员与他人相互击掌或拍背，祝贺自己训练成功！

教学提示

▶ 运动中要加强安全性。要确保参与人员之间有足够的空间，所有参与人员身着合适的服装和鞋子。每个人都能听见领队的声音，看到领队的动作。

ACES 日训练鼓励所有学生共同保持积极的运动态度，用训练的方式进行庆祝，比如练习和着音乐节拍进行训练。

▶ 确保邀请了所有行政人员、领导和任课教师参与训练。任课教师和行政人员的参与会更有效地激励学生训练。

▶ 开始训练前，领队应简要回顾训练步骤，这样所有参与者就会熟悉各种运动和切换规律。领队在指导步骤时，第二个领队（见示范及建议）可针对有特殊需要的人员，示范改编过的动作。

示范及建议

提前考虑到需要改编训练的学生和行政人员。指定第二个领队，他或她也是站在参与者的前面，按规则在适当的时间展示各种类型训练的改编动作。

家庭拓展任务

▶ 鼓励学生向家人讲述 ACES 日及每个字母代表的意思。

▶ 建议学生和家人一起完成在训练课程中学会的训练，也可以浏览 ACES 日网站，寻找更多的灵感。

评估

▶ 提问学生：ACES 代表什么？他们在 ACES 日庆祝训练中的角色是什么？为什么说训练很重要？是什么激励他们进行训练的？

▶ 提问学生，什么类型的体适能训练有益身体健康？

▶ 让参与人员说出训练中自己能记住的最喜欢的练习。

夏季肌肉塑形

8.11

中级

专门性原则：指所完成的训练类型。锻炼肌肉时，每个训练都对应特定的肌肉。

背景知识

夏季是学生积极运动的时机。把训练融入夏季的趣味活动中，学生可以了解一年所有时间都需要运用健康体适能。肌肉力量和肌肉耐力、柔韧性和有氧体适能这些领域，日常活动都会用到，而不仅仅是在学校会用到。

教学目标

学生能列出锻炼特定肌肉群所对应的练习或训练。

与美国国家标准的关系

▶ 体适能教育标准 4：达到并维持一定的健康体适能水准。

▶ 健康教育标准 3：学生表现出增强健康的行为，具有降低健康风险的能力。

设备

▶ 站点 3 中，每对学生配 1 条正方形毛毯。

▶ 站点 3 中，每对学生配 1 根短绳。

▶ 3 根长绳。

▶ 5 个圆锥体。

▶ 站点 1 中，每位学生配 1 个类似爆竹的玩具（见教学提示）。

▶ 15 个沙包。

▶ 站点 4 中，每 3 位学生配 1 条围巾。

▶ 垫子。

▶ 站点 6 中，每位学生配 1 个瑞士球。

▶ 1~2 个滑板。

▶ 计步器（可选），用于记录训练中所完成的步数。

活动流程

1. 解说并在训练室四周设定 6 个站点。

2. 在训练室中，每个站点张贴带说明的肌肉示意图，

复用图

夏季肌肉塑形站点标识　　肌肉示意图

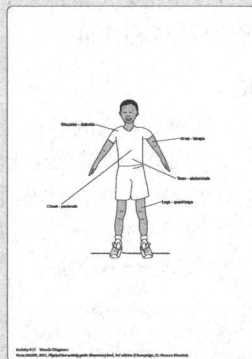

以便学生寻找自己所使用的肌肉。

3. 在每个站点训练的最后阶段，让学生确认训练使用的是什么肌肉群。在循环训练的最后阶段，提问学生问题，让他们给出答案，以便评估。

4. 让学生做完所有 6 个站点的训练。

教学提示

▶ 爆竹玩具外围有橡胶圈。爆竹在转错方向、向空中跳起前，会有几分钟的时间。

▶ 回顾专门性原则的定义。告诉学生今天进行特定肌肉群的练习时，要把专门性原则的定义融入练习中。

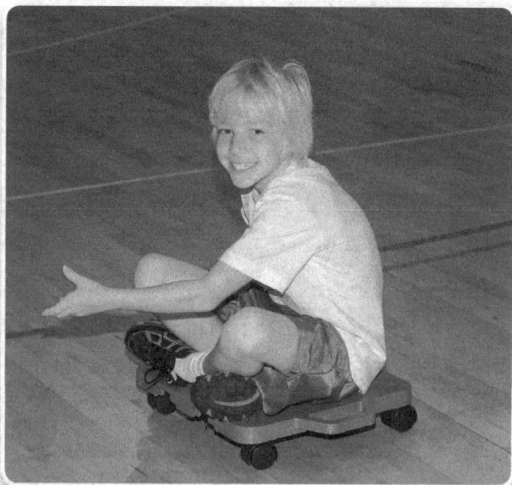

学生锻炼特定的肌肉群，为夏季趣味训练做好准备。夏季肌肉塑形训练有助于学生明白，良好的健康和体适能需要长期坚持锻炼，而不仅仅是在学校参加训练。

示范及建议

▶ 平衡性有困难的学生，可以使用两个滑板。

▶ 行动不便的学生，可以上下移动双手，代替用脚进行的训练。

多样化活动

让学生提出自己的能增强肌肉力量和肌肉耐力的站点训练的创意。学生应能解释为何要选择这些训练，以及这项训练与肌肉力量和肌肉耐力的关系。另外，让学生思考在家做的活动或家务，并解释在活动中使用的是什么肌肉。

家庭拓展任务

让学生和家人共同设计一些夏季游泳训练活动。返回课堂时，学生可以报告训练所锻炼的是什么肌肉群。

评估

回顾每个站点的所有训练动作，提问有关训练和使用肌肉的问题。如果特定训练锻炼特定肌肉群，则让学生大拇指朝上，反之，大拇指朝下。

▶ 腹部——俯卧撑波浪式训练。

▶ 肱三头肌和肱二头肌——俯卧撑波浪式训练。

▶ 腹部——喂海豚。

冲向金钱

初级和中级

健康体适能成分：健康体适能的成分包括肌肉力量和肌肉耐力、柔韧性和有氧体适能，它们不只用于训练，学校和日常生活中都会用到。懂得如何按体适能训练规则运用各个成分，对于全身健康来说非常重要。

背景知识

5 月或 6 月——每年庆祝活动即将结束的时期。最佳体适能教程为教师和学生提供了各种有趣的体适能训练，并且符合学校、学区、州和国家的体适能教育标准。学生在整整一年内学习最佳体适能教育的概念，参加健康体适能评测训练，设定个人目标，以便保持或提高体适能水平和健康习惯。学生需要用有趣的体适能训练来庆祝这一年"从运动到学习"，变成"从学习到运动"。这项训练不仅有趣，而且整合了健康体适能和数学技能。

教学目标

所有学生能在学习金钱和诚实的价值的同时，积极主动地制定有益健康、具有个人特定意义的体适能训练选项。

与美国国家标准的关系

- ▶ 体适能教育标准 3：定期参与体适能训练。
- ▶ 体适能教育标准 4：达到并维持一定的健康体适能水平。

设备

- ▶ 1 个箱子，代表银行。
- ▶ 复印 100 张 1 美元的钞票并叠在一起。当然复印真的 1 美元钞票是不合法的，所以使用道具钞票来复印，或者是从商店买一些游戏币。
- ▶ 3 个翻滚垫。
- ▶ 6 根跳绳。
- ▶ 有氧训练的台阶（或折叠垫子）。
- ▶ 沙包。
- ▶ 注重夏季特色的、有趣的、快节奏的音乐（如海滩男孩的任意一首歌）和音乐播放器。
- ▶ 自由选择站点所需的训练设备。
- ▶ 计步器（可选），用来记录不同强度等级体适能训练中的步数。

复用图

Aerobic Fitness

Stay active for two minutes. Watch the clock!

- Develop a short jump rope routine. Try to put together 5 to 10 of the jump rope skills that you have learned this year in physical education class.
- Use the aerobic steps or a folded mat and keep stepping for two minutes. Add your arms to increase the intensity of your workout.

Activity 8.12   Dash for Cash Fitness Station Signs
From SHAPE, 2011, *Physical best activity guide: Elementary level*, 3rd edition (Champaign, IL: Human Kinetics).

冲向金钱体适能站点标识

活动流程

1. 在训练区域周边，放置冲向现金体适能站点标识和设备。
2. 如果可以，学生绕着训练室的四周边缘排队。
3. 银行家（教师）站在训练区域的最后方，箱子里放着钞票。
4. 学生以适合自己的节奏沿着训练区域四周步行、慢跑或跑步。每次学生完成一圈，可以从银行家那里得到 1 美元。
5. 学生完成 3 圈训练后，可以选择继续前进，也可以选择向银行家付钱，进入下一个健康体适能站点进行练习。
6. 训练的目标是，学生在规定时间内，参与所有健康体适能站点的训练。在每个站点训练需要支付 3 美元（如同成人加入体适能俱乐部所需要付的月费）。
7. 学生每次向银行家付费后，进入一个新的体适能站点。学生可以选择参与的各种训练。在付费参与体适能站点训练前，可以通过有氧运动得到很多钱。或者，可以移动、练习、移动、练习，直到结束。
8. 如果学生完成所有体适能站点训练后还有剩余时间，可以增加一些可自由选择的站点，可能需要支付更多的钱（5 美元）。让学生选择喜欢的运动技能或设备进行训练（攀岩、舞动围巾、网球技能、两个正方形训练等）。

教学提示

▶ 此训练稍做改编，可用于各个年级的小学生。小学生需要更多的时间完成训练，也需要不同形式的练习和训练清单，以便根据自己的能力水平做出选择。教师应该负责做低年级学生的银行家，确保所有学生收到并支付正确的钱数。学生准备好参与体适能站点训练时，他们需要支付一定的钱数。

▶ 中级和初级课程可以放在一起，这样低年级的学生也可以参与训练。这种教学方式需要提前和任课教师制订训练计划。

▶ 此训练是为了教给学生诚实的生活技能。中级学生在教师的帮助下参与训练，然

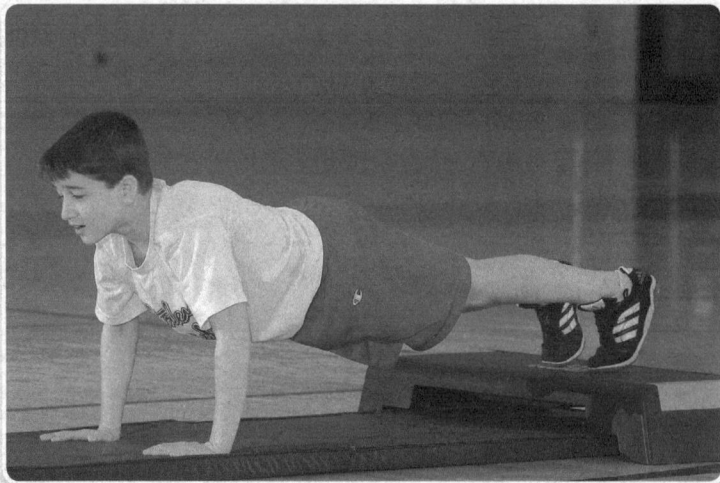

冲向金钱训练结合了健康体适能概念和数学技能，是一项跨学科的活动。

后试着在钱箱那边不安排银行家继续训练。与学生互相信任，也是改编训练的一项益处。这种方法也可以让教师更有效地监督所有体适能站点的训练。

▶ 复印一些较大金额的道具钞票（5 美元和 10 美元），分给那些教师认为应该得到奖励的学生（运动节奏稳定，帮助其他学生，和有特殊需要的学生一起锻炼，正确整理设备等）。

▶ 讨论学生第 2 天的训练强度。让学生更努力地训练，以得到更多的钱，这样就有时间自由选择一个站点完成训练。

▶ 如果教学训练的主题是技能，则设立运动技能站点（接球、投掷、拍球、运球等）作为自由选择站点的部分训练项目。

▶ 冲向金钱训练可以作为晚间家庭体适能训练活动，推动全民体适能和体育运动月的发展。为此设立一些自由选择的运动站点，让家庭参与训练。

▶ 教师也可以在学年末进行冲向金钱训练，推动学生在即将到来的夏季参与长期的休闲（娱乐）活动。每个站点的付费金额多少取决于训练强度（保龄球 3 美元，攀岩 5 美元，沙滩排球 6 美元，网球击球技能 7 美元等）。每个站点张贴标识，说明训练名称、规则和付费标准。要在训练场地张贴训练清单，学生可以了解训练项目以及完成一组练习后收获的钱数。

示范及建议

▶ 坐轮椅的学生每圈可以得到 2 美元，而不是 1 美元，因为他们要花费更多时间来完成任务。

▶ 让同龄人帮助完成锻炼，可保证行动不便的学生的安全，在沿着训练室周围移动时也会更轻松一些。

家庭拓展任务

让学生和监护人、家人讨论训练，向他们解说如何使用金钱。鼓励学生和家人展开讨论：不同的人如何制订训练计划，以及使用体适能设备和参与体适能计划是否要付一定数量的钱。

评估

▶ 让学生说出自己做过的一项有氧训练、一项柔韧性训练和一项肌肉力量和肌肉耐力训练。

▶ 提问学生，他们在其中一个体适能站点进行训练时如何提高训练强度。

8.13　趣味夏季——夏季塑形挑战

初级和中级

FITT 原则：超负荷原则指训练超出正常水平时，身体系统（心肺、肌肉或骨骼）会做出反应，以便适应并提高生理机能和体适能水平。循序渐进原则指个人如何提高训练强度的级别，达到超负荷的水平。适当的循序渐进原则包括逐步提高训练强度的级别，主要通过升级训练的频率、强度、时长和类型来操控，或者是综合操控这些成分实现循序渐进的原则。

背景知识

体适能训练重在过程，而不是目的！学校会放假，但是我们是要培养学生常年积极健康的生活方式。他们可以和家人、朋友、邻居或社区里的人共同参与趣味夏季——夏季塑形挑战训练，并从中获得乐趣。

教学目标

学生通过夏季训练，培养常年健康积极的生活方式。

与美国国家标准的关系

▶ 体适能教育标准 3：定期参与体适能训练。
▶ 健康教育标准 3：学生能够展示自己具有实施促进健康行为、减少健康风险的能力。

设备

无

活动流程

1. 使用有学校名称或夏季主题为背景知识的纸张，设计趣味夏季 – 夏季塑形挑战活动。
2. 最后一周，向每位同学分发趣味夏季 – 夏季塑形挑战训练表。让学生试着训练两个月。新学年开始时，让学生上交挑战表。

教学提示

▶ 设计日程表，改变挑战模式。
▶ 每月开发全新的系列训练计划。
▶ 把学校一直注重的学习策略（阅读、书写、数学）融入挑战训练中。
▶ 把个人责任、生活技能或学校一直注

复用图

趣味夏季——夏季塑形挑战训练表，每位学生一份

重的素质教育特色融入挑战训练中（美国国家标准里的体适能教育标准 5 和体适能教育标准 6）。

示范及建议

写一封信给监护人，为有特定需求的学生提供改编过的适用训练（参考第 1 章里的建议内容）。举出一些体适能教育课程中常年实施的训练示例。

家庭拓展任务

此训练是真正的家庭拓展任务。鼓励学生向家人展示相应的资料，开始趣味训练！提醒学生，学校秋季开学时，会在课堂上讨论夏季训练的结果。

评估

▶ 新学年开始时，和返校学生讨论夏季挑战训练任务的完成情况。要求学生反馈夏季参与体适能训练的情况。

▶ 收集学生完成的训练表。讨论训练结果，以及训练与课堂主题内容之间的联系。

参考文献

AAHPERD. 1999. *Physical Best activity guide elementary level*.Champaign, IL: Human Kinetics.

American Academy of Pediatrics (AAP) Committee on Sports Medicine and Fitness. 2001. "Policy Statement:Strength Training by Children and Adolescents." *Pediatrics*107 (6): 1470–1472.

American College of Sports Medicine (ACSM). 2010. *ACSM's Guidelines for exercise testing and prescription*(7th ed.). Baltimore:Lippincott, Williams and Wilkins.

Bailey, B.C., Olson, J., Pepper, S.L., Porszaz, J., Barstow, T.J.,& Cooper, D.M. 1995. The Level and Tempo of Children's Physical Activities: An Observational Study. *Medicine andscience in sport and exercise* 27: 1033–1041.

Ballinger, D., Bishop, J., &Borsdorf, L. 2008. Goal settingstrategies for K-12 learners using Physical Best and FITNESS-GRAM resources. Fort Worth, TX: AAHPERD NationalConvention.

Bar-Or, O. 1993. "Importance of Differences Between Children and Adults for Exercise Testing and ExercisePrescription." pp. 57–74 in *Exercise testing and exercise prescription for special cases*, 2nd edition, ed. J.S. Skinner.Philadelphia, PA: Lea and Febiger.

Bar-Or, O. 1994. "Childhood and Adolescent Physical Activityand Fitness and Adult Risk Profile." pp. 931–942 in*International proceedings and consensus statement*, ed. C.Bouchard, R.J. Shephard, and T. Stephens. Champaign,IL: Human Kinetics.

Bar-Or,O.,&Malina, R.M. 1995. "Activity, Health and Fitnessof Children and Adolescents." pp. 79–123 in *Childhealth, nutrition, and physical activity*, ed. L. WY. Cheung,J.B. Richmond. Champaign, IL: Human Kinetics.

Bass, R., Brown, D., Laurson, K., and Coleman, M. 2010. "Relationships Between Physical Fitness and Academic Achievement in Middle School Students." *Medicine and Science and Exercise* 42(5): 524.

Blair, S.N., Kohl, 3rd, H.W., Barlow, C.E., Paffenbarger, Jr.,R.S., Gibbons, L.W., and Macera, C.A. 1995. "Changesin Physical Fitness and All-Cause Mortality: A Prospective Study of Healthy and Unhealthy Men." *JAMA* 273:1093–1098.

Blanchard, Y. 1999. *Health-Related Fitness for Children andAdults with Cerebral Palsy*.American College of Sports Medicinecurrent comment, August.

Bompa, T.O. 2000. *Total training for young champions.Champaign*,IL: Human Kinetics.

Boreham, C.A., Twisk, J., Savage, M., Cran, G.W., & Strain, J.J. 1997. "Physical Activity, Sports Participation, and Risk Factors in Adolescents." *Medicine and science in sportand exercise* 29: 788–793.

Boreham, C.A., Twisk, J., Murray, L., Savage, M., Strain,J.J., &Cran, G.W. 2001. "Fitness, Fatness, and CoronaryHeart Disease Risk in Adolescents: The Northern IrelandYoung Hearts Project." *Medicine and science in sport andexercise* 33: 270–274.

California Department of Education. 2002.

Centers for Disease Control and Prevention (2004, September17). *Morbidity and Mortality* Weekly Report, 53(36),844 – 847.

The Cooper Institute. 2007. FITNESSGRAM/ACTIVITYGRAMtest *administration manual* (4th ed.), ed. GregoryWelk and

Marilu D. Meredith. Champaign, IL: HumanKinetics.

The Cooper Institute. 2005. FITNESSGRAM/ACTIVITYGRAM*test administration manual*, ed. Gregory J. Welk andMarilu D. Meredith. Champaign, IL: Human Kinetics.

The Cooper Institute. 2004. FITNESSGRAM/ACTIVITYGRAM *test administration manual* (3rd ed.), ed. Gregory J.Welk and Marilu D. Meredith. Champaign, IL: HumanKinetics.

Corbin, C.B. 2010.The New Physical Activity Pyramid for Kids (poster). Champaign, IL: Human Kinetics.

Corbin, C.B., & Lindsey, R. 2005. *Fitness for life* (5th ed.).Champaign, IL: Human Kinetics.

Corbin, C.B., & Pangrazi, R.P. 2002. Physical Activity for Children: How Much is Enough? In FITNESSGRAM *reference guide*, ed. G.J. Welk, R.J. Morrow, and H.B. Falls,7. Dallas: The Cooper Institute.

Corbin, C., & Pangrazi, R. (1997).*Teaching strategies forimproving youth fitness* (2nd ed.). Dallas, TX: Fitnessgram.

Cox, R.H. (2007).*Sport psychology: Concepts and applications*(6th ed.). Boston: McGraw-Hill.

Ernst, M.P., Corbin, C.B., Beighle, A., &Pangrazi, R.P.(2006). Appropriate and inappropriate uses of FITNESSGRAM:A commentary. *Journal of Physical Activity andHealth*, 3(Suppl. 2), S90 - S100.Champaign, IL: HumanKinetics.

Faigenbaum, A.D., Kraemer, W.J., Cahill, B., Chandler, J.,Dziados, J., Elfink, L.D., Forman, F. et al 1996 Youth resistance training: Position statement paper and literaturereview. Strength and conditioning 18(6): 62-75.

Gardner, H. 1993. Multiple intelligences: The theory in practice.New York: Basic Books.

Graham, G., Holt/Hale, S., & Parker, M. 2010. Children moving: A reflective approach to teaching physical education(8th ed.). New York: McGraw-Hill.

Hass, C.J., Faigenbaum, M.S., & Franklin, B.A. 2001. Prescription of Resistance Training for Healthy Populations. Sports medicine 31(14): 953-964.

Hoeger, W.K., &Hoeger, S.A. 2011. Lifetime physical fitness andwellness: A personalized program (11th ed.). Belmont, CA:Wadsworth Cengage Learning.

Joint Commission on National Health Education Standards.2007.National health education standards: Achieving excellence (2nd ed.). Atlanta, GA: American CancerSociety.

Joint Committee on National Health Education Standards.1995.National health education standards.Achieving health literacy.Atlanta, GA: American Cancer Society.

Knudson, D.V., Magnusson, P., & McHugh, M. 2000. "Current Issues in Flexibility Fitness." pp. 1-8 in *The President'scouncil on physical fitness and sports digest*,series 3, no. 10,ed. C. Corbin and B. Pangrazi. Washington, DC: Departmentof Health and Human Services.

Kraemer, W.J., & Fleck, S.J. 1993. *Strength training for young adults*. Champaign, IL: Human Kinetics.

Meeks, L., Hiect, P., & Page, R. 2007. *Comprehensive schoolhealth education* (5th ed.). Boston: McGraw-Hill.

National Association for Sport and Physical Education(NASPE). 2011. *Physical Best activity guide: Middle and high school levels* (3rd ed.). Champaign, IL: Human Kinetics.

National Association for Sport and Physical Education(NASPE). 2011. *Physical education for lifelong fitness: The Physical Best teacher's guide* (3rd ed.). Champaign, IL:Human Kinetics.

National Association for Sport and Physical Education (NASPE). 2010. Active kids and academic performance. Reston, VA: Author.

National Association for Sport and Physical Education(NASPE). 2004b. *Moving into the future: National standards for physical education* (2nd ed.). Reston, VA: Author.

National Association for Sport and Physical Education(NASPE). 2004a. *Physical activity for children: A statementof guidelines for children ages* 5–12 (2nd ed.). Reston, VA:Author.

National Association for Sport and Physical Education(NASPE). 1999. *Physical Best activity guide: Elementary level*(2nd ed.). Champaign, IL: Human Kinetics.

National Association for Sport and Physical Education(NASPE). 1992. *Outcomes of quality physical education programs.*Reston, VA: Author.

National Dance Association (NDA). 1996. National standardsfor dance education: What every young American should *know and be able to do in dance.* Reston, VA: Author

National Strength and Conditioning Association (NSCA).1985. "Position Statement on Prepubescent StrengthTraining." National strength and conditioning associationjournal 7: 27–31.

Plowman, S.A., Sterling, C.L., Corbin, C.B., Meredith, M.D.,Welk, G.J., & Morrow, J.R.

2006. The history of FITNESSGRAM. Journal of physicalactivity and health, 3(Suppl. 2), S5 – S20. Champaign, IL:Human Kinetics.

Rowland, T.W. 1996. Developmental exercise physiology.Champaign,IL: Human Kinetics.

Sothenn, M.S., Loftin, M., Suskind, R.M., Udall, J.N., & Becker, U. 1999. "The Health Benefits of Physical

Activityin Children and Adolescents: Implications for Chronic Disease Prevention." European journal of pediatrics 158:271–274.

U.S. Department of Agriculture, Food and

Nutrition Service.2005.My Pyramid.

U.S. Department of Health and Human Services (USDHHS).1996. "Physical Activity and Health: A Report of the SurgeonGeneral." U.S. Department of Health and Human Services, Centers for Disease Control and Prevention,National Center for Chronic Disease Prevention and Health Promotion. Atlanta: U.S. Department of Healthand Human Services, Government Printing Office.

U.S. Department of Health and Human Services (USDHHS).2008.*Physical activity guidelines for Americans: Active childrenand adolescents.*

Weiss, M. 2000. "Motivating Kids in Physical Activity," Research digest (President's Council on Physical Fitnessand Sports), 3.

Welk, G. 1999. The youth physical activity promotion model:A conceptual bridge between theory and practice, *Quest,*51, 5 - 23.

Werner, W., Hoeger, K., and Hoeger, S.A. 2011.*Lifetime physical fitness & wellness: A personalized program* (11th ed.).Belmont, CA: Wadsworth.

Wilson, G., McKay, H., Waddell, L., Notte, J., & Petit, M.2000. The Health Benefits of a "Healthy Bones" Physical Education Curriculum. In *Physical and health education,*Autumn.

Winnick, J.P., & Short, F.X., eds. 1999. *The Brockport physical fitness training guide.*Champaign, IL: Human Kinetics.

Zwiren, L.D. 1988. "Exercise Prescription for Children." pp.309–14 in *Resource Manual for guidelines for exercise testingand prescription,* ed. American College of Sports Medicine. Philadelphia: Lea and Febiger.

作者简介

美国国家运动和体育教育协会（NASPE），是一个非营利性的专业机构，集健康、体适能教学、娱乐和舞蹈活动于一体。NASPE 致力于向公众进行宣传教育，强调体适能教育对于所有年轻人的重要性。通过机构成员、公司和公开合作的社团组织，NASPE 开展并支持体育运动和体适能教学课程，促进健康行为和个人健康。NASPE 的 15000 名成员包括 K-12 体适能教育工作者、高校教师、研究人员、教练、体育组长和培训师。

"最佳体适能训练"是体适能教育工作者为体育教学专门研发的一项综合性的健康体适能教育课程。无论孩子是否具有一定的运动天赋或体适能基础，最佳体适能训练旨在培养和激励他们掌握一定的体适能训练知识和技能，并养成积极乐观、有益身心健康的人生态度。课程的目标是通过一些定期的、充满激励性及趣味性的体适能训练活动，帮助学生学会独立自强，为自身的健康负责。最佳体适能训练的目标，还包括培养孩子的体适能和心理能力。通过有资质的训练机构和专业的体育教学发展协会来实施并运用最佳体适能训练，从而实现训练目标。

译者简介

唐芬，广州黄边小学校长、党支部书记、小学体育高级教师；获得过"广东省'南粤优秀教师'"（2007.9）、"广州市优秀教师"（2004.9）、"2004年广州市优秀教研积极分子""广州市三八红旗手"（2006.3）、"广州市五一巾帼英雄"（2010.3）、"广州市优秀教育工作者"（2011.9）、"2000—2002年度白云区先进教育工作者""2003—2005年度白云区先进工作者""2000年白云区嘉奖""2003年白云区嘉奖""2006年白云区嘉奖""2006年白云区优秀共产党员""2007年白云区优秀教师""2008年白云区新课程实验先进个人""2009—2011年度白云区优秀教职工之友""2010—2011年度白云区支持少先队工作好校长""2014年白云区优秀教育工作者"等省市区级的荣誉合计17项。

刘建进，体育学副教授，广州商学院体育与健康研究所副所长，广州商学院校园足球研究中心副主任。在国家核心刊物和省级刊物发表20多篇论文，其中，体育学刊两篇。论文《大学生体质健康锻炼APP系统设计》获得第十三届全国学生运动会科学论文报告会二等奖；2017年6月参加第九届大学生运动会科学论文报告会，参赛论文获得二等奖；论文《校园足球约战平台的构建与实践研究》获得广东省第十五届运动会学校体育组科报会二等奖。

谭廷信，中国体育科学学会会员，艺体汇创始人，华南师范大学华师科教培训中心体育教研组组长，仲恺农业工程学院创新创业教育指导老师，惠信体育创始人，"惠运动"智慧校园数字体育平台发起人之一。有超过 15 年的体育教学研究和体育培训经历，以及 10 年的体适能教研与体质测评经验。主要研究方向：球类运动、体适能和全民体质健康标准等。为《少年足球教学与训练（5~6 岁）：基础训练 68 项》《少年足球教学与训练（7~8 岁）：基础训练 78 项》《少年足球教学与训练（9~10 岁）：基础训练 88 项》《少年足球教学与训练（11~12 岁）：基础训练 98 项》系列丛书主编。

资源访问说明

本书的免费资源是可下载资源，您可以在指定平台上下载这些资源。所有下载资源均为本书复用图部分的内容，包括训练益处、训练动作、训练和游戏卡片、训练评估表等。您可以通过微信"扫一扫"，扫描右方的二维码进行资源下载和使用。

步骤 1：点击微信聊天界面右上角的"+"，弹出功能菜单（见图1）。

步骤 2：点击弹出的功能菜单上的"扫一扫"进入该功能界面，扫描上面的二维码。

步骤 3：如果您未关注微信公众号"人邮体育"，扫描后会出现"微信登录"的权限申请。请点击允许（见图2），进入资源下载界面。如果您已关注微信公众号"人邮体育"，扫描二维码后可直接进入资源下载界面。

步骤 4：请根据提示回答一个与图书相关的问题，将答案输入框内位置（见图3）。

步骤 5：回答完毕且答案正确，页面跳转到下载地址链接，请点击复制键复制地址（见图4）。

步骤 6：将复制后的地址粘贴到浏览器（推荐使用电脑端浏览器），即可进入资源下载页面。请根据页面提示进行资源下载。

图 1

图 2

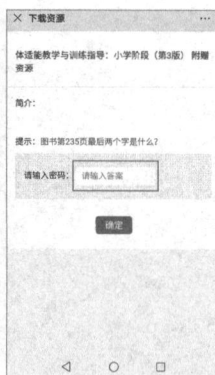

图 3

图 4